Lars Chr. Barnewitz
Die Entschädigung der Freimaurerlogen
nach 1945 und nach 1989

Juristische Zeitgeschichte
Abteilung 5, Band 20

Juristische Zeitgeschichte
Hrsg. von Prof. Dr. Dr. Thomas Vormbaum
(FernUniversität in Hagen)

Abteilung 5:
Juristisches Zeitgeschehen – Rechtspolitik und Justiz aus zeitgenössischer Perspektive
Hrsg. von Prof. Dr. Dr. Thomas Vormbaum
in Zusammenarbeit mit
Gisela Friedrich (DER SPIEGEL)
RA Prof. Dr. Franz Salditt

Band 20

Redaktion: Anne Gipperich, Katharina Kühne

De Gruyter

Lars Chr. Barnewitz

Die Entschädigung der Freimaurerlogen nach 1945 und nach 1989

De Gruyter

ISBN 978-3-11-026464-7
e-ISBN 978-3-11-026465-4

Bibliografische Information der Deutschen Nationalbibliothek

Die Deutsche Nationalbibliothek verzeichnet diese Publikation in der Deutschen Nationalbibliografie; detaillierte bibliografische Daten sind im Internet über http://dnb.d-nb.de abrufbar.

Druck: Hubert & Co. GmbH & Co. KG, Göttingen
∞ Gedruckt auf säurefreiem Papier

Printed in Germany

www.degruyter.com

Meiner Mutter Vivian Barnewitz, geb. Hoffert und meiner Großmutter Era Veronika Kempt, MA, geb. von Bauer in ewiger Liebe und Dankbarkeit zugeeignet sowie in Erinnerung an meine Großväter Assessor jur. Wolfgang Hoffert und Dr. jur. Gerhard Kempt.

Vorwort

Die vorliegende Arbeit lag im Wintersemester 2010/2011 der Rechtswissenschaftlichen Fakultät der Fernuniversität Hagen als Dissertation vor. Ich danke herzlich meinem Doktorvater Herrn Prof. Dr. Dr. Thomas Vormbaum von der Rechtswissenschaftlichen Fakultät der Fernuniversität in Hagen, der die Arbeit mit fachlicher Kompetenz und menschlicher Wärme begleitet hat. Dank schulde ich ferner Herrn Prof. Dr. Dr. h.c. mult. Günther Bemmann für die zeitnahe Erstellung des Zweitgutachtens. Ebenso darf ich ganz herzlich Frau Anne Gipperich vom Institut für juristische Zeitgeschichte an der Fernuniversität in Hagen für ihre fachliche und menschliche Unterstützung danken, die mir stets in sehr guter Erinnerung bleiben wird. Herrn Prof. Dr. Wilhelm Rütten von der Rechtswissenschaftlichen Fakultät der Universität Bonn ist für die anfängliche Betreuung der Arbeit zu danken. Die Publizierung wurde von der Stiftung zur Förderung der Masonischen Forschung an Hochschulen und Universitäten, Köln, Herrn Prof. Adolf Schmitt unterstützt. Meiner Mutter Vivian Barnewitz sowie meiner Großmutter Era Veronika Kempt, MA schulde ich tiefen Dank für ihre bedingungslose Liebe und Unterstützung, die sie mir zeitlebens geschenkt haben und weshalb ich auch die Kraft hatte diese Arbeit abzuschließen. Herzlich danke ich meinem großen Bruder Peer Lange und seiner Ehefrau Bettina für ihre Unterstützung. Herrn Freimaurer Oswald Kammann von der GNML „3 WK“, Berlin, Herrn Axel Pohlmann (AFuAM „FvD“), Herrn Rechtsanwalt Dr. jur. Carsten Salger, LL.M., (drei Schwerterloge und Apfelloge) und Herrn Rechtsanwalt Stephan Mädler (GLL „FvD“) danke ich für die Gespräche und Unterlagen. Meinem Vater Christian Barnewitz und Gründungsmitglied der Dresdner Freimaurerlogen sowie der Dresdner Freimaurerstiftung bin ich für seine Unterstützung und das Interesse an der Arbeit dankbar. Dem Freund meiner Eltern und ebenfalls Mitgründungsmitglied der Dresdner Freimaurerlogen, Herrn Wauer danke ich für schöne und interessante Gespräche. Nicht zuletzt möchte ich mich bei einigen meiner Freunde bedanken: Herrn Dipl.-Kfm. Philipp von Oppeln, Herrn Rechtsanwalt Dr. Jens Steinberg, LL.M., Herrn Dr. Bernd Becker, Herrn Rechtsanwalt Dr. Karl von Hase und Rechtsanwältin Frau Gudrun von Hase, Herrn Rechtsanwalt Dr. Oliver Juchem, Herrn Dr. Tobias Linke, Herrn Rechtsanwalt Christoph Jaeckel, Frau Rechtsanwältin Dr. Sara Stein, Herrn Rechtsanwalt Joachim von Loeben, MBA und Frau Dr. Anneli Tersteegen.

Düsseldorf, im Juni 2011 *Lars Christian Barnewitz*

Inhaltsverzeichnis

2. Teil: Wiedergutmachungsgeschichte von 1945–1989

Abkürzungsverzeichnis

a.A.	andere(r) Ansicht
a.a.O.	am angegebenen Ort
Abl	Amtsblatt
AblKO	Amtsblatt der Alliierten Kommandantur in Berlin
AblKR	Amtsblatt des Kontrollrats in Deutschland (Nr. 1.1945–19.1948)
AblMR	Amtsblatt der Militärregierung in Deutschland
Abs.	Absatz
Abt.	Abteilung
a.F.	alte(r) Fassung
AFuAMvD	Alte Freie und Angenommene Maurer von Deutschland
AG	Aktiengesellschaft
AHK	Alliierte Hohe Kommission
AK	Alliierter Kontrollrat
AktG	Aktiengesetz v. 6.09.1965 (BGBl I S. 1089), zuletzt geändert durch Art. 13 des Gesetzes v. 5.01.2007 (BGBl I S. 10)
AöR	Archiv des öffentlichen Rechts (bis 26.1910: für öffentliches Recht) (1.1886 ff.)
ARoV	Amt zur Regelung offener Vermögensfragen
ÄRoV	Ämter zur Regelung offener Vermögensfragen
Art.	Artikel [auch im Plural]
Az.	Aktenzeichen
BADV	Bundesamt für zentrale Dienste und offene Vermögensfragen (seit 1.1.2006)
BARoV	Bundesamt zur Regelung offener Vermögensfragen
BayVerfGH	Sammlung von Entscheidungen des Bayerischen Verwaltungsgerichtshofs mit Entscheidungen des Bayerischen Verwaltungsgerichtshofs
BBl	Burschenschaftliche Blätter
BEG	Bundesentschädigungsgesetz i.d.Bek. v. 29.06.1956 (BGBl I S. 559, 562)
Bek.	Bekanntgabe / Bekanntmachung
BErgG	Bundesergänzungsgesetz v. 18.09.1953 (BGBl I S. 1387)
BGB	Bürgerliches Gesetzbuch v. 18.08.1896 (RGBl I S. 195) i.d.F. der Bek. v. 2.01.2002 (BGBl I S. 42), zuletzt geändert durch Gesetz v. 22.12.2006 (BGBl I S. 3416)
BGBl I	Bundesgesetzblatt, Teil I (1951 ff.)
BGBl II	Bundesgesetzblatt, Teil II (1951 ff.)
BGH	Bundesgerichtshof
BGHZ	Entscheidungen des Bundesgerichtshofs in Zivilsachen (Band, Seite) (1.1951 ff.)

Bl.	Blatt / Blätter
BMF	Bundesministerium der Finanzen
BMJ	Bundesministerium der Justiz
BoR	Entscheidungen des Board of Review – Decisions of the Board of Review (1.1950–21.1954; dann: Entscheidungen des Obersten Rückerstattungsgerichts für die Britische Zone)
BRAK-Mitt	Mitteilungen der Bundesrechtsanwaltskammer (12.1981 ff.)
BRD	Bundesrepublik Deutschland
BrREG	Gesetz Nr. 59 v. 12.05.1949 (Rückerstattung feststellbarer Vermögensgegenstände an Opfer der nationalsozialistischen Unterdrückungsmaßnahmen) der Militärregierung Deutschland – Britisches Kontrollgebiet (AblMR Nr. 28 S. 1169; VOBl. BrZ S. 152)
BRüG	Bundesrückerstattungsgesetz v. 19.07.1957 (BGBl I S. 734)
BT	Deutscher Bundestag
BTDrucks	Drucksachen des Deutschen Bundestages (1949 ff.)
BVerfG	Bundesverfassungsgericht
BVerfGE	Entscheidungen des Bundesverfassungsgerichts (1.1952 ff.)
BVerfGG	Gesetz über das Bundesverfassungsgericht i.d.F. v. 12.03.1951, zuletzt geändert durch Föderalismusreform-Begleitgesetz vom 5.09.2006
BVerwG	Bundesverwaltungsgericht
BVerwGE	Entscheidungen des Bundesverwaltungsgerichts (1.1954 ff.)
bzw.	beziehungsweise
ca.	circa
CDU	Christlich-Demokratische Union
christl.	christlich
CoRA	Court of Restitution Appeals
CSR	Cour Supérieure pour les Restitutions
DAF	Deutsche Arbeitsfront
DAR DDR	Dokumente zur Außenpolitik der Regierung der Deutschen Demokratischen Republik
DAZ	Deutsche Allgemeine Zeitung
DDR	Deutsche Demokratische Republik
DDR-Verf.	Verfassung der Deutschen Demokratischen Republik i.d.F. der Bek. v. 7.10.1974 (GBl DDR S. 432)
ders.	derselbe
d.h.	das heißt
DM	Deutsche Mark
Dok.	Dokument(e)
DÖV	Die öffentliche Verwaltung (1.1948 ff.)
dt.	deutsch
DtZ	Deutsch-deutsche Rechts-Zeitschrift (1.1980 ff.)
DVBl	Deutsches Verwaltungsblatt (65.1950 ff.; Fortführung v. Dt. Verwaltung, vorher: Reichsverwaltungsblatt)
€	EURO

EALG	Entschädigungs- und Ausgleichsleistungsgesetz v. 27.09.1994 (BGBl I S. 2624), zuletzt geändert durch Art. 4 Absatz 38 des Gesetzes v. 22.09.2005 (BGBl. I S. 2809)
EGBGB	Einführungsgesetz zum Bürgerlichen Gesetzbuch i. d. F. d. Bek. v. 21.09.1994 (BGBl I S. 2494; 1997 I S. 1061), zuletzt geändert durch Art. 5 Absatz 2 des Gesetzes v. 19.12.2006 (BGBl I S. 3230)
EGKS	Europäische Gemeinschaft für Kohle und Stahl
EGMR	Europäischer Gerichtshof für Menschenrechte
Einf.	Einführung
EL	Ergänzungslieferung
EntschG	Gesetz über die Entschädigung nach dem Gesetz zur Regelung offener Vermögensfragen (Entschädigungsgesetz – EntschG) i. d. F. des Entschädigungs- und Ausgleichsleistungsgesetzes vom 27.09.1994 (BGBl I S. 2624), zuletzt geändert durch Art. 7 des Gesetzes v. 15.06.1998 (BGBL I S. 1252)
Erg.	Ergänzung
etc.	et cetera
EU	Europäische Union
EuGH	Gerichtshof der Europäischen Gemeinschaften
ev.	evangelisch
e.V.	eingetragener Verein
EVG	Europäische Verteidigungsgemeinschaft
EVtr	Einigungsvertrag v. 31.08.1990 (BGBl II S. 889)
EVtrG	Gesetz zum Einigungsvertrag v. 23.09.1990 (BGBl II S. 885)
f.	folgende (Seite)
F.A.Z.	Frankfurter Allgemeine Zeitung
FDGB	Freier Deutscher Gewerkschaftsbund
ff.	folgende Seiten
FGG	Gesetz über die Angelegenheiten der freiwilligen Gerichtsbarkeit v. 20.05.1898 (RGBl S. 371), zuletzt geändert durch Gesetz v. 17.11.2006 (BGBl I S. 2606)
Fn	Fußnote
F.O.	Freimaurerorden
FrREVO	Militärregierungsverordnung über die Rückerstattung geraubter Vermögensobjekte v. 10.11.1947 (JournOff. S. 1219)
GB	Großbritannien
GBl DDR	Gesetzblatt der Deutschen Demokratischen Republik (1949–1990; 1955 ff.: Teil I und II; 1960–1968:Teil III) GBO Grundbuchordnung
GemErkl	Gemeinsame Erklärung der Regierungen der Bundesrepublik Deutschland und der Deutschen Demokratischen Republik zur Regelung offener Vermögensfragen v. 15.06.1990 (Anlage III des Einigungsvertrages v. 31.08.1990 [BGBl II S. 1237])

GG	Grundgesetz für die Bundesrepublik Deutschland v. 23.05.1949 (BGBl S. 1), zuletzt geändert durch zwei Gesetze zur Änderung des Grundgesetzes am 26.07.2002 (BGBl I S. 2862/2863)
GL	Großloge
GLL „FvD“	Große Landesloge der Freimaurer von Deutschland
GmbH	Gesellschaft mit beschränkter Haftung
GmbHG	Gesetz betreffend die Gesellschaften mit beschränkter Haftung i.d. Bek. v. 20.05.1898 (RGBl S. 369), zuletzt geändert durch Art. 10 des Gesetzes v. 10.11.2006 (BGBl I S. 2553)
GMBl	Gemeinsames Ministerialblatt (Jahr und Seite) (1.1950 ff.)
GNML „3 WK“	Große Nationalmutterloge „Zu den drei Weltkugeln“
GoA	Geschäftsführung ohne Auftrag
GStAPK	Geheimes Staatsarchiv Preußischen Kulturbesitz Berlin
GV	Grundverfassung
HaagLKO	Abkürzung betreffend die Gesetze und Gebräuche des Landkriegs v. 18.10.1907 (RGBl 1910 S. 107)
HICOG	The Allied High Comission for Germany
HJ	Hitlerjugend
h.M.	herrschende Meinung
Hrsg.	Herausgeber; herausgegeben
HStR	Handbuch des Staatsrechts i. d. Bek. in der Bekanntgabe / Bekanntmachung
i.d.F.	in der Fassung
i.d.F. d. Bek.	in der Fassung der Bekanntgabe / Bekanntmachung
i.d.S.	in diesem Sinne
InVorG	Investitionsvorranggesetz v. 14.07.1992 i. d. F. d. Bek. v. 4.08.1997 (BGBl I S. 1996), zuletzt geändert durch Artikel 5 des Gesetzes v. 19.12.2006 (BGBl I S. 3230)
i.S.d.	im Sinne des / der
i.V.m.	in Verbindung mit
Jg.	Jahrgang
Jura	Juristische Ausbildung, Zeitschrift für Studium und Ausbildung (1.1979 ff.)
JuS	Juristische Schulung (1.1961 ff.)
JZ	Juristenzeitung (6.1951 ff.; Fortsetzung von: Dt. Rechts-Zeitschrift und Süddeutsche Juristen-Zeitung)
KAS	Konrad-Adenauer-Stiftung
kath.	katholisch
KG	Kammergericht
KPdSU	Kommunistische Partei der Sowjetunion
KPS	Kimme / Pée / Schmidt-Räntsch (Rechtsprechungssammlung)
KR	Kontrollrat
KRG	Kontrollratsgesetz
krit.	kritisch
LARoV	Landesamt zur Regelung offener Vermögensfragen

LG	Landgericht
lit.	littera (Buchstabe)
MbliV/RMBliV	Ministerialblatt des Reichs- und Preußischen Ministeriums des Innern (1[=97.]1936-10[=106.]1945; vorher: Ministerialblatt für die Preußische innere Verwaltung)
MDR	Monatsschrift für Deutsches Recht (1.1947 ff.)
MRG	Militärregierungsgesetz Nr. 52
MüKo	Münchener Kommentar
NATO	North Atlantic Treaty Organisation
NJ	Neue Justiz (1.1947 ff.)
NJW	Neue Juristische Wochenschrift (1.1947/48 ff.)
Nr.	Nummer
NS/natsoz.	Nationalsozialismus, nationalsozialistisch
NSBO	Nationalsozialistische Betriebszellenorganisation
NSDAP	Nationalsozialistische Deutsche Arbeiterpartei
NSDStB	Nationalsozialistischer Studentenbund
NS-VEntschG	NS-Verfolgtenentschädigungsgesetz v. 27.09.1994 (BGBl I S. 2624) i.d.F. der Bek. v. 13.07.2004 (BGBl I S. 1671), zuletzt geändert durch Art. 4 Absatz 42 des Gesetzes v. 22.09.2005 (BGBl I S. 2809)
NVwZ	Neue Zeitschrift für Verwaltungsrecht (1.1982 ff.)
OFD	Oberfinanzdirektion – Berlin
OG	Oberstes Gericht der DDR
o.J.	ohne Jahresangabe
OLG	Oberlandesgericht
OLG-NL	OLG-Rechtsprechung Neue Länder (1.1994 ff.)
OMGUS	Die amerikanische Militärregierung für Deutschland, Office of Military Government for Germany, US
ORG	Oberstes Rückerstattungsgericht
OVG	Oberverwaltungsgericht
OV spezial	Offene Vermögensfragen Spezial (Zeitschrift)
PrHGB	Gesetz zur Beseitigung von Hemmnissen bei der Privatisierung von Unternehmen und zur Förderung von Investitionen v. 22.03.1991 (BGBl I S. 766)
Prot.	Protokoll
RdErl	Runderlass
REAOBln	Anordnung der Alliierten Kommandantur Berlin betreffend Rückerstattung feststellbarer Vermögensgegenstände an Opfer der nationalsozialistischen Unterdrükkungsmaßnahmen v. 26.07.1949 (BK/O [49] 180) (VOBl. I S. 221)
REG	Gesetz Nr. 59 v. 10.11.1947 (Rückerstattung feststellbarer Vermögensgegenstände) der Militärregierung Deutschland – Amerikanisches Kontrollgebiet (ABlMR Ausgabe G S. 1)
RegBl Thür	Regierungsblatt für das Land Thüringen, Teil I: Gesamtsammlung, Teil II: Amtsblatt, Teil III: Gesetze und Befehle des Alliierten Kontrollrats und Befehle der Sowjetischen Militär-Administration

REM	Reichserziehungsminister(ium)
RGBl I	Reichsgesetzblatt, Teil I (1922–1945)
RGBl II	Reichsgesetzblatt, Teil II (1922–1945)
RK	Rückerstattungskammer
RMBLfiV	Reichsministerialblatt für die innere Verwaltung
RMdI	Reichsminister des Inneren
Rn.	Randnummer
RV	Reichsverfassung
RVI	Rechtshandbuch Vermögen und Investitionen in der ehemaligen DDR
RzW	Rechtsprechung zum Wiedergutmachungsrecht (= Beilage zur NJW) (1.1949/50-32.1981)
S.	Seite / Satz
SA	Sturmabteilung der NSDAP
SachenRÄndG	Sachenrechtsänderungsgesetz v. 22.06.1977 (BGBl I S. 998) i.d.F. d. Bek. v. 21.09.1994 (BGBl I S. 2457)
SächsVbl.	Sächsisches Verordnungsblatt
SBZ	Sowjetische Besatzungszone
SD	Sicherheitsdienst der SS
SED	Sozialistische Deutsche Einheitspartei
SMAD	Sowjetische Militäradministration in Deutschland
sog.	sogenannt(e)
SPD	Sozialdemokratische Partei Deutschlands
SS	Schutz-Staffel der NSDAP
StGB	Strafgesetzbuch v. 15.05.1871(RGBl. S. 127); i.d.F. d. Bek. v. 13.11.1998 (BGBl S. 3322), zuletzt geändert durch Art. 22 des Gesetzes v. 22.12.2006 (BGBl I S. 3416)
ThWGG	Thüringer Wiedergutmachungsgesetz v. 14.09.1945 (RegBl Thür S. 24)
u.	und / unten
u.a.	unter anderem / und andere
UdSSR	Union der sozialistischen Sowjetrepubliken
Urt.	Urteil
USA	Vereinigte Staaten von Amerika
u.s.w.	und so weiter
v.	vom
VA	Verwaltungsakt
VB	Völkischer Beobachter
VereinsG	Vereinsgesetz v. 5.08.1964 (BGBl I S. 593), zuletzt geändert durch Art. 7a des Gesetzes v. 5.01.2007 (BGBl I S. 2)
VermG	Vermögensgesetz v. 23.09.1990 i.d.F. d. Bek. v. 9.02. 2005 (BGBl I S. 205), zuletzt geändert durch Artikel 4 des Gesetzes v. 19.12.2006 (BGBl I S. 3230)
VermRergG	Vermögensrechtsergänzungsgesetz v. 15.09.2000 (BGBl I S. 1382)2. VermRÄndG Zweites Vermögensrecht-sänderungsgesetz v. 14.07.1992 (BGBl I S. 1457)

VG	Verwaltungsgericht
VGLvD	Vereinigte Großlogen von Deutschland – Bruderschaft der Freimaurer e.V.
VIZ	Zeitschrift für Vermögens- und (bis 6.1996:) Investitionsrecht (ab 7.1997:) Immobilienrecht (1.1991 ff.)
VO	Verordnung
VOBl	Verordnungsblatt
VOBl BrZ	Verordnungsblatt der Britischen Zone
VOBl RSF	Verordnungsblatt des Reichsstudentenführers
Vor./Vorbem.	Vorbemerkung
VwGO	Verwaltungsgerichtsordnung v. 21.01.1960 i.d.F. d. Bek. v. 19.3.1991 (BGBl I S. 686), zuletzt geändert durch Gesetz v. 21.12.2006 (BGBl. I S. 3316)
VwVfG	Verwaltungsverfahrensgesetz v. 25.05.1976 i. d. F. d. Bek. v. 23.01.2003 (BGBl I S. 3090), zuletzt geändert durch Art. 4 Absatz 8 des Gesetzes v. 5.05.2004 (BGBl I S. 718)
VZOG	Vermögenszuordnungsgesetz i.d.F. d. Bek. v. 29.03.1994 (BGBl I S. 709), zuletzt geändert durch Art. 1 des Gesetzes v. 19.04.2006 (BGBl I S. 866)
WK	Wiedergutmachungskammer
ZAP-Ost	Zeitschrift für die Anwaltpraxis / Ausgabe Ost (ab 5.1994–11.2000; vorher: Zeitschrift für die Anwaltspraxis / Ausgabe DDR)
z.B.	zum Beispiel
ZGB-DDR	Zivilgesetzbuch der Deutschen Demokratischen Republik v. 19.06.1975 (GBl. I S. 465)
Ziff.	Ziffer
ZIP	Zeitschrift für Wirtschaftsrecht (4.1983ff.; 1.1980, 1–7: Insolvenzrecht; 1.1980, 8–3.1982: Zeitschrift für Wirtschaftsrecht und Insolvenzpraxis)
ZJBl BrZ	Zentral-Justizblatt für die Britische Zone (1.1947–3.1949)
ZK	Zentralkomitee
ZOV	Zeitschrift für offene Vermögensfragen (1.1991 ff.)
ZPO	Zivilprozessordnung v. 30.01.1877 (RGBl S. 83) i.d.F. d. Bek. v. 5.12.2005 (BGBl S. 3202), zuletzt geändert durch Gesetz v. 22.12.2006 (BGBl I S. 3416)
ZRG GA	Zeitschrift der Savigny-Stiftung für Rechtsgeschichte, Germanistische Abteilung

Bezüglich der juristischen Abkürzungen wird verwiesen auf *Kirchner / Butz,* Abkürzungsverzeichnis der Rechtssprache, 6. Auflage, Berlin 2008.

Einleitung

A) Themenstellung / Fragestellung

Bis zum Jahr 2009 wurden etwa 66 Milliarden Euro an Opfer des Nationalsozialismus (NS) von Seiten Deutschlands als Entschädigung geleistet.[1] Dabei war bereits Bundeskanzler Konrad Adenauer bewusst, dass trotz aller Wiedergutmachungsanstrengungen durch die Bundesrepublik die NS-Verbrechen nicht ungeschehen gemacht werden könnten.[2] Ein Teil dieser Wiedergutmachungsleistungen kam auch den juristischen Personen der drei deutschen Freimaurergroßlogen und Tochterlogen zugute, die in der Regel eingetragene Vereine sind.[3] Das NS-Regime veranlasste seit 1933 Freimaurerlogen in Deutschland sich aufzulösen, bis sie schließlich gesetzlich vom NS-Staat verboten wurden.[4] Der NS-Staat entzog den Freimaurerlogen sämtliche Vermögenswerte wie Immobilien, Liegenschaften, Stiftungen, Sparguthaben, Kunstgegenstände, Gemälde, Inventargegenstände und Bibliotheken[5], die die Freimaurerlogen

---

1 *Frei*, *Brunner* und *Goschler*, Die Praxis der Wiedergutmachung, S. 13 ff. In der Summe von etwa 66 Milliarden Euro sind auch die Leistungen gemäß dem Luxemburger Abkommen für Warenlieferungen an Israel und Zahlungen an andere Staaten wegen NS-Taten enthalten.

2 Schwarz zitiert den ersten deutschen Bundeskanzler Adenauer zur Wiedergutmachungsabsicht: „[...] Mein Wille zur Wiedergutmachung ist aufrichtig [...]“. Vgl. hierzu *Hans-Peter Schwarz*, Adenauer, Band 1, S. 899. Der Begriff Wiedergutmachung ist oft kritisiert worden, da er den Anschein erwecken könnte, dass eine Kompensation der Verbrechen möglich ist. Vgl. *Goschler*, Wiedergutmachung, S. 12; *Goschler*, Schuld und Schulden, S. 11; *Hockerts*, in: Vierteljahrshefte für Zeitgeschichte, Sonderdruck aus Heft 2/2001, Wiedergutmachung in Deutschland, S. 167 ff.; vgl. auch *Thonke*, Hitlers langer Schatten, S. 22 ff.

3 *Melzer*, Konflikt und Anpassung, S. 27; *Schuster*, Freimaurer und Justiz in Norddeutschland unter dem Nationalsozialismus, S. 53; *Reinalter*, Die Freimaurer, S. 7; Brockhaus Enzyklopädie, Band 7, S. 635.

4 Es wird weiter unten dargestellt, wie die Freimaurerlogen bedrängt, aufgelöst bzw. verboten wurden, vgl. 2. Kapitel.

5 Entzogene bewegliche Vermögenswerte (z.B. Möbel, Silberbesteck, Bibliotheken, Gemälde der Freimaurer etc.) wurden in der Regel nicht zurückgegeben, sondern entschädigt. Die Höhe der Entschädigungssummen wurde in der Regel im Vergleichswege gefunden und mit den Vorständen der Freimaurerlogen abgeschlossen. Vgl. hierzu die Schriftenreihe des BARoV, Heft 7.

praktisch in jeder größeren Stadt besaßen, durch Zwangsverkauf, Enteignung[6] oder auf andere Weise.[7] Insofern wurden Freimaurerlogen im NS-Staat nicht gleichgeschaltet, sondern ausgeschaltet. Nach dem Ende des Zweiten Weltkrieges konnten Freimaurermitglieder die deutschen Freimaurertraditionen langsam wieder aktivieren. Im Westen dauerte die Wiedergutmachung von NS-Unrecht an Freimaurerlogen bis etwa in die 60er-Jahre hinein[8], wohingegen sie in der sowjetischen Besatzungszone und DDR aus ideologischen Gründen gar nicht stattfand. Freimaurerlogen gibt es auf dem Gebiet der Neuen Bundesländer erst seit der Wiedervereinigung wieder. Diese Untersuchung konzentriert sich auf die Geschichte der Entziehung der Immobilien und Liegenschaften der deutschen Freimaurerlogen durch das NS-Regime und die Geschichte der Wiedergutmachung durch die Alliierten und die Deutschen mit dem Schwerpunkt nach dem Vermögensgesetz (VermG).

Die „Grosse Nationalmutterloge zu den drei Weltkugeln" (GNML „3WK") und die „Grosse Landesloge der Freimaurer von Deutschland" (GLL „FvD")[9] wurden als Körperschaften des öffentlichen Rechts durch König Friedrich den Großen, der selbst Freimaurermitglied war[10], im 18. Jahrhundert gegründet und gehören zu den sog. altpreußischen Freimaurerlogen[11], die während der NS-Zeit aufgelöst wurden. Im Jahr 2010 gibt es in Deutschland noch drei von der englischen Mutterloge anerkannte deutsche Großlogen / Mutterlogen, die nach den sog. „Alten Pflichten" der englischen Mutterloge mit ihren zugehörigen Tochterlogen arbeiten: die zwei bereits benannten altpreußischen Mutterlogen und die 1949 neu gegründete Humanistische Großloge der „Alten Freien und Angenommenen Maurer von Deutschland", (AFuAMvD), die auch nach der NS-Zeit einige Logen der heute nicht mehr bestehenden dritten altpreußischen Großloge, der „Großen Loge von Preußen, zur Freundschaft", bzw. auch „Royal York zur Freundschaft"[12] genannt, aufnahm. Die AFuAMvD

6 Entziehungen / Enteignungen erfolgten aufgrund des Gesetzes über die Entziehung volks- und staatsfeindlichen Vermögens vom 14. Juli 1933, RGBl I S. 479.

7 Auf die verschiedenen Arten von NS-Entziehungen wird weiter unten eingegangen, 9. Kapitel, unter C).

8 Die Freimaurerloge „Zur Deutschen Redlichkeit" in Iserlohn erhielt ihr Logenhaus nach jahrelangen Gerichtsverfahren im April 1964 zurück. Vgl. *Luckas*, a.a.O., S. 38.

9 Vgl. hierzu auch 1. Kapitel unter B).

10 Vgl. z.B. *Brägger*, Die öffentlich-rechtliche Sonderstellung der drei altpreussischen Grosslogen, S. 7; *Keller*, Die Freimaurerei, S. 37.

11 Vgl. auch *Brägger*, a.a.O., S. 7.

12 Diese altpreußische Freimaurergroßloge wurde nach der NS-Zeit nicht mehr reaktiviert.

Großloge ist ein eingetragener Verein.[13] Eine Großloge bzw. Mutterloge in Deutschland entspricht einem Dachverband oder einem Stammsitz. Ihr ist es erlaubt, satzungsrechtlich immer weitere zugehörige und untergeordnete Tochterlogen, sog. Johannislogen, in jeder Stadt zu gründen oder aufzunehmen. Die deutsche Mutterloge überprüft, ob ihre Tochterlogen das Freimaurerbrauchtum nach den „Alten Pflichten“ der englischen Mutterloge einhalten. Die Tochterlogen sind ihrer Mutterloge satzungsrechtlich verbunden und von ihr in der Regel weisungsabhängig. Formaljuristisch sind Mutter- und Tochterlogen aber eigenständige juristische Personen. Das satzungsrechtliche Verhältnis zwischen Mutter- und Tochterloge, das satzungsrechtliche Anfallrecht sowie das Recht der Vermögensverwaltung einer Mutterloge über das Vermögen der Tochterloge während der NS-Zeit spielt eine entscheidende Rolle für die Wiedergutmachung.[14] In jeder größeren Stadt gibt es mehrere Tochterlogen, die jeweils zu einer bestimmten Mutterloge gehören. Einer Tochterloge gehörte üblicherweise das Logenhaus in einer Stadt. Die Tochterlogen teilten sich oft das Logenhaus mit verschiedenen anderen Tochterlogen. Vereinzelt teilten sich aber auch verschiedene Mutterlogen und ihre Tochterlogen ein Haus. Sowohl die GNML „3WK“ als auch die GLL „FvD“ werden heute formaljuristisch wie eingetragene Vereine nach dem BGB behandelt, da sie keine Körperschaften des öffentlichen Rechts mehr sind. Die älteren zugehörigen Tochterlogen der Großlogen waren vor der NS-Zeit oftmals eingetragene Genossenschaften oder sind seit Bestehen des BGB in der Regel eingetragene Vereine (e.V.), sog. Idealvereine nach §§ 55, 21, 65 Bürgerliches Gesetzbuch (BGB), da die Vereine nicht auf einen wirtschaftlichen Geschäftsbetrieb ausgerichtet sind. Da sich alle Freimaurerlogen[15] Satzungen[16] geben und bei Immobilienvermögen juristische Personen sind, wird vorliegend nur noch auf das Vereinsrecht des BGB Bezug genommen, um die Darstellung zu erleichtern. Um 1925 gab es in den altpreußischen Logen im Deutschen Reich noch ca. 60.000 Freimaurermitglieder. 2010 gibt es dagegen in der BRD nur noch ca. 14.000[17] Freimaurermitglieder unter den drei deutschen Großlogen.[18] Davon sind etwa 1.500 Mitglieder mittlerweile

---

13 *Reinhalter*, Die Freimaurer, S. 7; *Schuster*, Freimaurer und Justiz, S. 53.

14 Vgl. hierzu die rechtlichen Ausführungen in .

15 *Reinhalter*, Die Freimaurer, S. 7; Schuster, Freimaurer und Justiz, S. 53.

16 Die Rechtsnatur der Satzung ist umstritten, wobei die h.M. von einem Vertrag der Gründungsmitglieder ausgeht. Vgl. *Eisenhardt*, Gesellschaftsrecht, § 11, Rn. 126 f.

17 Homepage der Vereinigten Großlogen in Deutschland vom 20. Januar 2009; vgl. *Neuberger*, Winkelmaß und Hakenkreuz, S. 258.

18 *Lennhoff*, a.a.O., S. 224.

wieder aus den sog. Neuen Bundesländern, wie sich aus der Homepage der drei Freimaurerlogen entnehmen lässt. Insgesamt konnten die Freimaurer folglich in den letzten 20 Jahren noch nicht wieder ihre alte Mitgliederstärke vor der NS-Zeit wiedererlangen.[19] Weltweit gibt es in fast allen demokratischen Staaten Freimaurerlogen mit etwa sechs Millionen Mitgliedern[20], allein ca. vier Millionen Freimaurer in den USA. Die Freimaurerlogen erhielten ihre Immobilien in der Bundesrepublik überwiegend zurück. In den Neuen Bundesländern wurden ungefähr 90 Wiedergutmachungsverfahren nach dem Gesetz zur Regelung offener Vermögensfragen nach der Wiedervereinigung von Freimaurerlogen angestrengt. Die zurückübertragenen Immobilien und Entschädigungszahlungen an die Freimaurerlogen nach dem VermG betragen ein Volumen von ca. 28 Millionen Euro. Eine offizielle Statistik gibt es allerdings nicht, so dass diese Zahlen nur geschätzt sind. Es wurden ca. 80 Liegenschaften bzw. Immobilien zurückübertragen bzw. für sie Entschädigung geleistet. Eine Wiederzulassung der Freimaurerlogen gab es für die bürgerlichen Freimaurer auf dem Gebiet der sowjetischen Besatzungszone und DDR nicht. Die DDR verstand sich als ein antifaschistischer, neuer deutscher Staat[21] des aus ihrer Sicht völkerrechtlich untergegangen Deutschen Reiches.[22] Folglich gab es aus ihrer Sicht auch grundsätzlich keine historische Verantwortung gegenüber NS-Opfern[23] zu übernehmen. Insbesondere wollte die DDR für den Aufbau einer neuen sozialistischen Gesellschaftsordnung keine Stärkung des Bürgertums fördern. Die BRD und das Bundesverfassungsgericht (BVerfG)[24] sowie die mehrheitliche westdeutsche Rechtswissenschaft[25]

19 In Deutschland gibt es noch die American Canadian Grand Lodge und die Grand Lodge of British Freemasons in Germany, die für diese Arbeit aber keine Rolle spielen. Ebenso spielen grundsätzlich die nicht von der englischen Mutterloge anerkannten Freimaurerlogen keine Rolle.

20 Brockhaus Enzyklopädie, Band 7, S. 634; *Reinalter*, a.a.O., S. 8.

21 Vgl. auch *Hölscher*, NS-Verfolgte im „antifaschistischen Staat"; *Stefan Wolle*, in: Spiegel special, 2001, „Staatsfeind Faschist", S. 182 ff.

22 Vgl. auch OLG Hamm, NJW 1953, 1710.

23 *Wasmuth*, in: RVI, Einf. VermG, Rn. 55; *Ossenbühl*, in: HStR, Band IX, S. 530; *Rauschning*, JuS 1991, S. 977, (978); *Dolzer*, in: HStR, Band I, S. 547 ff.; *Schweitzer*, Staatsrecht III, Rn. 631 f.

24 Vgl. auch BVerfGE, 3, 288, 319 f.; 5, 85, 126; 36, 1 (16), zum Grundlagenvertrag von 1972; BVerfGE 77, 137 (155); BVerfGE, DVBl 1995, S. 286 (288); BayVerfGH, NVwZ 1991, S. 1073; a.A. z.B. OLG Hamm 1953, S. 1710.

25 *Stolleis*, in: HStR, Band 1, S. 284 ff.; *Ipsen*, Völkerrecht, S. 300; *Stein*, Völkerrecht, S. 122; vgl. auch *Schmoeckel*, Die Aufhebung von nationalsozialistischen Gesetzen, S. 432 mit weiteren Nachweisen in Fn. 5; *Kaufmann*, S. 9; *Schmoller*, Handbuch des Besatzungsrechts, § 4, S. 2 ff.; *Herdegen*, Völkerrecht, § 8, Rn. 22, S. 86 f.

widersprechen der Einschätzung, dass das Deutsche Reich nach 1945 untergegangen ist. Das BVerfG bestätigte im Jahr 1954, dass die BRD identisch mit dem Deutschen Reich ist und insofern auch die Verantwortung für die NS-Taten zu übernehmen hat. Die damalige Bundesrepublik wollte gleichwohl die DDR nicht aus all ihren „Verpflichtungen" einer Wiedergutmachungsleistung entlassen. Daher bestand sie völkerrechtlich darauf, dass das Territorialitätsprinzip gelte.[26] Dies bedeutete grundsätzlich den Ausschluss einer Wiedergutmachungsverpflichtung der BRD zum damaligen Zeitpunkt für NS-Verbrechen oder Entziehungen, die nicht innerhalb des „westdeutschen Bundesgebietes" oder „West-Berlins" verursacht worden waren. Wohl auch aus diesem Grunde wurde während der deutsch-deutschen Teilung auf dem Gebiet der DDR in den Wiedergutmachungsfragen für begangenes NS-Unrecht von den sog. „offenen Vermögensfragen" gesprochen, die erst mit der Wiedervereinigung auch im Beitrittsgebiet gelöst werden konnten. Das VermG behandelt die sog. Wiedergutmachung vermögensrechtlicher Schädigungen während der Zeit der NS-Herrschaft und der Herrschaft der Sozialistischen Einheitspartei Deutschlands[27] (SED).[28] Das VermG wurde 1989 durch die DDR in Zusammenarbeit mit der BRD geschaffen und von der DDR noch in Kraft gesetzt, bevor es nach der Wiedervereinigung durch die BRD 1990 verkündet wurde. Am 23. August 1990 erklärte die DDR gemäß Art. 23 GG a.F. mit Wirkung zum 3. Oktober 1990[29] den Beitritt zur BRD. Mit der Wiedervereinigung am 3. Oktober 1990 konnte nach über zwölf Jahren NS-Diktatur und über 44 Jahren SED-Zeit[30], also nach insgesamt über 56 Jahren, angefangen werden, das NS-Unrecht an Freimaurerlogen auch auf dem Gebiet der ehemaligen DDR wiedergutzumachen. Das VermG greift zur Wiedergutmachung des NS-Unrechts auf die Rückerstattungsgesetze der westlichen Alliierten und die Wiedergutmachungsgesetze der BRD aus den 50er-Jahren des

---

26 *Motsch*, in: Kommentar zum EALG, Teil 4, Vorbem. NS-VEntschG, Rn. 22.

27 Vgl. zur Gründung der SED z.B.: *Leonhard*, Die Revolution entlässt ihre Kinder, S. 436 ff.

28 Die NS- und SED-Diktatur werden immer wieder verglichen, was aber nicht Gleichsetzung bedeutet, vgl. *Isensee*, HStR, Band IX, S. 55; *Wassermann / Märker*, ZRP 1993, S. 138.

29 Mit dem Beitritt der DDR zur BRD ist sie als eigenes Völkerrechtssubjekt untergegangen und in der BRD aufgegangen. Völkerrechtlich hat sich dadurch am Status der BRD nichts verändert. Vgl. nur *Anker*, DöV 1991, S. 1062 ff.; *Wagner*, DtZ 1992, S. 142; *v. Münch*, NJW 1991, S. 865 (868); *Jarass* in: Jarass / Pieroth, GG Kommentar, Art. 23., S. 557; *Degenhardt*, Staatsrecht I, S. 3.

30 Vgl. hierzu: *Isensee*, in: HStR, Band IX, S. 51 ff.

20. Jahrhunderts sowie die ergangenen Urteile zurück.[31] Hierzu verweist das VermG auf die Rückerstattungsgesetze, vgl. §§ 2 Abs. 1, 1 Abs. 6 VermG[32], so dass die Kenntnis der Rückerstattungsgesetze und ihre Entwicklung für denjenigen, der sich mit der Wiedergutmachung von NS-Unrecht beschäftigt, unverzichtbar ist. Das Bundesministerium für Finanzen (BMF) prognostizierte 2004 den „Abschluss" der Wiedergutmachung von NS-Unrecht bis zum Jahr 2030.[33] Durch mehr Personal und behördliche Umstrukturierungen werden die Wiedergutmachungsverfahren nunmehr bis zum Jahr 2010 überwiegend abgeschlossen sein.[34] Obwohl die juristische Wiedergutmachungsstruktur nach dem VermG vornehmlich öffentlich-rechtlich angelegt ist und nicht wie im Rückerstattungsrecht zivilrechtlich, fallen die Ergebnisse ähnlich aus, da das VermG sowie die Vermögensämter und die Verwaltungsgerichte an die Rückerstattungsgesetze und deren Urteile anknüpfen und darauf aufbauen. Das VermG geht in der Regel wie bereits die Rückerstattungsgesetze von dem Grundsatz des Vorrangs der Rückübertragung vor der Entschädigung aus. Dieser Restitutionsgrundsatz wurde aber wegen des viel länger zurückliegenden Zeitraumes zwischen 1933 bis 1990 und der gewachsenen Eigentumsstrukturen gesetzlich eingeschränkt, um durch die Wiedergutmachung nach dem VermG möglichst wenig erneutes Unrecht zu begehen. Weiter wurde nach der Wiedervereinigung der sog. Aufbau-Ost politisch durch die Bundesregierung in den Vordergrund gestellt, um die Lebensverhältnisse beider Teile Deutschlands anzugleichen. Das gesamte bundesdeutsche System sollte in kurzer Zeit im Beitrittsgebiet aufgebaut werden. Das Beitrittsgebiet war wirtschaftlich am Ende, und die Bevölkerung wollte schnellstmöglich sanierten, kostengünstigen Wohnraum sowie sichere Arbeitsplätze erhalten bzw. behalten. Aus diesem Grunde sollten die absehbaren langen Wiedergutma-

---

31 *Säcker*, Vermögensrecht, § 1, Rn. 134, S. 115; *Hintz*, VIZ 1992, S. 18 f.

32 Mit Beschluss des BVerfG vom 3.03.1995, Az.: 1 BvR 236/95=VIZ 1995, S. 343 wurde bestätigt dass § 1 Abs. 6 VermG nicht gegen Art. 14 GG oder Art. 3 GG verstößt, vgl. auch *Brettholle / Köhler-Apel*, in: Rädler / Raupach / Bezzenberger, Vorbem. VermG, Rn. 82.

33 Vgl. auch *Messerschmidt*, NJW 2001, S. 3014 (3018); Pressemitteilung des BARoV, Nr. 7 vom 2.07.2001; Die Welt, 15.02.2000, S. 17; Die Welt, 7.04.1999, S. 4; *Rodenbach*, VIZ 1999, S. 1; *Rodenbach*, NJW 1999, S. 1425; Handelsblatt, 16.02.1998, S. 6.

34 Vgl. auch *Hockerts*, in: Vierteljahrshefte für Zeitgeschichte, Heft 2/2001, Wiedergutmachung in Deutschland, S. 213.

chungsverfahren über Liegenschaften und Immobilien keine „Investitionsbremsen" werden oder diese gar zunichtemachen.[35]

B) Forschungsstand

Es gibt bisher keine rechtshistorische Abhandlung zur Geschichte der Wiedergutmachung von NS-Unrecht an Freimaurerlogen. Dies gilt sowohl für die junge BRD nach 1949 als auch für die Zeit nach der Wiedervereinigung. Die Veröffentlichungen der Freimaurerlogen selbst beschränken sich in der Regel auf einen kurzen Hinweis, dass die Liegenschaft entzogen wurde und wann die Immobilie zurück übertragen wurde. Zu den Freimaurerlogen während der NS-Zeit gibt es dagegen zwei grundlegende und ausgezeichnete historische Arbeiten: zum einen von Neuberger, „Freimaurerei und Nationalsozialismus", aus dem Jahre 1980 sowie eine neue Auflage aus dem Jahre 2001 mit dem Titel „Winkelmaß und Hakenkreuz". Die zweite historische Arbeit stammt von Melzer, „Konflikt und Anpassung", aus dem Jahre 1999.[36] Diese Arbeiten befassen sich themenbedingt aber nicht mit der juristischen Wiedergutmachungsthematik nach 1945, so dass hier eine Lücke besteht. Die NS-Zeit allgemein, die DDR-Zeit sowie die Zeit der Bundesrepublik von 1949 bis zur Wiedervereinigung sind historisch bereits recht umfassend untersucht, so dass auf die zahlreichen Werke verwiesen werden kann. Die Neue Juristische Wochenschrift (NJW) veröffentlichte von 1949 bis 1981 in einer eigenen monatlichen Beilage zum Recht der Wiedergutmachung von NS-Unrecht für das Gebiet Westdeutschlands Rückerstattungsurteile der westlichen Alliierten und der Bundesrepublik sowie die rechtswissenschaftlichen Beiträge zur Wiedergutmachungspraxis, ohne sich aber der Freimaurerlogen besonders anzunehmen. Ansonsten gibt es noch einige Kommentare zu den Rückerstattungsgesetzen der Alliierten.[37] Um eine recht neue und interessante rechtshistorische Arbeit handelt es sich bei derjenigen von Schuster mit dem Titel „Freimaurer und Justiz in Norddeutschland unter dem Nationalsozialismus"

---

35 BVerwGE, Urteil vom 18.05.1995-Az.: 7C 19.94, VG Berlin, VIZ 1994, S. 353 f.; *Holst / Liedtke*, in: Fieberg / Reichenbach / u.a., Kommentar zum VermG, § 4 VermG; *Hellmann*, in: Fieberg / Reichenbach / u.a., Kommentar zum VermG, § 5 VermG; *Uechtritz*, VIZ 1992, S. 377 f.; *Wasmuth*, in: RVI, § 1 VermG, Rn. 148.

36 *Neuberger*, Freimaurerei und Nationalsozialismus; *Melzer*, Konflikt und Anpassung, Freimaurerei in der Weimarer Republik und im „Dritten Reich"; *Steffens*, Freimaurer in Deutschland; *Neuberger*, Winkelmaß und Hakenkreuz; *Peters*, Die Geschichte der Freimaurerei im Deutschen Reich.

37 Vgl. z.B. *Godin*, Rückerstattungsgesetze.

aus dem Jahr 2007.[38] Diese Arbeit beschäftigt sich mit den beruflichen Folgen der Mitgliedschaft in Logen für Richter und Staatsanwälte während der NS-Zeit, wobei auch gerade die NS-Verfolgungsgründe ausführlich behandelt werden. Soweit ersichtlich, gibt es bisher erst drei wissenschaftliche juristische Arbeiten zum Themenkomplex NS-Wiedergutmachung und VermG, die sich aber nicht mit den Freimaurern auseinandersetzen. Die Arbeit von Eck, „Die Wiedergutmachung zwischen 1945 und 1989 und die Regelung der Ansprüche von Verfolgten des Nationalsozialismus in § 1 Abs. 6 VermG", aus dem Jahr 1996[39] untersucht die allgemeinen Verfolgungsgründe nach dem Alliierten Recht und § 1 Abs. 6 VermG, ohne sich aber der Freimaurer anzunehmen. Die Freimaurerlogen spielen nur kurz in einer allgemeinen Aufzählung eine Rolle, so dass die juristischen Wiedergutmachungsfragen für Freimaurerlogen naturgemäß nicht Thema dieser Untersuchung sind. Die zweite Arbeit von Graf aus dem Jahre 1999[40] vergleicht das US-Rückerstattungsgesetz mit dem Vermögensgesetz in Bezug auf NS-Verfolgte im Allgemeinen. Diese Arbeiten ergänzen insofern den Themenkomplex Wiedergutmachung von NS-Unrecht auf allgemeiner Ebene. Einer bestimmten NS-Verfolgtengruppe widmet sich die Arbeit von Belz, die 2007 über „Die Restitution des Weimarer Gewerkschaftsvermögens nach dem Vermögensgesetz" erschien.[41] Einige Gewerkschaften wurden ähnlich den Altherrenverbindungen der Studentenverbindungen nur teilweise als NS-Verfolgte von den Gerichten anerkannt, da die Organisationen z.B. satzungsrechtlich nicht einheitlich entgegenstehende politische oder weltanschauliche Ansichten hatten und sie nicht vom NS-Regime einheitlich verboten wurden. Die „historischen Lebensläufe" der Gewerkschaften und der Freimaurer vermitteln jeweils für sich einen anschaulichen Teilausschnitt der „NS-Geschichte" und ihrer Wiedergutmachungsgeschichte. Weiter gab es vier Kommentare zum VermG[42] und mehrere

38 *Schuster*, Freimaurer und Justiz in Norddeutschland unter dem Nationalsozialismus.

39 *Eck*, Die Wiedergutmachung zwischen 1945 und 1989 und die Regelung der Ansprüche von Verfolgten des Nationalsozialismus in § 1 Abs. 6 VermG.

40 *Graf*, Rückgabe von Vermögenswerten an Verfolgte des nationalsozialistischen Regimes im Beitrittsgebiet.

41 Belz geht am Rande ohne große Differenzierung auf die NS-Verfolgung von Studentenverbindungen ein. Die Behandlung dieses Themas dürfte eine eigene Untersuchung rechtfertigen. Insbesondere wird nicht angesprochen, wie der NS-Staat die Liegenschaften / Vermögenswerte der Altherrenvereine entzog.

42 Vgl. nur *Fieberg / Reichenbach / u.a.*, Kommentar zum VermG; RVI Kommentar; *Kimme / u.a.*, Offene Vermögensfragen; *Säcker / u.a.*, Vermögensrecht; *Rädler / Raupach / Bezzenberger*, Kommentar zum VermG. *Fricke / Märker*, Enteignetes Vermögen in der Ex-DDR.

Fachzeitschriften zum VermG, die sich aber mit Freimaurerlogen nur am Rande beschäftigen. Die vorliegende Untersuchung kann sich auf eine breite, wenngleich nicht erschöpfende Auswertung aller entschiedenen Liegenschaftsansprüche von Freimaurerlogen nach dem VermG stützen. Es wurden insgesamt über 50 Fälle analysiert, die die Wiedergutmachung an Freimaurern betreffen und die überwiegend vorher noch nicht veröffentlicht wurden. Eine offizielle Statistik über die Wiedergutmachungsfälle an Freimaurerlogen gibt es nach Auskunft des Berliner Bundesamtes für zentrale Dienste und offene Vermögensfragen (BADV) in der BRD nicht.[43] Allerdings haben die drei deutschen anerkannten Großlogen schätzungsweise etwa 80 Liegenschaften zurückübertragen bekommen bzw. Entschädigungszahlungen erhalten.

C) Gang der Untersuchung

Das erste Kapitel führt kurz in die Geschichte der Freimaurerlogen ein. Dabei wird erläutert, was für eine Weltanschauung die Freimaurerlogen haben, warum das NS-Regime gegen Freimaurerlogen vorging und auf welche Weise ihnen ihre Vermögenswerte während der NS-Zeit entzogen wurden. Im dritten bis siebten Kapitel wird aufgezeigt, wie sich die völkerrechtlichen Rückerstattungsgesetze der Alliierten und die Rechtsprechung entwickelten und wie die Situation in der sowjetischen Besatzungszone und der DDR war. Das VermG baut auf die Rückerstattungsgesetze der Alliierten und die dazu ergangene Rechtsprechung auf und macht sie dadurch zum festen Bestandteil des VermG. Das achte Kapitel beschäftigt sich mit dem VermG allgemein. Im neunten Kapitel werden die Anspruchsvoraussetzungen der Freimaurerlogen und die Problemfelder im Rahmen der Wiedergutmachung untersucht. Im zehnten Kapitel werden zwei Fallbeispiele vorgestellt, die zwei interessante Wiedergutmachungskonstellationen bei Freimaurerlogen nach dem VermG darstellen. Die Arbeit endet mit einer Zusammenfassung und einem Ausblick.

43 Unter der Adresse: http://www.badv.bund.de informiert die Bundesoberbehörde über den Stand der offenen Vermögensfragen in Deutschland.

1. Teil:

Die Entziehungen durch die Nationasozialisten

1. Kapitel: Freimaurervereine

A) Kurze Geschichte der Freimaurer und ihre Weltanschauung

Freimaurer wurden vom NS-Regime abgelehnt, weshalb auf die Freimaurergeschichte, ihre Rituale und ihre Weltanschauung kurz eingegangen werden soll, bevor die Entziehung ihrer Vermögenswerte und ihre Wiedergutmachung aufgezeigt wird. Die erste Freimaurergroßloge[1], die „United Grand Loge of England", wurde am 24. Juni 1717[2] in London gegründet und setzte 1723 die „Old Charges", die „Alten Pflichten", für die weltweiten Freimaurerlogen verbindlich in Kraft[3], die von allen Freimaurerlogen befolgt werden müssen, wenn sie von der englischen Mutterloge anerkannt werden möchten. Die „Alten Pflichten" der Freimaurer normieren Freimaurerverhaltensregeln wie z.B. Toleranz und Anstand sowohl innerhalb als auch außerhalb der Freimaurerlogen. Freimaurer verstehen sich als eine spirituelle organisierte Bruderschaft[4], die überkonfessionell[5] und überparteilich ist, nach Toleranz, Freiheit, Gleichheit und Humanismus strebt und mittels ihrer Rituale diesen Zielen näherkommen möchte und der Gedankenwelt der Aufklärung[6] verbunden ist.[7] Amerikanische Freimaurermitglieder haben die Unabhängigkeitserklärung mit ausgearbeitet und unterzeichnet, die einen erheblichen Einfluss auf die Französische Revolution hatte, worauf Ingo von Münch 1988 in einer Ansprache

---

1 *Luckas*, a.a.O., S. 11.

2 *Luckas*, a.a.O., S. 11; *Keller*, Die Freimaurerei, S. 9.

3 James Anderson verfasste im Jahr 1723 für den englischen Großmeister der Freimaurer, dem Herzog von Montagu, die „Alten Pflichten", die von der englischen Großloge genehmigt wurde und einer weltweiten Freimaurerverfassung entspricht, vgl. hierzu z.B. *Holtorf*, Die Logen der Freimaurer, S. 18; *Lennhoff*, Internationales Freimaurer Lexikon, S. 16 ff.

4 *Valmy*, Die Freimaurer: Arbeit am Rauhen Stein, S. 7; *Reinalter*, a.a.O., S. 7; vgl. auch *Wauer*, Freimaurerei Heute, S. 3 ff.

5 *Holtorf*, a.a.O., S. 188.

6 *Heegner*, a.a.O., S. 447, Anmerkung zu BGHZ 19, 51 ff.

7 *Reinalter*, Die Freimaurer, S. 42 ff.

als Bürgermeister von Hamburg gegenüber Freimaurern hinweist.[8] Am 6. Dezember 1737 wurde die erste deutsche Loge in Hamburg gegründet.[9] Prominente Freimaurer waren beispielsweise Friedrich der Große, der Schriftsteller Gotthold Ephraim Lessing und der Komponist Wolfgang Amadeus Mozart[10], der in der Zauberflöte viele Freimaurerbezüge einbaute.[11]

Das deutsche Wort „Freimaurer" stammt in wörtlicher Übersetzung vom englischen „freestone-mason". Die Freimaurer knüpfen hierbei an die bereits im Mittelalter privilegierten leibfreien Maurer bzw. Steinmetze an, die den Bau von Kathedralen und Domen durch ihre künstlerischen Arbeiten am rauen Stein veredelten.[12] Freimaurer übertragen den Gedanken des noch unbehauenen Steins der Steinmetze als Symbol auf den Menschen, der sich durch die Arbeit an sich selbst in drei Lebensstufen, Jüngling, Mann und Greis, von einem „unbehauenen" Stein zu einem „beschlagenen Stein" entwickelt.[13] Im Vereinigten Königreich wurde das Haus, in dem die Steinmetze lebten und ihre Entwürfe für die kirchlichen Bauten erarbeiteten, traditionell „lodge" genannt. Die deutschen Freimaurer übersetzten „lodge" in „Bauhütte" bzw. „Loge" und benutzen diesen Begriff für ihre Logenhäuser, in denen sie ihre Vereinsarbeit ausüben. Die Freimaurermitglieder errichten in ihren Freimaurerhäusern jeweils einen Raum als „Tempel" und verehren dort den „großen Baumeister aller Welten", der religiös undefiniert ist und für jedwedes religiöses Verständnis seiner Mitglieder offen bleibt, wobei die Christen hierunter den biblischen Gott verstehen.[14] Freimaurer greifen in ihren Ritualen z.B. auf

---

8 Ingo v. Münch in der Ansprache als Bürgermeister von Hamburg anlässlich der 250-Jahr-Feier der Loge „Absalom zu den drei Nesseln", veröffentlicht in: *Appel*: Aufbruch nach 250 Jahren, S. 84; *Herre*, George Washington, Biographie, S. 63; *Keller*, Die Freimaurerei, S. 64 ff. Vgl. auch zur Amerikanischen Unabhängigkeitserklärung *Oellers*, JuS 1993, S. 799 ff.

9 Vgl. *Appel*, a.a.O., S. 31; *Luckas*, a.a.O., S. 13; Das erste private Hamburger (Elisabeth) Krankenhaus gehörte Freimaurern. Zur NS-Zeit übertrugen sie es am 7.10.1933 auf einen unabhängigen Verein, sog. „Elisabeth-Krankenhaus e.V.", dem kein Freimaurer oder Jude mehr angehörte. Vgl. *Neuberger*, Freimaurerei und Nationalsozialismus, S. 73.

10 Vgl. z.B. die Brockhaus Enzyklopädie, Band 7, S. 634 f. Zu Goethes Freimaurermitgliedschaft vgl. z.B. die Arbeit von *Wilson*, Unterirdische Gänge: Goethe, Freimaurerei und Politik, S. 224. Zu den einzelnen Mitgliedschaften vgl. auch *Lennhoff*, Internationales Freimaurer Lexikon.

11 *Lennhoff*, Internationales Freimaurerlexikon, S. 582, 924.

12 *Holtorf*, Die Logen der Freimaurer, S. 15.

13 *Reinalter*, Die Freimaurer, S. 102.

14 *Reinalter*, Die Freimaurer, 35 ff.

zahlreiche Symbole des biblischen Salomonischen Tempels[15] zurück, wobei der Tempelberg sowohl Christen wie Juden und dem Islam heilig ist. Weiter bedienen sich die Freimaurer in ihren Ritualen des alten und neuen Testaments, des ägyptischen Mysterienkults sowie der Symbole der Steinmetze wie Winkel, Hammer und Zirkel, wenn sie ihre spirituellen Sitzungen auf ihre Mitglieder emotional und tiefenpsychologisch wirken lassen.[16] Freimaurer betonen, dass sie keine Kirche oder Religion sind, da sie keine festen Dogmen haben.[17] Die Freimaurerlogen nehmen traditionell gemäß den „Alten Pflichten" nur Männer auf, sofern dieses mittlerweile nicht vereinzelt satzungsrechtlich modifiziert wurde. Seit dem 20. Jahrhundert gibt es gemischte Logen und reine Frauenlogen. Allerdings werden die gemischten und die reinen Frauenlogen nicht offiziell von der englischen Mutterloge in London anerkannt.[18] Über die Vereine der Freimaurerlogen lässt sich fast alles nachlesen, so dass sie in diesem Sinne nicht „geheim" sind, was ihnen aber oft unterstellt wird, da sie in der Regel nicht über ihre Rituale in der Öffentlichkeit sprechen[19] und auch immer wieder in verschiedenen Ländern verboten wurden. In der Anfangsphase überwogen bei den deutschen Logenmitgliedern in ihrer sozialen Zusammensetzung noch die adligen, protestantischen und wohlhabenden Mitglieder.[20] Seit dem 19. Jahrhundert überwiegen in den Freimaurerlogen gesellschaftlich die Mitglieder aus dem Bürgertum.[21] Es sind bis 2010 überwiegend protestantische Freimaurermitglieder geblieben, da die katholische Kirche Mitgliedschaften in Freimaurerlogen ablehnt und eine Mitgliedschaft als „Sünde" bezeichnet.[22] Freimaurer sind in der Bundesrepublik gesellschaftlich seit 1949 wieder anerkannt. Die Repräsentanten der deutschen Freimaurerlogen wurden beispielsweise im Januar 2009 von Bundespräsident Horst

---

15 *Lennhoff*, Internationales Freimaurer Lexikon, S. 737 f.

16 *Reinalter*, Die Freimaurer, S. 32 ff.

17 *Reinalter*, Die Freimaurer, S. 104 ff.

18 Vgl. *Appel*, Aufbruch nach 250 Jahren, S. 88; *Luckas*, 200 Jahre Freimaurer, S. 11; *Holtorf*, Die Logen der Freimaurer, S. 18; *Gutmann*, Seit 1775 Freimaurerei in Bonn, S. 5.

19 *Brägger*, a.a.O., S. 14.

20 Vgl. hierzu *Reinalter*, a.a.O., S. 7.

21 Der große Brockhaus, Band 4, S. 278 f.; *Hoffmann*, Die Politik der Geselligkeit, S. 29 ff.; *Melzer*, Konflikt und Anpassung, Freimaurerei in der Weimarer Republik und im „Dritten Reich", S. 15.

22 So bezeichnete der damalige Kardinal Joseph Ratzinger, heute Papst Benedikt XVI., in seiner Funktion als Präfekt während der Kongregation für die Glaubenslehre in Rom am 26. November 1983 eine Mitgliedschaft zur Freimaurerei als Stand der schweren Sünde.

Köhler ins Schloss Bellevue nach Berlin eingeladen. Der damalige Bundespräsident betonte in seiner Rede, dass Freimaurer einen festen Platz in der deutschen freiheitlichen Gesellschaft haben.[23] Freimaurer gehen, wie beispielsweise Ehepartner, einen Lebensbund ein und verpflichten sich zu lebenslanger gegenseitiger Hilfe. Gleichzeitig unterstützen Freimaurer mit finanziellen Mitteln karitative Projekte. Zur Veranschaulichung der Weltanschauung der Freimaurer werden Auszüge aus dem Satzungsinhalt der GNML „3WK“ von 1928 wiedergegeben, die es auch ähnlich bei anderen Freimaurerlogen gab:

> „I. Voraussetzungen:
>
> [...]
>
> 5. „So muß denn jedes Mitglied unseres Bundes Ehrfurcht vor dem göttlichen Schöpfer, christliche Sittlichkeit und Liebe zum deutschen Vaterland im Herzen tragen. Sie sind die inneren Bindungen seines Wesens und die starken Wurzeln seiner Kraft.“
>
> [...]
>
> II. Zweck des Bundes
>
> [...]
>
> 6. Der Bund will Weisheit des Lebens lehren und üben, indem er seine Mitglieder zu bewusster Lebensgestaltung anregt. Er will zu einer Weltanschauung führen, die sich ihrer Verantwortung gegenüber Volk und Vaterland bewusst ist. Er will Herzen und Sinne auf die Ewigkeit lenken, um durch Ewigkeitsgedanken dem Dasein einen höheren Wert zu geben. [...].“

Die aufgelösten Großlogen bzw. Mutterlogen der Freimaurer während der NS-Zeit lassen sich nach Neuberger[24] grob in vier unterschiedliche „Großlogenrichtungen“ einteilen, die zum Hintergrundwissen vorgestellt werden sollen, wobei die vierte Schottische Freimaurerloge für diese Arbeit keine Rolle spielt und deshalb ausgespart werden kann.

B) Die drei deutschen rechtsfähigen Mutterlogen der Gegenwart

I. Die Große Nationale Mutterloge „Zu den drei Weltkugeln“

Die GNML „3WK“ wurde als erste christliche Altpreußische Mutterloge am 13. September 1740 unter dem Namen „Aux trois Globes“ in Berlin mit Edikt des Königs von Preußen, Friedrichs des Großen, gegründet und hat in ganz

---

23 Zitiert von der Homepage von der GLL „FvD“ vom 29.01.2009.

24 *Neuberger*, Winkelmaß und Hakenkreuz, S. 224 f.

Deutschland verteilt wieder um die 40 Tochterlogen. Die GNML „3 WK“[25] wurde als eine Körperschaft des öffentlichen Rechts gegründet, wodurch die Freimaurerloge eine juristische Person wurde[26], ohne dass sie in ein etwaiges Vereinsregister eingetragen werden musste. Die Freimaurerlogen wurden allerdings bei den Reichsinnenbehörden registriert. Trotz der christlichen Ausrichtung der GNML „3 WK“ wurde Juden seit 1868 ein liberales Besuchsrecht in den Logen eingeräumt. Durch Confirmations-Patent und Protectorium vom 9. Februar 1796 sicherte Friedrich Wilhelm II. von Preußen der GNML „3 WK“ und ihren Tochterlogen die auf Friedrich den Großen zurückgehenden Rechte[27] weiterhin zu und sicherte ihnen seinen königlichen Schutz zu.[28] König Friedrich Wilhelm III. von Preußen, der bis 1840 regierte, verbot durch Edikt zur Verhütung von „Geheimen Gesellschaften“ am 20. Oktober 1798[29] alle Freimaurerlogen, Gesellschaften und Verbindungen außer den drei altpreußischen Mutterlogen mit ihren Tochterlogen. Das Freimaurerverbot von Friedrich Wilhelm III., das bis 1892 seine Gültigkeit behielt, lautete unter § 3[30]:

> „Von den Freimaurerorden sind folgende drei Mutterlogen: die Mutterloge Zu den drei Weltkugeln, die Grosse Landesloge, die Loge Royal York de l´Amitié und die von ihnen gestifteten Tochterlogen toleriert und sollen die in den vorstehenden Paragraphen No. 4 und 5 enthaltenen Verbote auf gedachte Logen nicht angewendet werden [...].“

Alle anderen Freimaurerlogen, Verbindungen und Gesellschaften wurden in Preußen verboten, was eine Ausstrahlung auf das gesamte Deutsche Reich hatte, soweit diese Organisationen auch außerhalb von Preußen vertreten waren.[31] Vor diesem Hintergrund fusionierten einige Logen mit den nicht verbotenen Großlogen. Erst nach 1892 durften sich auch wieder andere Freimaurergroßlogen und Tochterlogen ohne diese Einschränkungen gründen. Ein „allerhöchster Erlaß“ vom 31. Dezember 1899 bestätigte nochmals vor In-

---

25 *Brägger*, Die öffentlich-rechtliche Sonderstellung der drei altpreussischen Grosslogen, S. 7; Novum Corpus Constitutionum Marchicarum Tom. X. 79.

26 Vgl. auch *Brägger*,a.a.O.

27 Vgl. BGHZ 19, 56.

28 *Brägger*, a.a.O., S. 8.

29 Edikt des Königs Friedrich Wilhelm III. vom 20. Oktober 1798 wegen Verhütung und Bestrafung geheimer Verbindungen, welche der allgemeinen Sicherheit nachteilig werden können. Vgl. z.B. *Brägger*, a.a.O., Anlage IV, S. 38.

30 Zit. n. Brägger, a.a.O., S. 39; vgl. auch *Schuster*, a.a.O., S. 54, und *Lennhoff / Posner / Binder*, Internationales Freimaurerlexikon, S. 243.

31 *Brägger*, a.a.O., S. 8.

krafttreten des BGB die weitere Rechtsfähigkeit und Sonderstellung der drei altpreußischen Großlogen und ihrer untergeordneten Vereinstochterlogen.[32] Das BGB lässt Rechtsverhältnisse, die durch staatliche Verleihung entstanden sind, also z.B. die Körperschaften des öffentlichen Rechts, grundsätzlich bestehen und unberührt.[33] Art. 82 Einführungsgesetz zum BGB (EGBGB) lautet:

> „Unberührt bleiben die Vorschriften der Landesgesetze über die Verfassung solcher Vereine, deren Rechtsfähigkeit auf staatlicher Verleihung beruht."

Die königlichen Privilegien, die sog. Protektorien, wurden gegenüber den altpreußischen Großlogen allerdings durch das öffentliche Reichsvereinsgesetz vom 19. April 1908[34] überflüssig, so dass sie aufgehoben wurden[35], da es nunmehr grundsätzlich für alle Vereine ein Vereinsrecht gab. Seither sind die beiden altpreußischen Mutterlogen als rechtsfähige deutsche Vereine des Privatrechts wie andere nichtwirtschaftliche Vereine nach dem BGB zu behandeln.

II. Die Große Landesloge „Freimaurer von Deutschland"

Die GLL „FvD" ist ebenfalls eine altpreußische Mutterloge und feiert 2010 ihren 240. Geburtstag. Sie wurde als eine Körperschaft des öffentlichen Rechts gestiftet und erhielt ihre Rechtsfähigkeit durch das königliche Protektorium Friedrichs des Großen am 16. Juli 1774. Diese Rechtsstellung wurde durch ein weiteres Edikt des Königs Friedrich Wilhelm III. vom 20. Oktober 1798[36] bestätigt. Dieser Großloge gehörten als Freimaurer z.B. auch Kaiser Wilhelm I. und Kaiser Friedrich III. an. Im Jahr 2010 geben die Staatlichen Museen Berlin zwei historische Bilder von den beiden Deutschen Kaisern, Wilhelm I. und Kaiser Friedrich III. zurück, die während der NS-Zeit der Großloge entzogen wurden.[37] Die heute noch bestehende GLL „FvD" nimmt bis heute

---

32 Allerhöchste Kabinets-Ordre vom 31.12.1899, die an den Justizminister und den Minister des Innern mit den gez. Namen Wilhelm R., Schönstedt und Freiherr von Rheinhaben abgedruckt wurde. Vgl. hierzu auch BGHZ 19, 56; *Lennhoff* u.a., a.a.O., S. 398 f.

33 Vgl. hierzu BGHZ 19, 59.

34 Vereinsgesetz vom 19.04.1908, Reichsgesetzblatt.

35 Vgl. z.B. *Vormbaum*, Die Rechtsfähigkeit der Vereine im 19. Jahrhundert, S. 199 ff.; *Brägger*, a.a.O., S. 32 f.

36 Vgl. hierzu *Lennhoff / u.a.*, a.a.O. zu der GLL „FvD", S. 364, 398 f.; Bescheid des ARoV des Burgenlandkreises vom 13.05.1997, Az.: EDV 2003/2006/2007/4723/4724, unveröffentlicht.

37 Vgl. hierzu die Angaben auf der Homepage der GLL „FvD" im Juni 2010.

nur christliche Mitglieder in der Bundesrepublik auf und hat über 100 Tochterlogen deutschlandweit.[38] In politischer Hinsicht waren die Mitglieder der altpreußischen Großloge, GLL „FvD" vor der NS-Zeit konservativ, lehnten aber rassistisches Gedankengut weitgehend ab.[39] Auch die GLL „FvD" ist heute wie die GNML „3WK" keine Körperschaft des öffentlichen Rechts mehr, sondern wird als eingetragener juristischer Verein behandelt, der seine entzogenen Freimaurerlogen weitgehend nach den Rückerstattungsgesetzen und nach dem VermG zurückerhalten hat.

III. Die Mutterloge der Alten Freien und Angenommenen Maurer von Deutschland

Die AfuAMvD Großloge wurde erst nach der NS-Zeit in Frankfurt am Main in der Paulskirche am 19. Juni 1949 als neue humanitäre Großloge gegründet. Der Mutterloge gehören mittlerweile deutschlandweit um die 260 Tochterlogen mit über 9.000 Mitgliedern an.[40] Diese Großloge setzt sich aus ehemaligen humanitären und altpreußischen Logen zusammen, die sich während der NS-Zeit auflösten, so dass die Großloge und ihre Tochterlogen an verschiedene alte Freimaurertraditionen anknüpfen, die wesentlich älter sind als die neue Großlogengründung selbst. Die „Große Loge von Preußen, Royal York de l`amitié", oder „Royal York zur Freundschaft", wie sie später hieß, wurde z.B. als altpreußische Großloge 1760 als Körperschaft des öffentlichen Rechts durch Friedrich den Großen gegründet[41] und trat der neuen Großloge mit 35 Logen bei. Es traten der neuen Mutterloge AfuAMvD auch 18 Logen der Großen Loge von Hamburg sowie vier Logen der Großen Landesloge von Sachsen[42] bei. Das entzogene altpreußische Logenhaus der Großloge „Royal York zur Freundschaft" in Berlin soll das repräsentativste und schönste Villenhaus der Freimaurer in Deutschland gewesen sein, das 1711–1712 von Andreas Schlüter erbaut wurde.[43] Die Mitglieder der „humanitären" Großlogen waren nicht notwendig christlich, sondern konnten jeder Glaubensrichtung angehören. Während der NS-Zeit standen somit die „humanitären" Großlogen grundsätzlich auch Juden oder Angehörigen anderer Konfessionen offen.

---

38 Vgl. hierzu die Angaben auf der Homepage dieser Großloge, Stand. Juni 2010.

39 *Neuberger*, Freimaurerei und Nationalsozialismus, S. 69.

40 Vgl. hierzu die Angaben auf der Homepage der Großloge.

41 Vgl ausführlich *Brägger*, a.a.O.

42 *Lennhoff*, Internationales Freimaurer Lexikon, S. 224 f.

43 *Neuberger*, Winkelmaß und Hakenkreuz, S. 240.

Allerdings wurden Nicht-Christen wegen des bei Freimaurern satzungsgemäß herrschenden Einstimmigkeitsprinzips bei der Mitgliederaufnahme selten aufgenommen. Die Freimaurer der humanitären Freimaurerlogen standen der Weimarer Republik überwiegend loyal gegenüber. Ihre Mitglieder waren politisch meist bürgerlich-konservativ bzw. liberal und national eingestellt. Sinn und Zweck der Konzentrierung der Freimaurerlogen auf nur noch eine Großloge im Jahr 1949 war es, auch mit Blick auf die Wiedergutmachungsverfahren in der jungen BRD, kraftvoller mit „einer Stimme" in der Öffentlichkeit auftreten zu können, als dies während der NS-Zeit gegenüber dem NS-Regime noch mit verschiedenen Großlogen möglich gewesen war. Die Großloge zog später von Frankfurt am Main in die damalige Bundeshauptstadt Bonn um. 1951 wurde diese Großloge in „Vereinigte Großloge der Alten Freien und Angenommenen Maurer von Deutschland" umbenannt, bevor sich der Name 1968 nochmals in den heutigen Namen „Alte Freie und Angenommene Maurer von Deutschland" änderte.[44] Die Großloge zog 1999 von der ehemaligen Bundeshauptstadt Bonn in die neue Bundeshauptstadt Berlin. Obwohl diese Mutterloge formal eine Neugründung ist, erhielt sie zahlreiche entzogene und aufgelöste Freimaurerlogen nach den Rückerstattungsgesetzen und nach dem VermG zurück.

44 *Gutmann*, a.a.O., S. 191.

2. Kapitel: Unterdrückung der Freimaurerlogen durch das NS-Regime

A) NS-Weltanschauung und Freimaurerlogen

Schon zu Beginn der NS-Zeit gerieten Freimaurerlogen wegen ihrer Weltanschauung in Bedrängnis.[1] Die negative Propaganda von Seiten der NSDAP gegenüber den Freimaurern wurde von Hitler bereits in „Mein Kampf" angeschürt und kontinuierlich verschärft. So behauptete Hitler 1924 in „Mein Kampf"[2], „der Jude" nutze die Freimaurerei

> „zur Stärkung seiner politischen Stellung, um die rassischen und staatsbürgerlichen Schranken einzureißen, die ihn zunächst noch auf Schritt und Tritt beengen. Er kämpft zu diesem Zwecke mit aller ihm eigenen Zähigkeit für die religiöse Toleranz und hat in der ihm vollständig verfallenen Freimaurerei ein vorzügliches Instrument zur Verfechtung wie aber auch zur Durchschiebung seiner Ziele. Die Kreise der Regierenden sowie die höheren Schichten des politischen und wirtschaftlichen Bürgertums gelangen durch maurerische Fäden in seine Schlingen, ohne dass sie es auch nur zu ahnen brauchen."

Eine geschlossene Definition des Begriffs der NS-Weltanschauung gibt es nicht, da sich Hitler im Einzelfall offen hielt, was unter NS-Weltanschauung fallen konnte.[3] Hierzu passt auch der Hermann Göring nachgesagte sinngemäße Ausspruch „Wer Jude ist, bestimme ich".[4] Die NS-Weltanschauung[5] bzw. die politische NS-Ideologie beinhaltete allgemeine Fundamente wie den

---

1 Gleichzeitig wurde der Versailler Vertrag als Übel angesehen, vgl. auch z.B. *Melzer*, a.a.O., S. 41; vgl. auch *Kershaw*, Hitler, 1936–1945, S. 326 ff.

2 *Adolf Hitler*, „Mein Kampf", S. 345 zitiert nach dem: Schulungsbrief, „Gegen die Freimaurerei", 7. Folge, 1939. Vgl. auch zu Hitler *Benz*, Enzyklopädie des Nationalsozialismus, S. 580; Zum Hitler-Prozess vgl. *Gritschneder*, Der Hitler-Prozeß und sein Richter Neithardt, S. 98 ff.

3 *Schuster*, Freimaurer und Justiz, S. 28; *Hans-Peter Schwarz*, Das Gesicht des Jahrhunderts, S. 304.

4 Ob Hermann Göring diesen Ausspruch wirklich getätigt hat ist nicht gesichert. Allerdings trägt der Ausspruch dem Umstand Rechnung, dass im NS-Regime immer wieder Ausnahmen von der politischen vorgegebenen „Regel" gab.

5 Vgl. hierzu ausführlich: *Roman Herzog*, Nationalsozialismus, in: Evangelisches Staatslexikon, Rn. 1340; *Lepsius*, Methodenentwicklungen in der Weimarer Republik und ihr Verhältnis zur Ideologisierung der Rechtswissenschaft im Nationalsozialismus, S. 101 ff.; *Frotscher / Pieroth*, Verfassungsgeschichte, S. 319 ff.

Führergrundsatz, das Rasseprinzip[6], den Antikommunismus und den Antiliberalismus, die dem NS-Regime als Grundlagen dienten. Das NS-Regime kritisierte den Toleranzgedanken der Freimaurer sowie den „internationalen Verbrüderungsgedanken“ aus ihren Satzungen, da beides für sie mit dem „Rassegedanken“ nicht in Einklang zu bringen war. Weiter seien nach NS-Verständnis etliche Rituale und Mythen der Freimaurer „jüdischen Bibelstellen“ des alten Testaments entnommen, so dass eine „jüdische Glaubenswelt“ vermittelt werde[7], die abgelehnt wurde. Nach der sog. „Hirams Legende“ würde sogar ein zukünftiges Freimaurermitglied in der Aufnahmezeremonie symbolisch sterben müssen, um sodann als Adoniram, der nach NS-Verständnis Jude ist, auferstehen, was mit der arischen Rassenlehre nicht zu vereinbaren sei. Darüberhinaus soll sich der „jüdisch gewordene Freimaurer“ danach verpflichten, am geistigen Wiederaufbau des Tempels Salomos mit zu arbeiten, was für die Nazis nur Mitarbeit an der Weltherrschaft der Juden bedeuteten konnte und zu verhindern war. Gleichzeitig vermutete das NS-Regime in dem Freimaurer-Aufnahmeritual eine Art „Beschneidungsersatz“[8] für den jüdischen Gott Jehova, der nur Juden als das auserwählte Volk anerkenne.[9] Die Propaganda des NS-Regimes, dass das „Judentum“ sich der Freimaurerei „bemächtigt“ habe und einseitig jüdische und nicht christliche Wertvorstellungen vermittle[10], ist allerdings eine nicht belegte Behauptung.[11] Unter den deutschen Freimaurermitgliedern in den altpreußischen Großlogen gab es während der NS-Zeit nämlich, soweit bekannt, überhaupt keine Mitglieder jüdischen Glaubens, so dass die Freimaurer, wie auch sonst die damalige deutsche Bevölkerung, den Juden nicht besonders verbunden waren. In Deutschland gab es allerdings eine unabhängige eigenständige jüdische Großloge mit eigenen Tochterlogen, die ausschließlich jüdische Mitglieder und keine Christen aufnahm und bereits im 19. Jahrhundert in New York gegründet worden war, die sog. B´nai B´rith (Hebräisch = Söhne des Bun-

6 Vgl. z.B. *Kershaw*, Hitler, 1936–1945, S. 326. Unter die Nürnberger Gesetze fielen das sog. Blutgesetz und das Reichsbürgergesetz vom 15.09.1935, RGBl 1935, I, S. 1146, das z.B. Ehen mit Juden unter Strafe stellte.

7 *Schuster*, Freimaurerei und Justiz in Norddeutschland unter dem Nationalsozialismus, S. 74 ff.

8 *Schuster*, Freimaurer und Justiz, in Norddeutschland unter dem Nationalsozialismus, S. 74 f.

9 Schuster, Freimaurer und Justiz, in Norddeutschland unter dem Nationalsozialismus, S. 74 ff.

10 Vgl. beispielsweise: Der Schulungsbrief, „Gegen die Freimaurerei“, 1939.

11 Schuster, Freimaurer und Justiz in Norddeutschland unter dem Nationalsozialismus, S. 58 ff.

des)[12]. Die altpreußischen Freimaurerlogen unterhielten auch – soweit bekannt – keine besonderen engen Bindungen zu dieser jüdischen Großloge.[13] Sämtliche Freimaurerlogen wie auch diesen ähnliche Logen waren aber im NS-Staat unerwünscht und sollten eliminiert werden[14], so dass auch keine Unterschiede zwischen deutschen, anders gläubigen Freimaurerlogen oder Freimaurerähnlichen Logen gemacht wurden. Allerdings wurden die Mitglieder von Freimaurerlogen anders als Juden grundsätzlich nicht ermordet oder individuell verfolgt.[15]

B) Wachsender NS-Druck und Versuch der Anpassung der Freimaurerlogen 1933–1935

Das NS-Regime[16] ging vielfältig gegen Freimaurerlogen vor.[17] So wurde bereits am 10. Januar 1933 von der NSDAP verkündet, dass Freimaurermitglieder, die nach dem 30. Januar 1933 immer noch nicht aus den Freimaurerlogen ausgetreten sind, nicht mehr in die NSDAP oder ihren Untergliederungen eintreten könnten, wodurch Freimaurer politisch und gesellschaftlich in Deutschland ausgegrenzt wurden.[18] Einen Tag nach den Reichstagswahlen am 6. März 1933[19] verlangten z.B. bereits einige Mitglieder

---

12 Vgl. auch *Neuberger*, Winkelmaß und Hakenkreuz, S. 45. Diese Freimaurer-ähnliche Loge spielt allerdings in dieser Untersuchung keine Rolle.

13 Vgl. hierzu auch *Schuster*, Freimaurer und Justiz in Norddeutschland unter dem Nationalsozialismus, S. 73 ff; vgl. auch: *Bullock*, Hitler und Stalin, S. 305.

14 Vgl. hierzu auch *Melzer*, Konflikt und Anpassung, S. 51 f.

15 Vgl. hierzu im Einzelnen die Darstellungen bei *Melzer*, Konflikt und Anpassung; *Neuberger*, Winkelmaß und Hakenkreuz; *Schuster*, a.a.O.

16 Zum Nationalsozialismus und Hitler: vgl. z.B. *Hildebrand*, Das Dritte Reich; *Thamer*, Verführung und Gewalt, Deutschland 1933–1945; *Bracher*, Die deutsche Diktatur.

17 Wenng spricht von Vermögensverlusten der Freimaurerlogen während der NS-Zeit von ca. 100 Millionen €, ohne seine Schätzung zu belegen, *Wenng*, Freimaurerei, eine Philosophie der Menschlichkeit, S. 13.

18 *Neuberger*, a.a.O., S. 174.

19 Nach der NS-Machtübernahme wurde die Weimarer Reichsverfassung von 1919 praktisch außer Kraft gesetzt. Vgl. das „Gesetz zur Behebung der Not von Volk und Reich", das sog. Ermächtigungsgesetz vom 24. März 1933 (RGBl I, 1933, S. 141), wonach Reichsgesetze außer durch den Reichstag allein durch die NS-Reichsregierung beschlossen werden konnten, vgl. hierzu weiter BVerfGE 6, 132 (198) und BVerfGE 6, 309 (311); *Walde*, JuS 1983, S. 170 ff.; *Morsey*, Das „Ermächtigungsgesetz" vom 24.03.1933; *Pieroth / Schlink*, Grundrechte, § 2, Rn. 39; *Sandkuhl*, Enteignungen im Dritten Reich, S. 56 ff. Allgemein zur Verfassungsentwicklung im sog. Dritten Reich: *Hattenhauer*, Jura 1984, S. 281 ff.

der Sturmabteilung (SA) im Rheinland unter Androhung von Waffengewalt von der Düsseldorfer Loge „Zu den drei Verbündeten“, die zu der GNML „3WK“ gehörte, die bedingungslose Herausgabe von Logenmaterial und transportierten das beschlagnahmte Freimaurermaterial direkt ab.[20] Die SA war die sog. Parteihilfspolizei der NSDAP und verkörperte eine Kampftruppe gegen politisch kritische Stimmen. Die SA hatte im Sommer 1934[21] bereits über 4,2 Millionen Mitglieder. SA-Stabschef Röhm wollte letztlich die SA mit der Wehrmacht verschmelzen.[22] Die persönliche Schutzstaffel (SS) Hitlers war ihr formal unterstellt und Bestandteil der SA. Die SS überwachte bereits anfangs Freimaurerlogen.[23] Später wurden die Landespolizeibehörden gleichgeschaltet und Himmler unterstellt. Es entstand zusätzlich die politische Geheime Staatspolizei (Gestapo), deren Oberhaupt ebenfalls der spätere Reichsinnenminister Himmler wurde. Nach Beteiligung der SS an der Entmachtung der SA[24] durch den sog. „Röhm-Putsch“[25] im Jahre 1934 wurde die SS eine selbstständige Untergliederung der NSDAP und Hitler unterstellt.[26] Himmler wurde 1936 schließlich Chef der gesamten Polizei.[27] An den Völkermorden war die SS maßgeblich beteiligt[28], weshalb sie vom internationalen Militärgerichtshof in Nürnberg als verbrecherische NS-Organisation gebrandmarkt wurde.[29]

Aufgrund der zunehmenden politischen Repressalien lösten sich von März 1933 bis Mitte April 1933 bereits acht humanitäre Logen der Bayreuther Großloge und weitere Freimaurerlogen auf und liquidierten ihr Vermögen.[30]

---

20 *Neuberger*, a.a.O., S. 158.

21 1940 waren es nur noch ca. 900.000 Mitglieder. Vgl. *Benz*, Enzyklopädie des Nationalsozialismus, S. 752.

22 *Broszat*, Der Staat Hitlers, S. 267 ff.

23 Weitergehend vgl. *Frei*, Der Führerstaat, S. 124.

24 Die SS-Führung mit Hitler etc. inszenierten 1934 die vermeintliche Abwehr eines „Staatsstreiches“ der SA, sog. Röhm-Putsch, vgl. hierzu: Benz u.a. (Hrsg.), Enzyklopädie des Nationalsozialismus, S. 703.

25 Vgl. auch *Michalka*, Deutsche Geschichte, 1933–1945, Dokumente zur Innen- und Außenpolitik, S. 41.

26 Am 20.07.1934 wurde die SS zu einer selbstständigen Organisation durch einen Erlass Hitlers. Vgl. *Michalka*, a.a.O., S. 42.

27 Führererlaß vom 17.06.1936, RGBl I 1936, S. 487.

28 Vgl. zum Aufbau der SS z.B. *Thamer*, a.a.O., S. 365 ff.

29 Vgl. zum Internationalen Militärgerichtshof Nürnberg auch: *Zimmermann*, NS-Täter vor Gericht, S. 17; *Benz*, Enzyklopädie des Nationalsozialismus, S. 592 ff.

30 *Neuberger*, Freimaurerei und Nationalsozialismus, S. 72.

Die Großlogen blieben trotz allen NS-Drucks auf Freimaurerlogen lange Zeit öffentlich loyal, um zu versuchen, ihre Existenz und ihre Vermögenswerte im NS-Staat doch noch abzusichern. Diese Hoffnung blieb ein Irrglaube. Die Logen versuchten noch mehrheitlich anlässlich des „Tages von Potsdam" am 21. März 1933 gegenüber der NS-Regierung deutlich zu machen, dass sie keine Gegner des NS-Systems seien und sprachen ihre Treue und nationale Verbundenheit aus. Am „Tag von Potsdam" ließ Hitler in der Potsdamer Garnisonskirche den zuvor am 5. März 1933 neu gewählten Reichstag konstituieren und schaffte dadurch eine historische Verknüpfung zu dem Jahrestag der Eröffnung des ersten Reichstages, was zugleich eindrucksvoll den Abschied von dem „Geist von Weimar" hin zum „Geist von Potsdam" und Preußen demonstrierte. Das „*Gesetz zur Behebung der Not von Volk und Reich*", bekannt als Ermächtigungsgesetz[31], errichtete und festigte Hitlers NS-Staat. Aufgrund dieses Gesetzes und des weiter zunehmenden, diskriminierenden NS-Drucks gegenüber Freimaurern kündigten viele Freimaurermitglieder ihre Mitgliedschaft aus Furcht vor beruflichen oder privaten Nachteilen. Zahlreiche Geschäftsinhaber, Berufsverbände und andere Vereine, wie viele Studentenverbindungen, akzeptierten in ihren Reihen schon bald keine Freimaurer mehr oder mieden und boykottierten sie aufgrund der NS-Propaganda gegen Freimaurer[32], wodurch die gesellschaftlichen Ausgrenzungen der Freimaurer weiter zunahmen. Einige Freimaurer waren als Studenten selbst in eine Verbindung eingetreten und nun drohte ihnen teilweise als „Alten Herren" der Ausschluss. Viele Freimaurermitglieder oder potenzielle Mitglieder hatten Angst, NS-Opfer zu werden, weshalb sie den Freimaurerlogen fernblieben. Es wurde verstärkt öffentlich zu Boykotten gegenüber Freimaurern aufgerufen, so dass Freiberufler, Beamte etc. existenzielle Angst vor beruflichen Konsequenzen hatten, wenn sie als Freimaurer bekannt wurden.[33] Als das Gesetz zur Wiederherstellung des Berufsbeamtentums, das auch Juristen im Staatsdienst betraf[34], am 7. April 1933 erlassen wurde[35], teilte Reichsminister Hermann Göring der GLL „FvD" offiziell mit, dass im NS-Staat kein Raum

---

31 Ermächtigungsgesetz vom 24.03.1933, RGBl I S. 141.

32 *Melzer*, a.a.O., S. 129.

33 Vgl. auch *Schuster*, Freimaurerei und Justiz in Norddeutschland unter dem Nationalsozialismus, S. 108 ff., der z.B. die Auswirkungen einer Freimaurermitgliedschaft in einer Freimaurerloge für Richter und Staatsanwälte untersuchte.

34 Vgl. hierzu auch *Neuberger*, Winkelmaß und Hakenkreuz, S. 286 ff, wonach Beamte etwa ab 1935 ihre Logenzugehörigkeit unter Diensteid offenbaren mussten.

35 Gesetz zur Gleichschaltung der Länder mit dem Reich vom 31.03.1933, RGBl. I 153 und vom 7.04.1933, RGBl I, 173.

für Freimaurerlogen mehr sei.[36] Daraufhin forderten die Mutterlogen aus taktischen Gründen die sofortige Umbenennung der Freimaurerlogen in „nationale Orden" und die Ausarbeitung neuer Satzungen, so dass sie in der Öffentlichkeit nicht mehr als Freimaurerlogen erkennbar waren und nicht weiterhin diskriminiert würden. Dies geschah in der Hoffnung, vom NS-Staat nicht mehr schikaniert oder gar verboten zu werden. Die GLL „FvD" und die GNML „3WK" benannten sich intern zunächst ohne vorherige Informierung ihrer Tochterlogen am 7. bzw. 10. April 1933 in *Deutsch-Christlicher-Orden der Tempelherren* und in *Nationaler Christlicher Orden Friedrich der Große* um.[37] Der Großmeister Müllendorf versuchte anfangs darüber hinaus noch die GLL „FvD" unter Aufgabe der freimaurerischen Ideale in das NS-System einzufügen und sich sogar als „allein beherrschende NS-Großloge" zu etablieren[38], was ihm aber nicht gelang. Auch die GNML „3WK" trennte sich noch im April 1933 von ihren freimaurerischen Idealen, führte den „Arierparagraphen" ein und verzichtete auf die alttestamentarischen Bezüge in ihren Ritualen.[39] Die Freimaurerlogen zeigten sich insofern flexibel und opportunistisch, um nach außen dem NS-Reich gegenüber keine Angriffsflächen zu bieten. Internationale Beziehungen zu anderen Freimaurerlogen, soweit vorhanden, wurden von den „Orden" abgebrochen. In den neuen Ritualen der Mutterlogen und Tochterlogen wurden z.B. die[40]:

> „[...] hebräischen Worte ersatzlos gestrichen, die Tempelsäulen Jakin und Boas wurden in ‚Licht' und ‚Volk' unbenannt und die Hiramslegende aus dem Tempel Salomons in den Deutschen Dom verlegt."

> „Gleichzeitig wurden der auf dem Logenteppich abgebildete salomonische Tempel durch das Straßburger Münster und die Hiramslegende durch die Baldursage ersetzt."

Am 12. April 1933 unterrichteten die altpreußischen Mutterlogen den Reichs- und Preußischen Minister des Innern Wilhelm Frick schriftlich darüber, dass die Großlogen und Tochterlogen Satzungsänderungen durchgeführt hatten und[41] sich insofern als systemtreu erwiesen und vom NS-Regime mit ihren neuen Namen und Inhalten „anerkannt" werden wollten. Das Innenministerium erkannte die Umbenennungen der Mutterlogen in Orden aber nicht an und

---

36 *Neuberger*, Freimaurerei und Nationalsozialismus, S. 85; *Melzer*, a.a.O., S. 113.

37 Vgl. auch BGH, NJW 1957, S. 497.

38 *Neuberger*, Winkelmaß und Hakenkreuz, S. 225.

39 *Neuberger*, Winkelmaß und Hakenkreuz, S. 243.

40 *Neuberger*, Winkelmaß und Hakenkreuz, S. 245 ff.

41 *Neuberger*, Winkelmaß und Hakenkreuz, S. 245.

begründete dies z.B. damit, dass die Mutterlogen durch einen Staatsakt von Friedrich dem Großen ins Leben gerufen worden waren, so dass Namensänderungen ebenfalls nur durch einen Staatsakt erfolgen könnten.[42] Solche staatlichen Genehmigungen würden aber von Seiten des NS-Staates nicht erfolgen. Insofern blieben die „Umbenennungen" der Freimaurerlogen für den NS-Staat bedeutungslos.[43] Der NS-Staat wollte auch keine Freimaurerlogen tolerieren, die sich aus ihrer Sicht nur „Tarnnamen" gaben, um ähnlich weiterzumachen. Die Mutterlogen teilten ihren Tochterlogen daraufhin mit, dass die Namensänderungen vom NS-Staat nicht genehmigt würden.[44] Auch wenn es in Einzelfällen zu Eintragungsänderungen gekommen sein sollte, was nicht bekannt ist, hielten die NS-Sanktionen gegenüber Freimaurerlogen an.[45] Durch die oben beschriebenen NS-Maßnahmen wurde den Logen die öffentliche Akzeptanz entzogen, was weiter teilweise zu existenzbedrohendem Mitgliederschwund, Beitragseinbußen und dramatisch weniger Spenden führte. Freimaurer wurden vom NS-Regime als überflüssige Organisation empfunden und dargestellt.

Die liberale Symbolische Großloge und die Schottische Großloge lösten ihre Freimaurerlogen in Deutschland bald nach der „Machtergreifung" auf, verlegten ihre Freimaurerlogen ins Ausland und übereigneten[46] den dort zugehörigen Logen ihre Vermögenswerte. In Deutschland führte dies zu einer formalen Auflösung der hiesigen Logen[47] und zum faktischen Verlust ihrer hiesigen Rechtsfähigkeit. Nach dem Ende der NS-Zeit konnten sich diese Freimaurerlogen in Deutschland neu gründen und hatten ihr Vermögen gerettet.[48] Den deutschen Großlogen und Tochterlogen, die keine Auslandslogen besaßen, blieb dieser Ausweg ins Exil verwehrt. Nachdem auch den Freimaurerlogen zunehmend deutlich geworden war, dass der NS-Staat keinerlei freimaurerische Organisationen dulden würde, lösten sich weitere Logen auf, und einige versuchten vergeblich, sich in gänzlich „profane" Vereine umzube-

---

42 *Neuberger*, Winkelmaß und Hakenkreuz, S. 249.

43 *Neuberger*, Freimaurerei und Nationalsozialismus, S. 90.

44 *Neuberger*, Winkelmaß und Hakenkreuz, S. 249.

45 Vgl. hierzu auch Mitteilung Nr. 147 des Referats I B 7 im Preußischen Ministerium des Innern vom 10.03.1934, Archiv GLL „FvD"; vgl. auch BGHZ 23, 127 f.; *Neuberger*, Freimaurerei und Nationalsozialismus, S. 90.

46 Näheres bei *Neuberger*, Freimaurerei und Nationalsozialismus, S. 70.

47 Vgl. hierzu *Coing*, in: Staudinger Kommentar, § 41 Rn. 8d BGB und die EGBGB Vorschriften. Seit der Überseering-Entscheidung des EuGH vom 5.11.2002, JZ 2003, S. 947 wird dies grundsätzlich für Vereinsverlegungen innerhalb der EU anders zu beurteilen sein.

48 *Neuhaus*, in: Fieberg / Reichenbach / u.a., Kommentar zum VermG, § 2 VermG, Rn. 6.

nennen. Die Bayreuther „Großloge zur Sonne“ wollte sich am 30. April 1933 beispielsweise in ein reines Freimaurermuseum[49] unter dem Namen „Gesellschaft für Kultur und Wissen“ umbenennen und führte in ihre Satzung den sog. Arierparagraphen ein.[50] Die Museumsbestände der Großloge sollten in die Niederlande gebracht und dadurch erhalten bleiben, was das NS-Regime aber verhinderte, indem die Gegenstände beschlagnahmt und in die Reichshauptstadt nach Berlin gebracht wurden. Der Stadtrat von Bayreuth untersagte zudem die „Umwandlung“ der Loge in ein Museum und vertrat die Ansicht, dass die kulturellen Belange allein dem Staat unterlägen.[51] Am 27. Juni 1933 kam es in Köln wieder zu Beschlagnahmungen von Freimaurermaterial durch die SA, wie zuvor in Düsseldorf.[52] Vereinzelt wurden Logenhäuser auch von SA-Männern besetzt[53] und als Museum zu diffamierenden Besichtigungszwecken für die Bevölkerung freigegeben.

C) Maßnahmen des NS-Regimes gegen die Freimaurer

I. Der Göring-Erlass und seine Folgen

In der NS-Ideologie galten sowohl das Vereinsrecht des Bürgerlichen Gesetzbuches wie auch das Eherecht und Erbrecht als überholte Relikte vergangener Zeit, die den Bedürfnissen des NS-Staates neu angepasst oder ganz abgeschafft werden sollten.[54] Seit 1933 observierte die Gestapo bereits die Freimaurerlogen, um sie eines Tages gänzlich zu beseitigen. Hieraus ergab sich für Hermann Göring die Aufgabe, an einem Erlass gegen die Freimaurerlogen zu arbeiten. Göring war zunächst Chef der Gestapo. Zusätzlich war er seit 1933 Reichstagspräsident, Reichsminister ohne Geschäftsbereich und preußischer Ministerpräsident sowie Leiter der sog. Hilfspolizei, der viele SA-Mitglieder angehörten. Gleichzeitig führte Göring bis 1934 kommissarisch das preußische Innenministerium, bevor das Amt im Reichsministerium des Innern aufging. Die Freimaurer versuchten vergeblich, sich gegen die staatlichen Interventionen in den Ministerien Gehör und Hilfe zu verschaffen[55], um ihren eigenen

49 Vgl. zu weiteren Ausführungen, *Neuberger*, Freimaurerei und Nationalsozialismus, S. 75; *Heinold*, Vortrag, Die Geschichte der Großloge zur Sonne am 2. April 2004.

50 *Heinold*, Vortrag: Die Geschichte der Großloge zur Sonne am 2. April 2004, S. 29.

51 *Heinold*, Vortrag am 2. April 2004, Die Geschichte der Großloge „Zur Sonne“, S. 30.

52 *Neuberger*, a.a.O., S. 159.

53 *Neuberger*, a.a.O., S. 160.

54 Vgl. auch *Mertens*, Rechtsetzung im Nationalsozialismus, 2009, S 106.

55 Vgl .z.B. *Neuberger*, Winkelmaß und Hakenkreuz, 251 f.

Status im NS-Staat zu verbessern und zu ändern. Unbeeindruckt hiervon erging der die Freimaurerlogen treffende sog. Göring-Erlass vom 8. Januar 1934[56], der es z.B. altpreußischen Tochterlogen in Preußen erlaubte, sich ohne Zustimmung ihrer Großlogen aufzulösen, und das Vermögen staatlich einzuziehen.[57] In der Entziehung der Vermögenswerte der Freimaurerlogen wurde vermutlich auch eine zusätzliche Möglichkeit gesehen, Liquidität für den Staat zu gewinnen, da der NS-Staat ständig für seine politischen Aktivitäten neues Geld benötigte. Als Vorspruch[58] zum Göring-Erlass stand ohne Angabe einer Ermächtigungsgrundlage folgende Erklärung[59]:

> „Ohne zu der Frage Stellung zu nehmen, ob die 3 altpreußischen Großlogen und die ihnen angeschlossenen örtlichen Logen auf Grund irgendwelcher Bindungen oder aus sonstigem Anlaß etwa ebenso wie die anderen, der Weltfreimaurerei zugehörigen Logen als staatsgefährliche Vereinigungen anzusehen sind, kann ich bei der jetzigen, durch die nationale Bewegung geschaffenen Einheit des Deutschen Volkes jedenfalls keinerlei Bedürfnis mehr für die Erhaltung dieser Logen und für die besondere Förderung erkennen, die ihnen bisher von Staats wegen zuteil geworden ist [...] Die der Erfüllung solcher Wünsche entgegenstehenden oder sie erschwerenden besonderen Vorschriften in den Satzungen der Großlogen kann ich unter diesen Umständen nicht mehr für gerechtfertigt halten."

Der Göring-Erlass lautete[60]:

> „1.) Die Auflösung einer Loge erfolgt durch Beschluß der Mitgliederversammlung mit einfacher Stimmenmehrheit.
>
> 2.) Die Mitgliederversammlung ist zu diesem Zweck zu berufen, wenn ein Mitglied dies fordert. Die Versammlung ist beschlußfähig ohne Rücksicht auf die Zahl der Teilnehmer. [....]
>
> 3.) Die Mitgliederversammlung beschließt über den Verbleib des Vermögens; ein Anfall desselben an die Großloge findet nicht mehr statt.
>
> 4.) Die Beschlüsse zu 1 und 3 bedürfen meiner Genehmigung, nicht mehr derjenigen der Großloge. [...]. Der Großloge ist lediglich eine Nachricht von dem Beschluß zu erteilen.

---

56 Ministerialblatt für die preußische innere Verwaltung 1934, Spalte 69 ff., RMdI vom 8.01.1934, vgl. auch BGHZ 19, 53 f.

57 Vgl. hierzu auch *Neuberger*, Winkelmaß und Hakenkreuz, S. 173.

58 Die westlichen Alliierten verboten es den Deutschen sog. Gesetzesvorsprüche aus der NS-Zeit für die Auslegung von noch in Kraft gebliebenen Gesetzen für ihre Auslegung heranzuziehen, vgl. z.B. Mertens, Rechtsetzung im Nationalsozialismus, S. 114.

59 Ministerialblatt für die preußische innere Verwaltung 1934, Spalte 69 ff., Runderlass des RMdI vom 8. Januar 1934.

60 Ministerialblatt für die preußische innere Verwaltung 1934, Spalte 69 ff., Runderlass des RMdI vom 8. Januar 1934, I B 7/3 II.

5.) Kein Mitglied einer Loge darf wegen der Stellung des Antrages nach Abs. 2 Satz 1 oder wegen seiner Abstimmung zur Verantwortung gezogen oder gar ausgeschlossen werden. [...]

6.) Ist die Zahl der Mitglieder einer Loge unter 7 gesunken, so behalte ich mir ihre Auflösung vor.

7.) Die Liquidation des Vermögens einer aufgelösten Loge erfolgt nach den Vorschriften des BGB, § 48 ff.“

Etwa 32 Tochterlogen[61] lösten sich bis 1935 nach dem Göring-Erlass auf. Die Vermögensverwaltungen gingen mit ihrer Auflösung auf ihre Mutterlogen für die Liquidation über, wobei das Vermögen den Mutterlogen nach dem Göring-Erlass nicht mehr anwuchs, § 45 BGB. Gemäß § 49 Abs. 2 BGB besteht ein Verein noch solange fort, bis die Liquidation abgeschlossen wird, also noch beispielsweise Vereinsvermögen vorhanden ist. Gemäß § 4 des Göring-Erlasses bedurften die Freimaurerauflösungsbeschlüsse der Logen nur noch der Genehmigung durch Göring. Nach den Selbstauflösungen der Freimaurerlogen nach dem Göring-Erlass wurde die Liquidation der Organisationen nach §§ 41, 47, 49 BGB durch die Mutterlogen in Berlin zentral eingeleitet. Hierzu wurde ein Liquidator berufen, der dem Vorstand eines Vereins entsprach, §§ 48 f., BGB, und der grundsätzlich aus dem Bruderkreis der Freimaurerloge der Mutterloge stammte, aber entgegen §§ 45, 49 BGB allein die Interessen des NS-Staates bei der Verwaltung und Veräußerung des Vermögens wahrzunehmen hatte und nicht die satzungsrechtlichen Interessen der Freimaurerloge.[62] Der eingesetzte Liquidator der Mutterlogen und der zugehörigen Tochterlogen war derselbe. Die Gestapo überwachte die Arbeit des Liquidators und musste beispielsweise jeder Auflassung einer Immobilie oder Verwertung von Freimaurer-Gegenständen wie Gold, Silber, Besteck etc., zustimmen.[63] Die Liquidation vollzog sich z.B. folgendermaßen[64]:

„Die Grundstücke der Großen Nationalen Mutterloge ‚Zu den drei Weltkugeln' und ihrer Tochterlogen wurden veräußert. Die Auflassung wurde jeweils erst vorgenommen, nachdem die Gestapo, auf die die staatliche Logenaufsicht übergegangen war, die Genehmigung dazu erteilt hatte.“

---

61 *Schuster*, Freimaurer und Justiz in Norddeutschland unter dem Nationalsozialismus, S. 106.

62 BGHZ 19, 67.

63 BGHZ 19, 55.

64 BGHZ, 19, 51, 55.

Das nach der Liquidation übrig gebliebene Vermögen ging an eine NS-Organisation oder an andere Dritte, die das NS-Regime bestimmte.[65] Teilweise zogen nach den Auflösungen der Freimaurerlogen auch NS-Behörden in die Logenimmobilien ein, darunter zynischerweise auch solche, die dafür zuständig waren, gegen Freimaurerlogen vorzugehen. Entzogenes Logeninventar wurde auch an Museen, öffentliche Bibliotheken oder anderweitig an Dritte übertragen, wobei Freimaurersymbole[66], wenn vorhanden, entfernt werden mussten. Regelmäßig wurde mit dem Vermögen folgendermaßen verfahren[67]:

> „...Das Vermögen wurde durch einen Treuhänder der SS verwaltet und die Einnahmen aus dem Verkauf und der Verschleuderung des wertvollen Inventars auf ein Konto der Reichskreditgesellschaft gezahlt, über welches nicht die unterdrückte Großloge oder der Treuhänder, sondern nur die SS verfügen konnte.“

Nach Abschluss des Liquidationsverfahrens wurde dem Liquidator Entlastung durch den SS-Reichsführer erteilt und die Beendigung der Liquidation bei Gericht eingetragen, wodurch die Freimaurerloge faktisch während der NS-Zeit erlosch. Eine Löschung der Freimaurerlogen erfolgte während der NS-Zeit aber auch durch das zuständige Amtsgericht gemäß §§ 73, 43, 44 BGB, wenn nämlich die Mitgliederzahl der Freimaurerlogen auf Dauer unter drei gesunken war. Aus einem Auszug einer Gestapoakte[68] ergibt sich, dass die Altpreußischen Großlogen den Göring-Erlass als unwirksam eingestuft haben sollen und ihren Tochterlogen unter Androhung von Schadensersatzansprüchen verboten haben, sich aufzulösen.[69] Die Gestapo hat nach eigener Dar-

---

65 Vgl. auch Bescheid vom 10.07.1996 des ARoV Nordhausen, Az.: 16031/05152/92-ho/ nicht veröffentlicht.

66 Vgl. Schreiben des Liquidators Karl Manecke vom 23.04.1936 an die GNML „3WK“ unter Bezugnahme auf die Anweisungen der Gestapo Berlin/unveröffentlicht, Kopie im Archiv des Verfassers; *Melzer*, a.a.O., S. 151 f.

67 Zitiert nach dem stattgegebenen Restitutionsantrag der GLL „FvD“ durch das Entschädigungsamt Berlin, Vermögensschaden, Register Nr. 40119, datiert vom 27.10.1952/ unveröffentlicht.

68 Geheimes Staatspolizeiamt Berlin, I A 2/3, Mitteilungen Nr. 5, Die Freimaurerlogen, Logen, Orden und ähnliche Verbindungen in Deutschland vom 18. April 1934, IV, S. 7; vgl. auch *Schuster*, Freimaurer und Justiz in Norddeutschland unter dem Nationalsozialismus, S. 61.

69 Melzer bezweifelt dass sich die Mutterlogen tatsächlich gegen den Göring-Erlass gewehrt haben, wie dies in dem Bericht der Gestapo steht, da er in den Archiven der Freimaurer keine solchen Anweisungen der Mutterlogen gegenüber ihren Tochterlogen gefunden hat, vgl. *Melzer*, Konflikt und Anpassung, S. 187. Auf der anderen Seite ist zu bedenken, dass Freimaurermaterial bereits früh immer wieder von Seiten des NS-Staates beschlagnahmt wurde und dass Freimaurer möglicherweise besonders vorsichtig wurden schriftliche Anweisungen zu erteilen, die von Seiten des NS-Staates beschlagnahmt werden könnten. Insofern muss der Hinweis, dass Melzer nichts

stellung 1934 Briefe der altpreußischen Großlogen abgefangen und daraus den Schluss gezogen, dass die Großlogen Saboteure seien, worauf z.B. auch Schuster mittels Zitat aus der Gestapoakte hinweist[70]:

> „Zusammenfassend kann daher gesagt werden, dass in den altpreußischen Logen wenn auch nicht staatsfeindliche Marxisten, so doch Saboteure wahrhaftiger nationalsozialistischer Gesinnung und Reaktionäre schlimmster Art gegen den Aufbau des 3. Reiches vorhanden sind. Nach außen hin geben sich die altpreußischen Großlogen und die ihnen angeschlossenen Tochterlogen zwar den Anschein, vollkommen mit den Maßnahmen der heutigen Regierung übereinzustimmen. In Wirklichkeit wird jedoch übelste Kritik geübt und ein stiller, aber unablässiger Kampf gegen die NSDAP sowie die erlassenen Maßnahmen geführt."

Die GLL „FvD" versuchte eine Zeit lang gegen Übergriffe von SA-Mitgliedern juristisch vorzugehen, die beispielsweise gewaltsame „Selbstauflösungen" von zugehörigen Tochterlogen erzwingen wollten. Hiergegen wurden von der Mutterloge im März 1934 Strafanträge gegen einzelne SA-Männer gestellt. Die strafrechtlichen Ermittlungsverfahren wurden allerdings eingestellt, da durch den zunehmenden NS-Druck schließlich die Selbstauflösungen der betreffenden Logen herbeigeführt wurden und insofern an der strafrechtlichen Verfolgung kein öffentliches oder subjektives Interesse mehr festgestellt wurde.[71] Aber auch weitere Beschwerden der GLL „FvD" über „Logenplünderungen" durch die SA blieben erfolglos und wurden durch die SA lapidar als legitim abgetan. Sie habe schließlich das Freimaurervermögen nur vor der aufgebrachten Bevölkerung „geschützt", da die Freimaurer in der Öffentlichkeit so unbeliebt seien.[72] Im Übrigen sei die Kritik der Freimaurer vermessen und beleidigend, so dass künftig dagegen nach dem Heimtückegesetz strafrechtlich vorgegangen werden könnte.

Am 30. Januar 1934 wurde das Gesetz über den Neuaufbau des Reiches in Kraft gesetzt. Auf diese Weise wurde das NS-Reich zentralisiert und es wurden die Hoheitsrechte der Länder auf das Reich übertragen.[73] Der NS-Staat schuf einen Zentralstaat, durch den Preußen entmachtet bzw. faktisch zur

---

Schriftliches bei den Freimaurerlogen gefunden hat, nicht zwingend bedeuten, dass es solche Verbote nicht gab.

70 Geheimes Staatspolizeiamt Berlin, I A 2/3, Mitteilungen Nr. 5, Die Freimaurerlogen, Logen, Orden und ähnliche Verbindungen in Deutschland vom 18. April 1934, IV, S. 8; *Schuster*, Freimaurer und Justiz in Norddeutschland unter dem Nationalsozialismus, S. 61.

71 *Neuberger*, Winkelmaß und Hakenkreuz, S. 252.

72 *Neuberger*, a.a.O., S. 253.

73 RGBl 1933 I S. 89.

bloßen Verwaltungseinheit wurde. Zusätzlich wurde einigen Freimaurerlogen die Rechtsfähigkeit durch NS-Behörden entzogen, wie etwa durch einen Erlass des Thüringischen Ministeriums des Innern vom 1. Februar 1934.[74] Am 14. Februar 1934 wurde der Reichsrat abgeschafft.[75] Das NS-Regime bekam möglicherweise wegen der anhaltenden Kritik der altpreußischen Freimaurerlogen im August 1934 Zweifel an der Wirksamkeit des selbst zuvor erlassenden Göring-Erlasses, da dieser keine Ermächtigungsgrundlage hatte und in die Satzungsautonomie der Mutterlogen eingriff. Wohl aus diesem Wirksamkeitszweifel wurde mittels eines neuen Runderlasses des Ministers des Innern vom 28. August 1934[76], der mit Zustimmung des Reichsministers der Justiz erlassen wurde, der Göring-Erlass rückwirkend für wirksam erklärt. Die Landesminister wurden jetzt rückwirkend ermächtigt im Sinne der „nationalen Erhebung" den Göring-Erlass in ihren Ländern umzusetzen.[77] Aus einem Schreiben der preußischen Gestapo Berlin vom 17. Januar 1935 an die GNML „3WK" ergibt sich weiter, dass sich der NS-Staat gewünscht hätte, dass sich mehr Tochterlogen der altpreußischen Freimaurerlogen mittels des Göring-Erlasses aufgelöst hätten[78], weshalb später ein Freimaurerverbot folgte[79]:

> „Dass die Altpreussischen Logen nicht gewillt sind, den Anordnungen der nationalsozialistischen Staatsführung zu entsprechen, haben die Ereignisse des letzten Jahres gezeigt. Obwohl den Altpreußischen Logen durch Erlass des Herrn Preussischen Ministers des Innern vom 8.1.34 die Möglichkeit gegeben wurde, der Stimme des Volkes Rechnung tragend, eine Auflösung in erleichterter Form durchzuführen, haben die Logen dieser Aufforderung nicht Folge geleistet. Es ist

---

74 Vgl. den unveröffentlichten Bescheid des ARoV Schmölln vom 20.01.1997 (ohne Aktenzeichen) gegenüber der Großloge AfuAMvD, der auf einen Erlass des Thüringer Ministeriums des Innern vom 1.02.1934 Bezug nimmt, ohne den Erlass näher zu benennen.

75 RGBl 1933, Teil I, S. 173; vgl. auch *von Münch*, NS-Gesetze, S. 42 f.

76 Runderlaß des Ministers des Innern vom 28. August 1934, MBliV 1934, 1107.

77 Ermächtigungsgrundlage für die Minister soll § 2 des Reichsgesetzes über die Rechtmäßigkeit von Verordnungen und Verwaltungsakten vom 3. Juli 1934, RGBl. I S. 530 sein, was noch weiter hinten überprüft wird, 9. Kapitel unter I. d) .

78 Preußische Geheime Staatspolizei, Berlin, Schreiben an die GNML vom 17. Januar 1935, Az.: B.-Nr II 1 B 2-74002 vbm 72824, 72200, abgedruckt in Bundesblatt, Sonderdruck der GNML „3WK" 1998, S. 2 des Schreibens; *Melzer*, Konflikt und Anpassung, S. 187; *Schuster*, Freimaurer und Justiz in Norddeutschland unter dem Nationalsozialismus, S. 106. Schuster weist darauf hin, dass sich entgegen der Wertung von Melzer unter dem Göring-Erlass nicht nur wenige, sondern immerhin etwa 32 Tochterlogen aufgelöst haben.

79 Preußische Geheime Staatspolizei, Berlin, Schreiben an die GNML vom 17. Januar 1935, Az.: B.-Nr II 1 B 2-74002 vbm 72824, 72200, abgedruckt in Bundesblatt, Sonderdruck der GNML „3WK" 1998, S. 2 des Schreibens.

daher bewusst unrichtig, wenn Sie in Ihrer Beschwerde erklären, dass eine ganze Anzahl von Logen im Verfolg dieses Erlasses ihre Auflösung beschlossen hätten. Richtig ist vielmehr, dass von insgesamt 472 Altpreussischen Logen lediglich 13 unter dem Drucke der Verhältnisse die Auflösung durchgeführt haben, wobei den übrigen Logen auf ausdrückliche Anweisung der Grossloge die Selbstauflösung bei Vermeidung von Rückgriffen untersagt wurde. [...].“

Die Gestapo betonte weiter[80]:

„Darüber hinaus hat aber die Sichtung des bei den Beschlagnahmen sichergestellten Materials weitere Anhaltspunkte dafür ergeben, dass die Logen Gegner des nationalsozialistischen Staates sind.

Die Loge nimmt nur bestimmte exclusive Personenschichten in ihre Organisationen auf. Die in der Loge geübte eigene Gerichtsbarkeit, die von Stufe zu Stufe fortschreitende Schweigepflicht, der unbedingte Gehorsam gegen unbekannte Obere und die Anwendung geheimer Passworte, Zeichen und Griffe, zeigen mit aller Deutlichkeit, dass die Logen einen Staat im Staate darstellen und daher dem Ziele des Nationalsozialismus auf Herstellung einer wahren aller Stände und Berufe umfassenden Volksgemeinschaft feindlich im Wege stehen.

Die vom Geheimen Staatspolizeiamt auf Grund des § 1 der Verordnung 28.2.33 veranlasste Beschlagnahme des Vermögens einzelner Ihrer Tochterlogen und zwar insbesondere derjenigen Logen, die sich auch in der Öffentlichkeit den Anordnungen der nationalsozialistischen Staatsführung widersetzt hatten, ist daher zu Recht ergangen. [...].“

Der NS-Druck auf die Freimaurerlogen verstärkte sich noch weiter. Es wurde ein Gesetz zum Verbot von Freimaurerlogen vorbereitet.[81] Am 4. März 1935 wurde das Logenhaus der GNML „3WK“ Mutterloge von der Gestapo und der SA in Berlin besetzt und geplündert und das Logeninventar abtransportiert. Gleichzeitig wurden die Tapeten heruntergerissen, um etwaige Geheimfächer aufzuspüren. Zeitgleich wurden am 4. März 1935 die Bankkonten der GNML „3WK“ eingefroren.[82] Lediglich der zuvor bereits abtransportierte Weinvorrat der Freimaurer wurde in den Keller der Großloge zurückgeworfen[83], bevor das Haus versiegelt wurde. Im Frühjahr 1935 machte Hitler im Hinblick auf den Göring-Erlass gegenüber dem ehemaligen Freimaurer und amtierenden Wirtschaftsminister und Reichsbankpräsident Dr. Hjalmar Schacht auf dem Obersalzberg deutlich, dass er alle noch bestehenden Freimaurerlogen wie auch

---

80 *Melzer*, Konflikt und Anpassung, S. 187; *Schuster*, Freimaurer und Justiz in Norddeutschland unter dem Nationalsozialismus, S. 106. Preußische Geheime Staatspolizei, Berlin, Schreiben an die GNML vom 17. Januar 1935, Az.: B.-Nr. II 1 B 2-74002 vbm 72824, 72200.

81 Vgl. Gesetz Nr. 46 des AK vom 25.02.1947, Auflösung des Staates Preußen.

82 Vgl. hierzu auch die Ausführungen aus dem Tatbestand des BGHZ 19, 54.

83 *Neuberger*, a.a.O., S. 255.

Nachfolgeorganisationen eliminieren würde und dass Freimaurerverbote wegen Staatsfeindlichkeit folgen würden.[84] Nachdem bereits von Seiten des NS-Staates die Großloge GNML „3WK“ kraft Versiegelung ihres Freimaurerhauses ihre „Logenarbeit“ nicht mehr ausüben konnte übersandte sie am 28. Mai 1935 mit den anderen altpreußischen Großlogen dem Reichsminister und preußischen Minister des Innern die folgende Erklärung zur Auflösung ihrer Freimaurerlogen, um einem gesetzlichen Verbot und weiteren denkbaren Sanktionen zuvorzukommen[85]:

> „Es ist stets der oberste Grundsatz der Altpreußischen Grosslogen und ihrer Tochterlogen gewesen, dass Vaterland, Staat und Volk bei sämtlichen Handlungen voranzustehen haben. Demgemäss sind die drei Grossmeister bereit, der ihnen erteilten Anregung Folge zu geben und den Grosslogen sowie den Tochterlogen die Auflösung zu empfehlen.
>
> Wenn bis heute die Grossmeister sich zu diesem Schritt noch nicht entschliessen konnten, so beruht dies darauf, dass sie angesichts der schwerwiegenden Angriffe gegen die Ehre der Altpreußischen Grosslogen, der ihnen zusammengeschlossenen Logen und deren Mitglieder nicht glaubten, um der Ehre willen die Verantwortung vor ihren Mitgliedern übernehmen zu können, so lange auf ihnen der Vorwurf der feindlichen Einstellung zum Staate haftete. Dieser Vorwurf musste von den in den Logen zusammengeschlossenen Mitgliedern um so schwerer empfunden werden, als sie stets eingedenk waren ihrer großen geschichtlichen Tradition, die von Friedrich dem Grossen, dem grössten preussischen Könige, über die Helden der Freiheitskriege, wie den Fürsten Blücher, Scharnhorst und den Freiherrn von Stein, über Kaiser Wilhelm I., den Gründer des Reiches, zu den Helden des Weltkrieges führte [...].“

Vermutlich als „Zugeständnis“ zu diesem Schreiben räumte das Innenministerium gegenüber der altpreußischen Freimaurerei ein, dass sie und ihre Tochterlogen ihre „Selbstauflösung“ in feierlicher Form wenn auch überwacht[86]

---

84 BGHZ 19, 51 (54).

85 Zitiert nach *Steffens*, Freimaurer in Deutschland, S. 381 f.

87 Allerdings wurde unter Punkt 6. des internen Merkblatts vorsorglich von der GNML „3WK“ an ihre Tochterlogen angemerkt: „Schädlich wäre es, wenn bei den Auflösungsversammlungen eine Aussprache oder Erörterungen über die Sachlage angestellt werden. Jeder einzelne muß sich bewusst sein, daß die gefundene Lösung das Ergebnis eingehender Verhandlungen mit der Regierung und dem Geheimen Staatspolizeiamt Berlin ist. Jede Erörterung kann nur dazu angetan sein, dem Ergebnis zu schaden. Vgl. hierzu Merkblatt zur Auflösung der Tochterlogen vom 19. Juni 1935, Stadtarchiv Prenzlau, Grundakten des Magistrats, Vol. I, Nr. 27/28, S. 110; auch im Besitz des Verfassers; BGHZ 19, S. 54; *Neuberger*, Freimaurerei und Nationalsozialismus, S. 100.

absolvieren konnten.[87] Aus Punkt 8 des bereits zitierten internen Merkblatts der GNML „3WK" gegenüber den Tochterlogen ergab sich diese Möglichkeit[88]:

> „Das Ministerium des Innern und das Geheime Staatspolizeiamt Berlin haben keine Bedenken dagegen, daß die letzte Versammlung der Loge in brauchtumsmäßiger feierlicher Form stattfindet."

Am 16. Juni 1935 trat die Großlogenversammlung der GNML „3WK" zusammen, um sich selbst nach dem Göring-Erlass zum 15. Juli 1935 aufzulösen.[89] Als Liquidator der Mutter- und Tochterlogen wurde der Freimaurerbruder Manecke ernannt. Die Auflösung und Abschlussfeier der GNML „3WK"[90] fand im Haus der „Großen Loge von Preußen" in Berlin statt, da das eigene Haus bereits versiegelt und geräumt war. Die Tochterlogen der Altpreußischen Logen sollten sich bis zum 21. Juli 1935 auflösen. Die Tochterlogen wurden von den Großlogen angewiesen, sich nach den NS-Weisungen aufzulösen, was auch beispielsweise aus den Ausführungen des internen Merkblattes zur Auflösung der Tochterlogen vom 19. Juni 1935 der Großloge GNML „3WK" hervorgeht[91]:

> „1. Die Auflösung der Tochterlogen, die durch landesherrliche Verleihung Rechtsfähigkeit erlangt haben (das sind im wesentlichen diejenigen Logen, die vor dem 1. Januar 1900 gegründet sind und ihren Sitz in Preußen haben), richtet sich nach dem Erlaß des Herrn Preußischen Ministers des Innern vom 4. Januar 1934, veröffentlicht im Ministerialblatt für die preußische innere Verwaltung Seite 69, Nr. 3 1934 vom 17. Januar 1934. Danach ist die Auflösung mit einfacher Stimmenmehrheit möglich. Die Ladungsfrist zur Mitgliederversammlung beträgt 14 Tage. Vgl. auch Nr. 11 dieses Merkblattes.
>
> 2. Für die außerhalb Preußens gelegenen Tochterlogen, die durch landesherrliche oder staatliche Verleihung Rechtsfähigkeit erhalten haben, bleibt die Satzung in

---

87 Die Ehrenerklärung der drei Altpreußischen Großlogen und weiterer Abschlussbekundungen von Freimaurerlogen sind abgedruckt bei *Steffens*, Freimaurer in Deutschland, S. 381 ff.

88 Vgl. hierzu Merkblatt zur Auflösung der Tochterlogen vom 19. Juni 1935, Stadtarchiv Prenzlau, Grundakten des Magistrats, Vol. I, Nr. 27/28, S. 110; BGHZ 19, S. 54; *Neuberger*, Freimaurerei und Nationalsozialismus, S. 100.

89 BGHZ 19, 51 (54).

90 Vgl. zum „NS-Entzug" und Plünderung von Logeninventar auch OLG Hamburg, RzW 1955, S. 199; OLG Stuttgart, RzW 1960, S. 171, die auch im Zweifelsfall das Deutsche Reich für Schäden verantwortlich gemacht haben und Entschädigung an die Logen zusprachen.

91 Vgl. hierzu Merkblatt zur Auflösung der Tochterlogen vom 19. Juni 1935, Stadtarchiv Prenzlau, Grundakten des Magistrats, Vol. I, Nr. 27/28, S. 110; BGHZ 19, S. 54; *Neuberger*, Freimaurerei und Nationalsozialismus, S. 100.

> Kraft, soweit nicht in dem betreffenden Land gesetzlich bereits Maßnahmen über eine erleichterte Auflösung der Loge getroffen sind. Enthält die Satzung keine Bestimmungen über die Auflösung, so muß zu den Auflösungsversammlungen die Ladungsfrist eingehalten werden, die bei beabsichtigten Gesetzesänderungen bestimmt ist. [...].
>
> 3. Tochterlogen, die eingetragene Vereine sind, haben die Vereinsatzung zu berücksichtigen. Für sie gilt der in Punkt 1 genannte Erlaß des Herrn Preußischen Ministers des Innern nicht, ebenso nicht gleiche Erlasse in anderen Ländern. Für sie gilt ausschließlich das Bürgerliche Gesetzbuch. Wegen vielfach aufgetretener Mißverständnisse wird hierauf nochmals ausdrücklich hingewiesen. [...]."

Die Auflösungszeremonien der Großen Loge von Preußen und die der GLL „FvD" fanden innerhalb weniger Tage hintereinander am 7. bzw. 14. Juli 1935[92] statt. Die Großmeister der „Großen Landesloge von Sachsen" und der „Großloge Deutsche Bruderkette" folgten einer Ladung in das Gebäude der Gestapo Dresden am 15. Juli 1935. Die Logen beugten sich den „Auflösungsaufforderungen" der Gestapo und bestimmten die „Abschiedsversammlung" der Großloge auf den 9. August 1935. Die „Große Landesloge von Sachsen", während der NS-Zeit ohne behördliche Genehmigung „umbenannt" in „Deutsch-Christlicher Orden Sachsen", und die „Großloge Deutsche Bruderkette", ebenfalls ohne behördliche Genehmigung „umbenannt" in „Christlicher Orden Deutscher Dom", lösten sich nach den Bestimmungen des Göring-Erlasses zum 10. August 1935 auf.

II. Zwangsauflösung von weiteren Logen und das Gesetz über die Entziehung volks- und staatsfeindlichen Vermögens vom 14. Juli 1933

Freimaurerlogen, die sich bis etwa Mitte August 1935 immer noch nicht aufgelöst hatten, wurden im Laufe des weiteren Jahres 1935 verboten und ihr Vermögen beschlagnahmt und entzogen. Innenminister Dr. Wihelm Frick erklärte im August 1935, es sei[93]:

> „... allerhöchste Zeit, dass nun auch die Freimaurerlogen aus Deutschland verschwinden, genau so wie sie aus Italien verschwunden sind [...] und wenn diese Erkenntnis in den Kreisen der Freimaurer nicht selbst allmählich durchdringt, dann werde ich demnächst in diese Richtung nachhelfen."

---

92 *Neuberger*, Freimaurerei und Nationalsozialismus, S. 101.

93 *Steffens*, a.a.O., S. 395; *Neuberger*, Freimaurerei und Nationalsozialismus, S. 105; *Melzer*, a.a.O., S. 149 f.

Am 17. August 1935[94] wurden durch Reichsinnenminister Frick weitere bestehende Freimaurerlogen verboten und als staatsfeindliche Organisationen aufgelöst, gestützt auf § 1 der „Reichstagsbrandverordnung" des Reichspräsidenten vom 28. Februar 1933[95]:

> „Sämtliche Freimaurerlogen und freimaurerähnliche Vereinigungen, die sich bisher noch nicht selbst freiwillig aufgelöst haben, sind nunmehr sofort aufgrund § 1 der Verordnung des Reichspräsidenten vom 28. Februar 1933 aufzulösen. Ihr Vermögen, das, wie ich hiermit gemäß dem R.Ges. vom 14. Juli 1933 feststelle, zu volks- und staatsfeindlichen Bestrebungen gebraucht und bestimmt ist, ist zu beschlagnahmen und einzuziehen."

Durch das Verbot und den Verweis auf das Gesetz vom 14. Juli 1933 über das Einziehen von volks- und staatsfeindlichem Vermögen wurden Freimaurerlogen impliziert für volks- und staatsfeindlich erklärt.[96] Insoweit fanden, anders als noch bei den Auflösungen nach dem Göring-Erlass, hier mangels Mitglieder auch keine Liquidationsverfahren mehr statt. Die Einziehung des Vermögens geschah durch das Vormundschaftsgericht nach § 1913 BGB. Das Gericht bestellte einen gesetzlichen Pfleger, der die Vermögensabwicklung für den Staat in dessen Sinne durchführte. Auch die meisten freimaurerähnlichen Organisationen waren in Deutschland nunmehr endgültig verboten und vermögenslos. Der unbestimmte Begriff der Freimaurerähnlichen Organisationen führte allerdings noch dazu, dass noch einige freimaurerähnliche Logen eine Zeit lang weiter existieren konnten. Freimaurermitglieder wurden allerdings weiterhin observiert, und diffamiert.[97]

Einigen bayerischen Freimaurerlogen gelang es etwa bis Oktober 1935, Freimaurerimmobilien beispielsweise an Freimaurermitglieder zu verkaufen und auf diese Weise Immobilien evtl. für eine Zeit nach dem NS-Regime zurückzuerwerben und einer politischen NS-Zwangsentziehung zuvorzukommen. Diese Verkäufe wurden soweit bekannt, auch nicht als Scheinkäufe i.S.d. § 117 Abs. 1 BGB bewertet. Durch eine neue Anordnung, die den Verkauf

---

94 Erlass des Reichs- und Preußischen Minister des Inneren vom 17.08.1935; Der Wortlaut der Verfügung vom 17.08.1935 wird auch wiedergegeben durch eine Anordnung der bayerischen politischen Polizei vom 6.09.1935, vgl. *Neuberger*, Freimaurerei und Nationalsozialismus, S. 319; *Schuster*, Freimaurer und Justiz in Norddeutschland unter dem Nationalsozialismus, S. 107.

95 RGBl 1933 I, Nr. 17, S. 83.

96 Gesetz über die Einziehung volks- und staatsfeindlichen Vermögens vom 14.07.1933, RGBl I, S. 479.

97 *Melzer*, a.a.O., S. 150.

von Freimaurerlogen genehmigungspflichtig machte[98], wurde diese Möglichkeit aber auch in Bayern ausgeschlossen. 1936 und 1937 wurden die letzten noch bestehenden freimaurerähnlichen Logen aufgelöst und ihr Vermögen eingezogen, soweit sie noch nicht vom Freimaurerverbot vorher umfasst waren, wozu auch die jüdischen Freimaurerlogen gehörten.[99] Aber auch jetzt blieben die Freimaurer unter der Beobachtung des NS-Staates.[100]

D) Folgen der Maßnahmen gegen die Freimaurer

Die Auflösungen und Verbote der Freimaurerlogen führten dazu, dass Freimaurerlogen unter der NS-Herrschaft in Deutschland nicht mehr existierten und die Freimaurer durch die Vermögensentziehungen vermögenslos wurden.

---

98 Anordnung der bayerischen politischen Polizei, Abt. II B vom 30.10.1935 (IfZ-FA-119).

99 Verfügung vom 20. Juli 1937 des Reichsführers SS und Chef der Deutschen Polizei im Reichsministerium des Innern, Az.: S-PP (II B) Nr. 1249/36, wodurch auf etwa zwei Seiten namentlich weitere Freimaurerähnliche Logen verboten wurden und auch die Neugründung von „Tarnlogen" verboten wurden. Teilweise wurde auch auf logenähnliche Organisationen verwiesen, die sich bereits aufgelöst hatten, abgedruckt bei *Neuberger*, Freimaurerei und Nationalsozialismus, S. 329 ff., Dokument 23.

100 Vgl. *Schuster*, Freimaurer und Justiz in Norddeutschland unter dem Nationalsozialismus, S. 108.

2. TEIL:

WIEDERGUTMACHUNGSGESCHICHTE VON 1945–1989

3. Kapitel: Neuanfang nach der NS-Zeit

A) Wiedergutmachung von NS-Unrecht kraft Völkerrechts

Ein paar Monate bevor Deutschland von den Alliierten befreit wurde, ging es noch auf der Konferenz von Jalta, der sog. Krimkonferenz, vom 4. Februar 1945 bis zum 11. Februar 1945[1] vornehmlich um die Reparationsansprüche der Alliierten[2] für den Zeitpunkt der Kapitulation Deutschlands. Stalin forderte von dem bereits stark zerstörten Deutschland auf der Krimkonferenz Reparationszahlungen in Höhe von zehn Milliarden US-Dollar[3] allein für die UdSSR. Die UdSSR und die osteuropäischen Länder hatten, anders als die westlichen Alliierten, besonders unter den Auswirkungen des von den Deutschen angezettelten Zweiten Weltkriegs gelitten. Churchill kritisierte trotzdem diese wirtschaftlichen Begehrlichkeiten, vermutlich wegen der bekannten Auswirkungen des „Versailler Vertrages" in Deutschland.[4]

> „Wenn Sie wollen", sagte Churchill zu Majskij, „dass Ihr Pferd den Karren zieht, dann müssen Sie ihm schon eine gewisse Menge Hafer geben, oder wenigstens Heu."[5]

Aber es gelang Churchill nicht, die UdSSR zu überzeugen.[6] Mit dem Selbstmord Hitlers am 30. April 1945 und der bedingungslosen Kapitulation der deutschen Wehrmacht in Reims und Berlin-Karlshorst am 7./8. Mai 1945[7] endete die NS-Diktatur in Deutschland.[8] Deutschland wurde nunmehr offiziell in drei bzw. später vier Besatzungszonen[9] eingeteilt, deren Grenzen von den

1 *Wasmuth*, in: RVI, Einf. VermG, Rn. 64.

2 Vgl. *Benz*, Potsdam 1945, S. 46; *Deuerlein*, Die Einheit Deutschlands, S. 65

3 Vgl. nur *Schwarz*, in: Schwarz, Wiedergutmachung, Band 1, S. 21.

4 *Steininger*, Deutsche Geschichte seit 1945, Band 1, S. 32.

5 Zitiert nach *von Rauch*, Geschichte der Sowjetunion, S. 436.

6 *von Rauch*, a.a.O., S. 436.

7 *Boldt*, Deutsche Verfassungsgeschichte, S. 293; *Eberle* und *Uhl*, Das Buch Hitler, S. 460 und S. 361.

8 Vgl. hierzu *Geiger*, Grundgesetz und Völkerrecht, § 16, I, 2a.

9 Vgl. hierzu auch das ABl des Kontrollrats in Deutschland, Ergänzungsblatt Nr. 1, S. 10; *Schweitzer*, Staatsrecht III, Rn. 614 und 639; *von Rauch*, a.a.O., S. 433 f.; *Steininger*, Deutsche Geschichte seit 1945, Band 1, S. 33.

Alliierten grundsätzlich schon am 12. September 1944 im sog. Londoner Protokoll durch die Europäische Beratende Kommission, die sog. European Advisory Commission (EAC), festgelegt worden waren.[10] Frankreich wurde erst später auf Drängen Churchills vierte Besatzungsmacht in Deutschland. Großbritannien versprach sich davon „europäische Unterstützung" gegenüber den Großmächten und bewies gleichzeitig Bündnistreue gegenüber Frankreich.[11] Erst im Anschluss an die Kapitulation Deutschlands nach 1945 konnten die Alliierten eine Wiedergutmachungsregelung rechtswirksam schaffen und in Kraft setzen. Nach dem Ende des Zweiten Weltkrieges beschlagnahmten die Alliierten hierzu zunächst einmal sämtliche entzogene Liegenschaften, um darauf später eine Wiedergutmachungsregelung aufbauen zu können. Zu diesem Zeitpunkt war es allerdings noch offen, wie und ob Organisationen, wie Freimaurerlogen, Gewerkschaften, Parteien oder Studentenverbindungen eine Wiedergutmachung erhalten würden oder nicht. Die Mitglieder von Freimaurerlogen sowie anderer Organisationen durften sich nach dem Krieg in Deutschland zunächst noch nicht einmal wieder versammeln, da ein allgemeines Versammlungsverbot galt. Die Alliierten wollten sich vorerst einen Überblick über die früheren Organisationen in Deutschland verschaffen. Insbesondere sollten nur demokratische Vereine wieder zugelassen werden.

Die Alliierten arbeiteten nach der Besetzung Deutschalnds daran, Deutschland zu verpflichten, Wiedergutmachungsleistungen an die NS-Opfer zu erbringen. Unter „Restitution" im völkerrechtlichen Sinne wurde damals aber noch allein der „äußere Schadensersatzanspruch" der Siegerstaaten gegenüber dem besiegten Staat verstanden, der es nur erlaubte, die Kosten zur Behebung der entstandenen Kriegsschäden von Deutschland einzufordern, sog. Reparationsforderungen.[12] Die NS-Verbrechen begründeten daher nach dem Stand des Völkerrechts bei Kriegsende keine Wiedergutmachungsverpflichtung zugunsten der NS-Verfolgten, was sich völkerrechtlich durch die Alliierten ändern sollte.[13] Die Schaffung einer solchen Wiedergutmachungsregelung konnte allerdings völkerrechtlich nicht auf Art. 43 Haager Landkriegsordnung (HaagLKO) vom 18. Oktober 1907 über die Befugnisse und Grenzen der

---

10 *von Münch*, Die Verträge zur Einheit Deutschlands, S. XV.

11 Vgl. *Steininger*, Deutsche Geschichte seit 1945, S. 37.

12 *Schwarz*, in Schwarz: Wiedergutmachung, Band 1, S. 20; *Doehring / Fehn / Hockerts*, in: Jahrhundertschuld, Jahrhundertsühne, S. 9 ff.; *Graf*, Rückgabe von Vermögenswerten an Verfolgte des nationalsozialistischen Regimes im Beitrittsgebiet, S. 9.

13 *Schwarz*, in: Schwarz, Wiedergutmachung, Band 1, S. 12 f.

Besatzungsmächte[14] gestützt werden. Denn die Alliierten durften nach der HaagLKO nur insoweit Deutschland Verpflichtungen auferlegen, als dies für die Aufrechterhaltung der öffentlichen Ordnung und des öffentlichen Lebens notwendig war. Die völkerrechtlichen Eingriffe mussten sich folglich im Rahmen der bestehenden nationalen deutschen Gesetze halten, wonach eine Wiedergutmachungsverpflichtung Deutschlands nicht bestand.[15] Da Deutschland nach überwiegender Auffassung nach der NS-Zeit nicht untergegangen ist musste nach überwiegender Auffassung neues verbindliches Völkerrecht für eine Wiedergutmachungsverpflichtung Deutschlands geschaffen werden.[16] Das BVerfG stellte schon 1954 und 1956 klar[17]:

> „[...] dass das Deutsche Reich den Zusammenbruch 1945 überdauert hat und weder mit der Kapitulation noch durch Ausübung fremder Staatsgewalt in Deutschland durch die alliierten Okkupationsmächte noch später untergegangen ist."

B) Vermögenssperrungen durch die Militärregierungen, Militärregierungsgesetz Nr. 52

Sogleich nach der Besetzung Deutschlands im Mai 1945 froren die Alliierten das Reichsvermögen und das NSDAP-Vermögen ein. Am 14. Juli 1945 wurde durch das Militärregierungsgesetz Nr. 52 (MRG Nr. 52) zusätzlich auch das Vermögen von allen aufgelösten Organisationen[18] „gesperrt", wozu auch die Immobilien bzw. Liegenschaften der Freimaurerlogen gehörten. Die einzelnen Besatzungszonen setzten das Gesetz selbstständig um.[19] Aus dem Gesetzestext selbst geht nur hervor, dass es im Auftrag der Militärregierung erlassen wurde.[20] Völkerrechtlich gestützt wurde die Gesetzgebungskompetenz für das

---

14 Abgedruckt bei: *Laun*, Die HaagLKO, S. 64 ff. Die „Ordnung der Gesetze und Gebräuche des Landkriegs", auf die sich 44 auf der zweiten Haager Friedenskonferenz vertretene Staaten am 18.10.1907 im IV. Haager Abkommen einigten. Ein großer Teil des aus 56 Artikeln bestehenden Vertragswerks betrifft die Behandlung der Kriegsgefangenen.

15 *Schmoller / u.a.*, Handbuch des Besatzungsrechts, Band 1, § 5 ff.

16 Insoweit steht auch fest, dass sich die Besatzungsmächte in vielen Fällen nicht mehr an die HaagLKO gehalten haben. Schmoller / u.a., Handbuch des Besatzungsrechts, Band 1, § 5 bis § 8; *Etzel*, Die Aufhebung von nationalsozialistischen Gesetzen durch den Alliierten Kontrollrat, S. 36 ff.

17 Vgl. auch BVerfGE, 3, 288, 319 f.; 5, 85, 126; 36, 1 (16).

18 *Goschler*, Wiedergutmachung, S. 99.

19 *Dölle / Zweigert*, a.a.O., S. 11 ff.; *Eck*, a.a.O., S. 8 ff.; *Lang*, ZOV 1995, S. 351 f.

20 *Dölle / Zweigert*, a.a.O., S. 2.

MRG Nr. 52 nach überwiegender Ansicht u.a. auf die Deklaration vom 5. Juni 1945 über Deutschland. Darin heißt es u.a.[21]:

> „Die deutschen Streitkräfte zu Lande, zu Wasser und in der Luft sind vollständig geschlagen und haben bedingungslos kapituliert, und Deutschland, das für den Krieg verantwortlich ist, ist nicht mehr fähig, sich dem Willen der siegreichen Mächte zu widersetzen. Dadurch ist die bedingungslose Kapitulation Deutschlands vollbracht; und Deutschland sieht sich allen Forderungen unterworfen, die ihm jetzt oder später auferlegt werden.“

Zusätzlich rechtfertigten sich die „Vermögenssperrungen“ aus dem Potsdamer Abkommen vom 2. August 1945 und aufgrund der erlassenen Kontrollratsgesetze.[22] Es war folglich nur noch mit Genehmigung der Alliierten möglich, diese Vermögenswerte zu veräußern oder sonst über sie zu verfügen. Gemäß den internationalen Vorgaben der Erklärungen von London[23] und Bretton-Woods[24] wurde das MRG 52 über „die Sperre und Beaufsichtigung von deutschen Vermögen“[25] bereits vor 1945 von den Alliierten ausformuliert. Durch die Vermögenssperrungen sollten zunächst die Reparationsforderungen der Alliierten befriedigt werden können, bevor das MRG Nr. 52 den NS-Opfern im Wege einer Wiedergutmachung zugute kommen sollte.[26]

C) Das Potsdamer Abkommen

Bevor im Westen die Rückerstattungsgesetze der Alliierten Mächte in Kraft traten[27], wurde von den Siegermächten überlegt, wie hoch die zu leistenden Reparationszahlungen von den Deutschen an die Alliierten ausfallen sollten. Diese Überlegungen zogen sich hin und wurden auf der Potsdamer Konferenz vom 17. Juli bis zum 2. August 1945[28] zwischen den USA, der UdSSR,

21 ABl des Kontrollrats, Erg. Bl. Nr. 1, S. 7 ff.; *Dölle / Zweigert*, a.a.O., S. 1; *Schröder*, a.a.O., S. 14; *Schweitzer*, Staatsrecht III, Rn. 614.

22 Vgl. u.a. Kontrollratsgesetz Nr. 10 vom 20.12.1945, ABl des Kontrollrats in Deutschland 1946 Nr. 3, S. 50; Kontrollratsdirektive Nr. 38 vom 12.10.1946, ABl des Kontrollrats in Deutschland 1946 Nr. 11, S. 184; Zum AK vgl. weiter unten.

23 ABl des Kontrollrats in Deutschland, Ergänzungsblatt Nr. 1, S. 3.

24 *Buchholz*, NJW 1947/48, S. 333 f.; *Brodesser / Fehn*, Wiedergutmachung, S. 10 ff.; *Eck*, a.a.O., S. 8.

25 *Buschbom*, in: Schwarz, Wiedergutmachung, Band 2, S. 23.

26 *Graf*, a.a.O., S. 15 f.

27 Hierzu auch *Buschbom*, in: Schwarz, Wiedergutmachung, Band 2, S. 26.

28 Ihrer Rechtsnatur nach sind die Potsdamer Beschlüsse nach h. M. kein völkerrechtlicher Vertrag, sondern ein Kommuniqué, vgl. hierzu das ABl des Kontrollrats in Deutschland, Ergänzungsblatt Nr. 1, S. 13 ff.; *Buschbom*, in: Schwarz, Wiedergutma-

Großbritannien und später Frankreich[29] weiter diskutiert. Die zuvor erwähnten hohen Reparationsforderungen der UdSSR gegenüber Deutschland trübten in Potsdam die Ost/West Beziehungen.[30] In den sog. Potsdamer Beschlüssen wurden die Eckpfeiler der militärischen Entmachtung Deutschlands, die Reparationsforderungen der Alliierten[31] sowie neue föderalistische und wirtschaftliche Strukturen festgelegt.[32] Im Punkt 4 der Politischen Grundsätze wurde auch die Entnazifizierungsabsicht verankert[33]:

> „Alle nationalsozialistischen Gesetze, welche die Grundlage für das Hitlerregime geliefert haben oder eine Diskriminierung auf Grund der Rasse, Religion oder politischen Überzeugung errichteten, müssen abgeschafft werden. Keine solche Diskriminierung weder eine rechtliche noch eine administrative oder irgendeiner anderen Art wird geduldet werden."

Das Potsdamer Abkommen enthielt beispielsweise mit der US-Direktive, § 6 b Joined Chiefs of Staff (JCS) 1067/8, vom 11. Mai 1945 eine Ermächtigungsgrundlage für die Entnazifizierung Deutschlands.[34] In den Beschlüssen der Potsdamer Konferenz wurde festgelegt, dass der Alliierte Kontrollrat (AK)[35] eine zentrale Machtstellung über Deutschland einnehmen sollte, bevor mit der Zeit erst in ausgewählten Bereichen zentrale Verwaltungsstellen in Deutschland erprobt werden sollten.[36] Eine deutsche Regierung sollte noch nicht erlaubt sein. Die Sowjets erhofften sich dadurch anfangs, ein kommunistisches Deutschland zu etablieren, und wollten deshalb auch überall nur dort zentrale Verwaltungsstellen genehmigen, wo sozialistische Überzeugungen durchsetzbar erschienen.[37] Auch Frankreich stand einheitlichen deutschen Strukturen kritisch gegenüber, da es Deutschland zutraute, wie ein „Phönix aus der

---

chung, Band 1, S. 3; *Steininger*, Deutsche Geschichte seit 1945, S. 97; vgl. auch *Erdmann*, Das Ende des Reiches und die Neubildung deutscher Staaten, S. 43 ff.; *Faust*, Das Potsdamer Abkommen.

29 Vgl. *Steininger*, Deutsche Geschichte seit 1945, S. 99.

30 Vgl. hierzu *Steininger*, Deutsche Geschichte seit 1945, Band 1, S. 91.

31 Vgl. *Steininger*, Deutsche Geschichte seit 1945, Band 1, S. 91 f.; *Buschbom*, in: Schwarz, Wiedergutmachung, Band 2, S. 4 f.

32 *Buschbom*, in: Schwarz, Wiedergutmachung, Band 2, S. 3 ff.

33 Zitiert nach *Etzel*, a.a.O., S. 17.

34 *Etzel*, a.a.O., S. 17.

35 Zum AK weiter unten, 3. Kapitel, unter C).

36 *Maurer*, Staatsrecht, § 3, Rn. 6; *Schwarz*, in: Schwarz, Wiedergutmachung, Band 1, S. 8.

37 *Schwarz*, in: Schwarz, Wiedergutmachung, Band 1, S. 8.

Asche“ zu erstarken und die Alliierten erneut zu bedrohen.[38] De Gaulle stimmte am 7. August 1945, mit einigen Vorbehalten, dem Potsdamer Abkommen zu.[39] Aufgrund der Ost-West-Spannungen wurden aber keine übergreifenden einheitlichen deutschen Stellen mehr eingerichtet. Ungeklärt blieb der Gesichtspunkt, in welcher Form eine „innere Wiedergutmachung“ beispielsweise für verfolgte deutsche Vereine in Deutschland erfolgen sollte. Stalin betonte, dass Deutschland von dem Alliierten Kontrollrat (AK), bis zur Unterzeichnung eines Friedensvertrages regiert würde.[40]

D) Der Alliierte Kontrollrat

Der durch die Alliierten gemeinsam geschaffene AK[41] mit Sitz in Berlin regierte das Deutsche Reich zunächst noch einstimmig und stellte die oberste Regierungsgewalt der Alliierten über Deutschlands dar[42], sog. „Allied Control Authority“. Der Alliierter Kontrollrat (AK) sollte Deutschland reformieren, demokratisieren und die gewünschte Entnazifizierung sowie ein Rückerstattungsgesetz für NS-Opfer beschließen.[43] Die Regierungsgewalt wurde von der sog. „Berliner Erklärung“ vom 5. Juni 1945[44] über ganz Deutschland[45] abgeleitet. Gegründet wurde das völkerrechtliche Gemeinschaftsorgan während der Potsdamer Konferenz zwischen Mitte Juli und Anfang August 1945. In den von den Alliierten besetzten Gebieten setzten die jeweiligen Oberbefehlshaber ihre regionalen Militärverwaltungen ein, die wiederum ihren nationalen einzelnen Regierungen weisungsmäßig unterworfen waren.[46] Der Alliierte Kontrollrat (AK) teilte Deutschland in vier Besatzungszonen ein und verbot die Wiederbelebung Preußens. Auf der anderen Seite wurde mehrheitlich von der Kontinuität des Deutschen Reiches ausgegangen und dadurch die nationale

---

38 *Schwarz*, in: Schwarz, Wiedergutmachung, Band 1, S. 45.

39 Frankreich lehnte alle Beschlüsse, die der französischen Politik zuwiderliefen und Deutschland wieder „zentralisieren“ konnten, durch ein Vetorecht im Kontrollrat ab. Steininger, Deutsche Geschichte seit 1945, Band 1, S. 99 f.

40 *Naimark*, Die Russen in Deutschland, S. 17.

41 Vgl. hierzu *Mai*, Der Alliierte Kontrollrat in Deutschland, 1945–1948, S. 49.

42 *Schmoeckel*, Auf der Suche nach der verlorenen Ordnung, S. 473.

43 *Goschler*, Wiedergutmachung, S. 101.

44 Zu der Deklaration vom 5.06.1945 vgl. schon oben bei MRG Nr. 52.

45 ABl des Kontrollrats, Erg. Bl. Nr. 1, S. 7 ff.; *Dölle / Zweigert*, a.a.O., S. 1; *Buschbom*, in: Schwarz, Wiedergutmachung, Band 2, S. 9; *Benz*, Potsdam 1945, S. 119; *Maurer*, Staatsrecht § 3, Rn. 4.

46 *Stolleis*, in: HStR, Band I, S. 193 f.

und völkerrechtliche Verantwortung Deutschlands für eine Wiedergutmachung von NS-Taten im eigenen Land unterstrichen. Nach Ansicht von Karl Loewenstein[47] sollten aber grundsätzlich alle NS-Normen in Kraft bleiben[48], da dies andernfalls in der Praxis zu erheblichen neuen juristischen Problemen führen würde. Loewenstein betonte[49]:

> „It may be added that in similar circumstances in the past the existing law never was repealed en bloc but left in fact insofar as it was not at variance with new political conditions. Therefore it seems hardly feasible to revert automatically to the status quo of 1933 without doing harm to the German People."

Es wurde tatsächlich eine flächendeckende, ex-nunc wirkende Aufhebung des gesamten NS-Rechts von über 12 Jahren vom Alliierten Kontrollrat abgelehnt. Am 20. September 1945 wurden allerdings die Kontrollratsgesetze Nr. 1 und 11, die sich völkerrechtlich auf das Potsdamer Abkommen stützten, in Kraft gesetzt. Diese Gesetze des AK führten in allen Zonen zur Aufhebung vieler rassisch, religiös und politisch diskriminierender NS-Gesetze und Verordnungen[50], wie des Ermächtigungsgesetzes selbst.[51] Der AK verkündete des Weiteren am 20. September 1945 die Bekanntmachung Nr. 2.[52] Durch das Kontrollratsgesetz Nr. 2[53] sowie die Direktive Nr. 50 des AK[54] konnten später über die Rückerstattungsgesetze verfolgunggsbedingt entzogene Vermögenswerte an die während der NS-Zeit aufgelösten juristischen Personen und nach der NS-Zeit reaktivierten Organisationen zurückübertragen werden, sofern sie demokratisch waren oder demokratische Nachfolger hatten, die ihnen entsprachen. Sofern die westlichen Alliierten z.B. Nachfolgeorganisationen wie Freimaurerlogen allerdings nicht benannten, wurden die Vermögenswerte auf

---

47 Prof. Karl Loewenstein war deutscher Jurist und emigrierte während der NS-Zeit in die USA und wurde später zeitweilig Berater der US-Regierung für die US-Zone.

48 Vgl. zu den umfangreichen normativen rechtlichen Strukturen des NS-Regimes auch *Mertens*, Rechtsetzung im Nationalsozialismus.

49 Zitiert nach *Etzel*, a.a.O., S. 52. Vgl. auch BGHZ 9, 34 ff.; BGHZ 19, 51 (62).

50 ABl des Kontrollrats in Deutschland, Nr. 1, 29. 10. 1945, S. 6–8; vgl. auch *Lang*, ZOV 1995, S. 351; *Goschler*, Wiedergutmachung, S. 71; *Eck*, a.a.O., S. 8; *Etzel*, a.a.O., S. 80 ff.

51 *Etzel*, a.a.O., S. 80; vgl. zum AK auch *Schmoeckel*, Auf der Suche nach der verlorenen Ordnung, S. 473 f.

52 ABl des Kontrollrats Nr. 1, S. 8 ff.

53 Gesetz Nr. 2 betreffend Auflösung und Liquidierung der Naziorganisationen vom 10.10.1945, ABl des Kontrollrats in Deutschland S. 19.

54 Direktive Nr. 50 betreffend Verfügung über Vermögenswerte, die den in der Kontrollproklamation Nr. 2 und im Kontrollratsgesetz Nr. 2 aufgeführten Organisationen gehört haben vom 29.04.1947, ABl des Kontrollrats in Deutschland, S. 275.

die „zugehörigen“ Länder übertragen. In diesen Fällen konnten die Freimaurerlogen über die späteren einzelnen alliierten Rückerstattungsgesetze ihre Vermögenswerte zurückerhalten. Die Kontrollratsdirektive Nr. 50 wurde in allen Besatzungsgebieten durch eigene alliierte Gesetze umgesetzt.[55] In der amerikanischen Zone geschah dies beispielsweise durch das Militärgesetz Nr. 58 vom 29. Juni 1947.[56] Die Sowjetische Militäradministration in Deutschland (SMAD), oberste sowjetische Besatzungsbehörde, erließ auf der Grundlage der Proklamation Nr. 2 im Oktober 1947 verschiedene sog. SMAD-Befehle zur Beschlagnahme[57] des deutschen Vermögens.[58] Unter den Befehl Nr. 124 vom 30. Oktober 1945 „betreffend die Auferlegung der Sequestration und Übernahme in zeitweilige Verwaltung einiger Vermögenskategorien“, fielen z.B. entzogene Vermögenswerte der Freimaurerlogen[59], welche dadurch beschlagnahmt waren und später in Volkseigentum überführt wurden. Der SMAD-Befehl Nr. 126 vom 31. Oktober 1945[60] betraf grundsätzlich das Vermögen der NSDAP[61] und wurde ebenfalls in Volkseigentum überführt.[62] Unter diesen SMAD-Befehl fielen beispielsweise auch ehemalige Immobilien / Liegenschaften der Freimaurerlogen.[63] Eine Rückführung von Vermögenswerten an etwaige Voreigentümer in der sowjetischen Besatzungszone wie z.B. an Freimaurer ist nicht erfolgt. Die Aufgaben des AK konnten angesichts der wachsenden Meinungsverschiedenheiten unter den Besatzungsmächten kaum noch erfüllt werden[64], da das Einstimmigkeitsprinzip galt. Bei Meinungsdifferenzen, meistens mittlerweile zwischen der Sowjetunion und den Westalliierten, konnte allerdings jeder Oberbefehlshaber in seinem Besatzungsgebiet nach freiem Ermessen entscheiden. Nachdem der sowjetische

---

55 *Buschbom*, in: Schwarz, Wiedergutmachung, Band 2, S. 14.

56 Zur näheren Durchführung vgl. Buschbom, in: *Schwarz*, Wiedergutmachung, Band 2, S. 14; Gesetz-Nr. 58 abgedruckt im ABl der Militärregierung Deutschland Amerikanisches Kontrollgebiet – Ausgabe E vom 1.08.1947, S. 15.

57 *Dölle / Zweigert*, a.a.O., Nr. 52, S. 4.

58 *Dölle / Zweigert*, a.a.O., S. 4.

59 VOBl der Provinz Sachsen 1945, Nr. 4/5/6, S. 10.

60 VOBl. der Provinz Sachsen 1945, Nr. 4/5/6, S. 12; *Dölle / Zweigert*, a.a.O., S. 4.

61 Vgl. z.B. Beschlagnahme nach Befehl 126, Bescheid des ARoV Zeitz vom 13.05.1997, Az.: EDV 2003/2006/2007/4723/4724 bezüglich der Rückübertragung an die GLL „FvD“, S. 5/unveröffentlicht; zur NSDAP vgl. *Benz*, Enzyklopädie des Nationalsozialismus, S. 601 ff.; *Wilhelm*, a.a.O., S. 39.

62 *Wasmuth*, in: RVI, Einf. VermG, Rn. 86.

63 Vgl. z.B. VG Gera, VIZ 2002, S. 682 ff.

64 Vgl. hierzu nur *Stolleis*, in: HStR, Band I, S. 193.

Oberbefehlshaber am 20. März 1948 aus Protest gegen die Beschlüsse der Londoner Sechsmächtekonferenz („Marshal Aufbauprogramm")[65] die Sitzung des AK verlassen hatte, endete dessen Tätigkeit ohne formale Auflösung. Nur Teile des AK blieben bis Juni 1948 bestehen.[66] Seit 1948 war die gemeinsame Regierung Deutschlands durch die Alliierten gescheitert. Die sowjetische Blockade West-Berlins von 1948 bis 1949 forderte die Westmächte auf eine besondere Weise heraus.[67] Hans-Peter Schwarz betont wohl auch deshalb: „[...] dass sich das eigentliche Machtzentrum in die einzelnen Zonen verlagern musste."[68] Die Alliierte Hohe Kommission löste de facto den AK 1948 ab. Die Kontrollratsgesetze blieben allerdings in Kraft und durften ohne Zustimmung der Alliierten nicht geändert werden. In der Gründung der BRD und der DDR schlug sich die Teilung die Welt für die nächsten Jahrzehnte in Ost und West nieder.[69] Im Ergebnis spaltete sich dadurch naturgemäß auch die deutsche Wiedergutmachungsgeschichte. Auch nach Gründung der BRD und der Inkraftsetzung des GG wurden die NS-Normen nicht gänzlich außer Vollzug gesetzt, Art. 123 Abs. 1 GG. Nur wenn Gesetze dem GG widersprachen, galten sie nicht fort.[70] Mit der Auflösung aller Einrichtungen der vier Mächte in Verbindung mit dem Zonenabkommen vom 12. September 1990 wurden der AK und die Berliner Kommandantur aufgelöst.[71]

---

65 Vgl. nur *Niehuss* und *Lindner*, in: Besatzungszeit Bundesrepublik und DDR 1945–1969, S. 63.

66 *Etzel*, a.a.O., S. 48.

67 *Mai*, Der Alliierte Kontrollrat in Deutschland 1945–1948, S. 478.

68 *Hans-Peter Schwarz*, Vom Reich zur Bundesrepublik, S. 106 f.

69 Vgl. zu den einzelnen Gründen die zu der deutschen Teilung führten, *Mai*, a.a.O.

70 BVerwGE 2, 114 (117).

71 *Blumenwitz*, NJW 1990, S. 3047.

4. Kapitel: Rückerstattung kraft Völkerrechts in der sowjetischen Besatzungszone und der DDR

A) Erste Wiedergutmachungsgesetze

Weder in der sowjetischen Besatzungszone noch in der DDR sollte eine so weit gehende Wiedergutmachungsgesetzgebung wie in der BRD zugunsten von NS-Opfern geschaffen werden.[1] Die DDR war historisch nach der NS-Zeit aus ihrem Selbstverständnis „jungfräulich“ und nicht für die NS-Taten verantwortlich. Die sowjetische Besatzungszone und die Gründung der DDR selbst wurden von ihr als Wiedergutmachung des NS-Unrechts Deutschlands verstanden. Gleichwohl gab es auch hier Ansätze, eine Form von Wiedergutmachung für begangenes NS-Unrecht umzusetzen. Dies ergibt sich u.a. aus dem Thüringer Wiedergutmachungsgesetz (ThWGG) vom 14. September 1945.

I. Das Thüringer Wiedergutmachungsgesetz

Das Land Thüringen gehörte vom 12. April bis zum 2. Juli 1945 zur amerikanischen Besatzungszone.[2] Die USA erstellten in dieser Zone zügig einen Rückerstattungsentwurf, was dazu führte, dass noch 1945 ein Wiedergutmachungsgesetz tatsächlich eingeführt werden konnte.[3] Das ThWGG wurde anhand der US-Vorarbeiten vom obersten Chef der Sowjetmilitärverwaltung am 14. September 1945[4] erlassen. Es führte eine Wiedergutmachungsgesetzgebung ein, die grundsätzlich auch für die Freimaurerlogen einschlägig war.[5] Wiedergutmachung konnte es nach § 1 ThWGG für NS-Entziehungen geben:

---

1 Vgl. hierzu beispielsweise BVerwGE 98, 261 (265).

2 *Steininger*, Deutsche Geschichte, Band 1, S. 56; *Eck*, a.a.O., S. 32.

3 Behandlung von Vermögenswerten politisch und rassisch Verfolgter des Nationalsozialismus in der SBZ/DDR, Dokument 28 des BARoV, Heft 7, S. 142.

4 RegBl Thür. I, S. 24 mit DVO vom 24.09.1945, RegBl I, S. 30 = abgedruckt in: *Fieberg / Reichenbach*, RWS-Dok. 7, Nr. 2.10.10; vgl. dazu *Schwarz*, in: Schwarz, Wiedergutmachung, Band 1, S. 324 ff.; *Buschbom*, in: Schwarz, Wiedergutmachung, Band 2, S. 69 f.; *Wasmuth*, in: RVI, Einf. VermG, Rn. 60.

5 *Busche*, in: Säcker, Vermögensrecht, § 1 VermG, Rn. 129; *Link / Minden / Rotz*, ZOV 1993, S. 324 f.; *Biehler*, VerwArch 84 (1993), S. 514, 516 ff.

„[...] wenn sie in Thüringen in der Zeit vom 30. Januar 1933 bis zum Einmarsch der Truppen der Vereinten Nationen unmittelbar oder mittelbar, infolge Beschlagnahme, Enteignung oder sonstigen behördlichen Eingriffs auf Grund Gesetzes oder im Verwaltungswege oder durch Maßnahmen oder auf Veranlassung der NSDAP, ihrer Gliederungen, Verbänden oder deren Angehörigen dem früheren Eigentümer oder sonstigen Rechtsinhaber verwerflicherweise weggenommen worden sind [...].“

Ausgeklammert waren vom ThWGG die während der NS-Zeit veranlassten „Zwangsverkäufe“. Alle unter das ThWGG fallenden Vermögenswerte wurden wie nach dem MRG Nr. 52 gemäß § 3 ThWGG zunächst beschlagnahmt und von den zuständigen Oberbürgermeistern und den Landräten unter Kontrolle gestellt. Die Beschlagnahmungen wurden kostenfrei im Grundbuch eingetragen und hatten die Wirkung eines Veräußerungsverbotes. Der Wiedergutmachungsberechtigte hatte die Möglichkeit, entweder eine gütliche Einigung mit dem Wiedergutmachungsverpflichteten oder gemäß § 8 ThWGG eine Entscheidung durch ein Schiedsgericht herbeizuführen. Oft wurden die Berechtigten jedoch später wieder „enteignet“ bzw. sie verloren die Verfügungsbefugnis über ihre Liegenschaften.[6] Freimaurerlogen erhielten, soweit bekannt, ihre Vermögenswerte nicht über das ThWGG zurück. 21 Monate nach der Gründung der DDR im Oktober 1949 hob der thüringische Landtag am 25. Juli 1952 das Wiedergutmachungsgesetz mit der Begründung auf, da für diesen Bereich eine ausschließliche Kompetenz des Gesamtstaates nach Art. 112 DDR-Verfassung bestand[7]:

„Nach Artikel 112 der Verfassung der Deutschen Demokratischen Republik hat die Republik das Recht der ausschließlichen Gesetzgebung über Wiedergutmachungsleistungen. Um die bisher im Land Thüringen geltende Sonderregelung zum Abschluss zu bringen, hat der Thüringer Landtag dieses Gesetz erlassen.“

Einen weiteren Wiedergutmachungsentwurf vom 10. April 1946 gab es noch aus der sowjetischen deutschen Zentralfinanzverwaltung des damaligen Berliner Präsidenten. Der Entwurf sah eine Rückgabeverordnung[8] vor, welche bezweckte:

„[...] den Ländern und Provinzen Richtlinien für die Rückgabe der Vermögensgegenstände zu geben, die durch das nationalsozialistische Regime den angeblich staatsfeindlichen Verbänden und Personen entzogen worden sind.“

---

6 *Wasmuth*, in: RVI, Einf. VermG, Rn. 60; Verfügung des Ministeriums der Finanzen der DDR vom Juli 1954, abgedruckt in: BARoV, Heft 7, S. 153 ff.

7 Thüringisches Gbl 1952, S. 189; vgl. auch *Schwarz*, in: Schwarz, Wiedergutmachung, Band 1, S. 325 ff.

8 Bestand des Amtes für den Rechtsschutz des Vermögens der DDR, Akten-Nr.: 530/2, Archiv des BARoV= zusätzlich als Dokument 2, Heft 7 des BARoV, S. 9.

Die entzogenen Vermögensgegenstände sollten hierzu zunächst beim Landrat bzw. Oberbürgermeister[9] „benannt" (§ 3 des Entwurfs) werden. Des Weiteren sollte gemäß § 4 des Entwurfs ein Antrag auf Rückgabe bezüglich der entzogenen Gegenstände bei der zuständigen Behörde gestellt werden. Hierbei musste der Antragssteller die Tatsachen der Anspruchsberechtigung glaubhaft machen oder nachweisen.[10] Zur Sicherung der Vermögenswerte wurden diese beschlagnahmt.[11] Anders als die späteren westlichen Rückerstattungsgesetze sah der Entwurf der Rückgabeverordnung nur eine Billigkeitsentscheidung, also keinen Rechtsanspruch auf die Rückgabe der entzogenen Vermögenswerte vor. Woran das Rückerstattungsgesetz scheiterte, ist unbekannt. Vermutlich sollte aber durch die Verwerfung der Wiedergutmachungsregelung vermieden werden, etwaige bürgerliche Kreise zu „fördern" und die „Haushaltskassen" sollten geschont werden. Eine Wiedergutmachung in der sowjetischen Besatzungszone konnte in der Praxis auch nur noch mit den wenigen finanziellen Mitteln nach einem verlorenen Krieg und einem völlig zerstörten Deutschland geleistet werden. Die Bevölkerung im Osten musste gemäß dem Potsdamer Abkommen die umfangreichen sowjetischen und Teile der polnischen Reparationsforderungen aufbringen, an denen sich die Deutschen in den westlichen Zonen nicht beteiligten. Umgekehrt beteiligte sich die deutsche Bevölkerung auf dem Gebiet der sowjetischen Besatzungszone nicht an den Reparationsleistungen an die westlichen Alliierten. Bei einer heutigen gesamtdeutschen Wiedergutmachungsbetrachtung entsprach die Wiedergutmachung der ostdeutschen Bevölkerung aber einer Leistung von ca. zwei Drittel der insgesamt zu erbringenden Reparationsleistungen. Im Vergleich hierzu trugen die Deutschen im Westen in ihren drei Zonen lediglich ca. ein Drittel der insgesamt zu leistenden Reparationsforderungen. Dieses eine Drittel wurde von den Deutschen im Westen dabei nur an die westlichen Alliierten geleistet[12], wobei in Bezug auf Israel sowohl die BRD als auch die DDR Reparationszahlungen im Verhältnis zwei Drittel zu ein Drittel leisten sollten.[13] Tatsächlich hat die DDR aber keine Wiedergutmachungsleistungen an Israel

9 Beschlagnahmeordnung, S. 6 des Schreibens, Heft 7 des BARoV, Dok. 2a, S. 16, 2b, S. 25 ff.

10 Antragsvoraussetzungen, S. 6 des Schreibens, Heft 7 des BARoV, Dokument 2b, S. 27.

11 Diese Anzeigepflicht ergibt sich aus § 3 der VO, Heft 7 des BARoV, Dokumente 2a und b, S. 15 und S. 25 ff.

12 Vgl. hierzu auch *Hockerts*, in: Vierteljahrshefte für Zeitgeschichte, Heft 2/2001, Wiedergutmachung in Deutschland, S. 203.

13 Vgl. hierzu auch *Hockerts*, in: Vierteljahrshefte für Zeitgeschichte, Heft 2/2001, Wiedergutmachung in Deutschland, S. 203.

erbracht. Die Sowjetzone und spätere DDR leistete eine enorme Wiedergutmachungsleistung in Form von Reparationszahlungen an die Sowjetunion und Polen. Am 22. August 1953 bzw. am 23. August 1953 verzichteten jeweils mit Wirkung zum 1. Januar 1954 diese Länder auf weitere Reparationsentnahmen gegenüber der DDR.[14]

II. SMAD-Befehl Nr. 82

Die Anordnungen und Befehle der SMAD[15] dienten grundsätzlich dazu, eine sozialistische Struktur vorzubereiten. Der SMAD-Befehl Nr. 82[16] vom 29. April 1948 aus der SBZ sah eine begrenzte *„Rückgabe des durch den Nazistaat beschlagnahmten Eigentums an demokratische Organisationen"* vor und ging auf die Kontrollratsdirektive Nr. 50 in der SBZ zurück. Begünstigt werden sollten beispielsweise Parteien, Gewerkschaften und genossenschaftliche Vereinigungen sowie ähnliche Nachfolgeorganisationen[17]; aber auch wohltätigen kirchlichen oder humanitären Organisationen sollte ihr entzogenes Vermögen teilweise zurückgegeben werden, sofern sie auch wieder zugelassen wurden. Die Freimaurer gehörten allerdings nicht zu den in der sowjetischen Besatzungszone und späteren DDR wieder zugelassenen Organisationen. Deshalb wurde deren Vermögen später nach der sozialistischen Entziehung dem Volkseigentum der DDR übertragen.

III. Sonstige landesrechtliche Regelungen in der sowjetischen Besatzungszone

Daneben bestanden auch keine anderen Rückerstattungsgesetze im Bereich der sowjetischen Besatzungsmacht oder DDR. Sachsen[18], Sachsen-Anhalt[19] und

---

14 Vgl. auch *Hockerts*, in: Grenzen der Wiedergutmachung, S. 16.

15 Die Befehle der SMAD zielten auf eine sozialistische Gesellschaftsordnung hin, vgl. auch *Naimark*, Die Russen in Deutschland, S. 18; *Ostmann*, NJ 1961, S. 173 (174); *Gertner*, ZOV 1995, S. 330 ff.; Zu den SMAD Befehlen: *Foitzik*, Sowjetische Militäradministration in Deutschland, S. 14 ff., 399 ff.; *Birke*, Nation ohne Haus, S. 49; *Creuzberger*, Die sowjetische Besatzungsmacht und das politische System der SBZ, S. 29.

16 SMAD-Befehl Nr. 82 betreffend die Rückgabe des durch den Nazistaat beschlagnahmten Eigentums an demokratische Organisationen vom 29.04.1948, Reg.-Bl. Thür. III, S. 20, abgedruckt u.a. in: Fieberg / Reichenbach, RWS-Dok. 7, Band 1, Nr. 2.4.12.

17 *Kimme u.a.*, Offene Vermögensfragen, § 1 VermG, Rn. 280 f.; *Wasmuth*, in: RVI, Einf. VermG, Rn. 51.

18 Gesetz und Verordnungsblatt der Landesregierung Sachsen 1948, S. 688.

19 GBl der Provinz Sachsen-Anhalt 1947, S. 97.

Mecklenburg-Vorpommern[20] normierten zwar anfangs Gesetze, die allerdings zu keiner Wiedergutmachungsregelung an Freimaurerlogen führten, so dass auf diese nicht eingegangen wird. Eine neue Wiedergutmachungsregelung der DDR wurde seitdem nicht mehr erlassen.

B) Ergebnis

Für die Freimaurerlogen hat es auf dem Gebiet der sowjetischen Besatzungszone bzw. der DDR keine Wiedergutmachung für begangenes NS-Unrecht gegeben, so dass dies der Zeit nach der Wiedervereinigung vorbehalten bleib.

20 Regierungsblatt Mecklenburg 1947, S. 233.

5. Kapitel: Wiederzulassung der Freimaurerlogen nach dem Zusammenbruch des NS-Staates

A) Sowjetische Besatzungszone

Die sowjetische Besatzungsmacht lehnte die bürgerlichen Freimaurerlogen mit ihren Idealen wie Geistesfreiheit und Toleranz ab, da sie insgesamt weltanschaulich nicht in das sozialistische Weltbild passen. Freimaurerlogen gab es allerdings vor dem 20. Jahrhundert auch auf dem Gebiet der ehemaligen Union der Sozialistischen Sowjetrepubliken (UdSSR). Der russische Nationaldichter Alexander Puschkin war z.B. Freimaurer. Die Schriftsteller Leo Tolstoj[1] und Fjodor M. Dostojewskij[2] erwähnen in ihren Werken die Freimaurerei. Dostojewskij vergleicht 1880 in seinem Werk „Die Brüder Karamasow" im Kapitel „Der Großinquisitor" die Freimaurer in ihrer Wirkung mit der katholischen Kirche. Diese Einschätzung ist möglicherweise ein zusätzlicher Grund dafür, weshalb die Freimaurer auch von den staatlichen Regierungen der ehemaligen UdSSR und der DDR nicht neben der Staatspartei toleriert wurden und in der DDR keine Wiedergutmachung erfuhren. Die während der NS-Zeit entzogenen Vermögenswerte der Freimaurerlogen, wurden in der sowjetischen Besatzungszone, wie bereits aufgezeigt, beschlagnahmt[3] und danach in der Regel verstaatlicht. Mitgliederversammlungen der Freimaurer blieben grundsätzlich verboten. Gleichwohl gab es auch noch anfangs in der sowjetischen Besatzungszone kurze Zeit nach dem Krieg Zusammenkünfte von Freimaurermitgliedern, was vermutlich durch die zunächst noch nicht

1 Leo Tolstoj setzte sich in seinem berühmten Roman „Krieg und Frieden" von 1868 im Gespräch zwischen Fürst Andrej und Pierre mit der russischen Freimaurerei auseinander. Tolstoj lässt den Fürsten erklären, wie er die Freimaurerei auffasst: „'Nein, lächeln Sie nicht. Die Freimaurerei, das ist nicht eine religiöse, sich nur mit Zeremonien abgebende Sekte, wie auch ich früher glaubte, sondern die Freimaurerei ist die beste, einzige Form, in welcher die besten, ewigen Seiten der Menschheit zum Ausdruck kommen'. Er sagte, die Freimaurerei sei die Lehre des Christentums, befreit von staatlichen und religiösen Fesseln; eine Lehre der Gleichheit, der Brüderlichkeit und der Liebe." Tolstoj, Krieg und Frieden, 12. Kapitel, Band 2, S. 167 ff. Der Roman erschien erstmals 1868/69. Tolstoj beschreibt die Zeit zwischen 1805–1812.

2 *Dostojewski*, Die Brüder Karamasow, S. 427.

3 Vgl. hierzu im Einzelnen auch *Wilhelm*, S. 23 ff.

gefestigten Strukturen erklärbar ist.[4] Aus diesem Grunde konnten sich einige Freimaurermitglieder auch in der sowjetischen Besatzungszone noch eine bestimmte Zeit, beispielsweise in Leipzig, Dresden, Cottbus, Jena und Meiningen[5], inoffiziell versammeln.[6] Folgender Auszug aus einem Schreiben der Bezirksbehörde der Deutschen Volkspolizei Suhl über ein ehemaliges Freimaurermitglied namens Giehren an die Hauptverwaltung Deutsche Volkspolizei Berlin vom 5. August 1957 zeigt allerdings exemplarisch dass die Freimaurer in der sowjetischen Zone bereits 1945 unerwünscht waren[7]:

> „Zum Bestehen der Freimaurerloge existiert nach den Angaben des G. keine Gruppe mehr, da die meisten verstorben sind. Giehren brachte jedoch zum Ausdruck, daß die Logentätigkeit wohl eingestellt ist, die Logen selbst aber nur ‚schlafen'. Eines Tages würden sie aber wieder da sein. [...] Giehren versuchte noch 1945 ununterbrochen die Genehmigung zur Logentätigkeit zu erhalten. Deshalb hat er sich in früheren Jahren auch an den Ministerpräsidenten gewandt. Daraufhin wurde durch die LBdVP eine Hausdurchsuchung bei Giehren durchgeführt [...]."

Immer wieder, wenn sich Freimaurermitglieder offiziell versammeln und als Vereine eintragen lassen wollten, wurde diesen Anträgen nicht entsprochen. Am 25. April 1946 erging bereits vorab eine Rundverfügung durch die Landesverwaltung Sachsen, Chef der Sächsischen Polizei[8], die folgende Reglung enthielt:

> „2 [...] Mit Rücksicht auf die zu erwartende gesetzliche Neuregelung des Vereinswesens ist Anträgen auf Neueintragungen von Vereinen bis auf weiteres nicht zu entsprechen."

Am 6. Mai 1946 teilte die sächsische Polizei den Freimaurerlogen Folgendes mit[9]:

> „Eine Wiederzulassung von Freimaurerlogen wird nicht genehmigt. Derartige Anträge an die Sowjetische Militäradministration des Bundeslandes Sachsen werden daher auch nicht weitergeleitet."

---

4 *Steffens*, a.a.O., S. 451.

5 Schreiben der Bezirksbehörde der Deutschen Volkspolizei Suhl in Meiningen vom 5.08.1957, Az.: 20 62 35/Li/No, Abteilung Erlaubniswesen an die Hauptverwaltung Deutsche Volkspolizei, Abteilung Erlaubniswesen, Berlin / unveröffentlicht.

6 *Lennhoff*, a.a.O., S. 735.

7 Schreiben der Bezirksbehörde der Deutschen Volkspolizei Suhl in Meiningen vom 5.08.1957, Az.: 20 62 35/Li/No, Abteilung Erlaubniswesen an die Hauptverwaltung Deutsche Volkspolizei, Abteilung Erlaubniswesen, Berlin / unveröffentlicht.

8 Rundverfügung der Landesverwaltung Sachsen, Chef der Sächsischen Polizei vom 25.04.1946 an die Landräte, Az.: I 2 A – 64/46/soweit bekannt unveröffentlicht.

9 *Steffens*, a.a.O., S. 450.

Am 23. Mai 1946 wiederholte die sächsische Landesverwaltung, Abt. Justiz, durch ihren Vizepräsidenten Dr. Uhle die obigen Bestimmungen durch die Rundverfügung Nr. 216 an ihre Justizbehörden der Verwaltungsbereiche.[10] Im Februar 1948 protestierte der sowjetische Vertreter in der Alliierten Kommandantur Berlin vergeblich dagegen, dass mehrere aus seiner Sicht politische Organisationen, darunter auch Freimaurerlogen im britischen und amerikanischen Sektor der Stadt Berlin, eine Vereinserlaubnis ohne sowjetische Beteiligung erhielten.[11] Die Zulassung „politischer Vereine" sollte ursprünglich in Berlin nur einheitlich durch die gemeinsame Alliierte Kommandantur erfolgen, was die Sowjets durch die Nichtbefragung verletzt sahen. Die westlichen Alliierten ignorierten mit der Zeit aber die Beteiligungspflicht der Sowjets und erteilten autark Vereinszulassungen in ihren Zonen. Auf diese Weise erhielt auch die GLL „FvD" ihre Zulassung. Im Ergebnis lässt sich feststellen, dass die Freimaurerlogen in der sowjetischen Zone und DDR[12] vereinsrechtlich nicht wieder zugelassen wurden. Es ist nicht bekannt, dass sich Freimaurerlogen geheim während der DDR-Zeit weiterhin getroffen hätten. Es bestanden allerdings bis etwa Ende der 50er-Jahre Kontakte zu Freimaurerlogen im Westen.[13]

B) Amerikanische Besatzungszone

Bevor die Freimaurerlogen sich in den westlichen Zonen reaktivieren durften, brauchten sie nach 1945 von den westlichen Alliierten eine Erlaubnis, um sich überhaupt wieder versammeln zu dürfen. Ein Versammlungsrecht gab es noch nicht und sollte erst im Grundgesetz für die Bundesrepublik verankert werden. Die Zulassungen der Freimaurerlogen erfolgten durch die Westalliierten nicht einheitlich. Auch wurden nach der NS-Zeit durch die westlichen Alliierten erst langsam wieder Versammlungsrechte und Vereinsrechte zugestanden. Zu groß waren zunächst noch die allgemeinen Vorbehalte gegenüber allen nicht öffentlichen / kontrollierbaren Versammlungen nach der NS-Zeit.[14] Deshalb

---

10 Landesverwaltung Sachsen, Justiz, Az.: IV J 3 A 60e/46/unveröffentlicht.

11 Vgl. hierzu allgemein auch *Maurer*, Staatsrecht, § 3 Rn. 5.

12 In der ehemaligen DDR kann dies seit 1990 wieder geschehen. Vgl. hierzu die Ausführungen im vierten Teil der Arbeit.

13 Vgl. das Schreiben über ein Freimaurermitglied von der Bezirksbehörde der Deutschen Volkspolizei Suhl in Meiningen vom 5.08.1957, Az.: 20 62 35/Li/No, Abteilung Erlaubniswesen an die Hauptverwaltung Deutsche Volkspolizei, Abteilung Erlaubniswesen, Berlin / unveröffentlicht.

14 Vgl. zu den politischen Zielen der Alliierten, *Benz*, Potsdam 1945, S. 137.

sollten alle ehemaligen und neuen Mitglieder der Freimaurer, wie auch bei allen anderen Organisationen und Vereine, auf eine eventuelle „NS-Vergangenheit“ überprüft werden.[15]

Die Freimaurerlogen erhofften nach dem Zusammenbruch des NS-Reiches ihre rasche Rehabilitierung, da sie sich als NS-Verfolgte verstanden und gleichzeitig in den Ländern der westlichen Alliierten einen demokratischen Ruf genossen. Die US-Freimaurer[16] gelten grundsätzlich durch Mitausarbeitung der amerikanischen Unabhängigkeitserklärung mit als deren geistige Väter, wobei dies nicht überall bekannt ist und die Freimaurer oft noch als „geheime Gesellschaft“ wahrgenommen werden. Die USA-Zone hatte in Deutschland einen „Entnazifizierungsfragebogen“ ausgearbeitet und verlangte auch von den Mitgliedern der aufgelösten Freimaurerlogen eine Überprüfung auf eine mögliche NS-Vergangenheit. Dies geschah auf Grundlage der Potsdamer Beschlüsse von 1945 und der Kontrollratsgesetze Nr. 2, 10 und 24 des gleichen Jahres.[17] Im Herbst 1946 wurde aufgrund der Kontrollratsdirektive Nr. 38 der Entnazifizierungsbogen auch auf die anderen Zonen ausgedehnt.[18] Im September 1945 reichte der Großmeister der Großloge „Zur Sonne“ (Bayreuth) gegenüber der amerikanischen Militärregierung einen Antrag auf eine „Arbeitserlaubnis und für Treffen“ in Bayern ein. Die amerikanische Militärregierung lehnte das Begehren nach drei Monaten noch ab[19]:

> „Ihr Vorschlag zur Reorganisation der Freimaurerei unter der amerikanischen Militärregierung ist in Erwägung gezogen worden. Es ist die Politik des Hauptquartiers der US-Streitkräfte in Europa, keine Zusammenkünfte geheimer Natur in der amerikanischen Zone zuzulassen. Der Freimaurerbund ist als Geheimorganisation anzusehen, deren Zusammenkünfte nicht gestattet werden können. Ihr Vorschlag wird daher abschlägig beschieden.“

Im Mai 1947 wurden schließlich Logen in Bayern wieder erlaubt, sich zu treffen. Seit dem Jahr 1948 erfolgten in Bayern auch wieder solche Genehmigungen für Mitglieder von Großlogen.[20] Sofern die Freimaurerlogen noch mit ihrem alten Namen im Grundbuch eingetragen waren, bedurfte es nach der

15 *Steffens*, Freimaurer in Deutschland, S. 430 f.

16 Abgedruckt bei *Appel*, a.a.O., S. 84.

17 Einen kurzen Überblick zur „Entnazifizierung“ verschafft: *Kroeschell*, a.a.O., S. 123 ff.

18 Vgl. zu den etwa einheitlichen Kriterien: *Steffens*, a.a.O., S. 431.

19 Zitiert nach *Steffens*, a.a.O., S. 461 f.

20 *Steffens*, a.a.O., S. 462 f.

NS-Zeit nicht der westlichen Rückerstattungsgesetze, um an ihr Grundeigentum zu gelangen[21], da sie ihr Eigentum nicht verloren hatten.

C) Britische Besatzungszone

Auch in der Britischen Zone wurden die Freimaurerlogen zunächst auf ihre NS-Vergangenheit überprüft, bevor sich die Mitglieder wieder offiziell treffen durften. *Permission cannot be given at present* lautete die am 19. Juni 1945 von der britischen Besatzungsmacht[22] erteilte ablehnende Antwort gegenüber Freimaurern auf den Antrag, sich wieder treffen zu dürfen.[23] Während dieser Zeit trafen sich Freimaurer deshalb in der Regel, wie auch in den anderen Zonen, ohne Genehmigung und unter einem anderen Namen in Gaststätten.[24] Im Oktober 1945 wurde einigen Organisationen die Versammlung wieder erlaubt, wobei hierzu die Freimaurerlogen oftmals noch nicht gehörten.[25] Bei Freimaurern wurden regelmäßig die sämtliche Mitglieder überprüft. Ablehnende Bescheide für Versammlungen gab es noch bis zum 22. Februar 1948 für die Freimaurervereine. Eine Erlaubnis für Freimaurertreffen wurde erst danach wieder erteilt, allerdings nur[26]:

> „[...] in Form eines offenen Vereins und unter *Verzicht*[27] auf jedes Ritual bzw. die Bezugnahme darauf, sowie unter Verzicht auf eine der Öffentlichkeit verborgen bleibende Tätigkeit."

Die Militärregierung erlaubte den Freimaurerlogen in Niedersachsen am 11. März 1948 ihre Vereinsversammlungen und Reaktivierung, sofern sie sich als Vereine eintragen ließen[28]:

> „Betrifft: Vereine – Freimaurerlogen
>
> 1. Unter Bezugnahme auf die Verordnung Nr. 122[29] der Militärregierung möchte ich Sie davon unterrichten, dass von nun an Freimaurerlogen unter den gleichen Bedingungen gebildet werden können wie jede andere Vereinigung.

---

21 Vgl. hierzu BGHZ 19, 67 ff.; BGHZ 16, 350.

22 Den Antrag stellte die Provinzialloge von Niedersachsen in Hamburg. Steffens, a.a.O., S. 461.

23 *Steffens*, a.a.O., S. 461.

24 Vgl. beispielsweise *Luckas*, a.a.O., S. 37.

25 Vgl. beispielsweise *Luckas*, a.a.O., S. 38.

26 *Steffens*, a.a.O., S. 461; vgl. auch *Luckas*, a.a.O., S. 39.

27 Hervorhebung durch den Verfasser.

28 Zitiert nach *Steffens*, a.a.O., S. 458.

2. Dementsprechend brauchen Freimaurerlogen künftig weder eine Sondergenehmigung der Militärregierung einzuholen, noch ist die Bildung von Großlogen verboten. Sie müssen sich jedoch nach den Bestimmungen der Verordnung Nr. 122 eintragen lassen [...]."

Bereits am 15. September 1947 wurde eine Verordnung (VO) zur Wiederherstellung aufgelöster Vereine des Zentral-Justizamtes für die Britische Zone verabschiedet[30], um den aufgelösten Vereinen, die durch den Krieg viele ihrer Mitglieder verloren hatten, eine Reaktivierung zu erleichtern.[31] Entgegen den BGB-Bestimmungen konnten sich die Vereine gemäß § 4 Abs. 1 der Verordnung nunmehr auch mit weniger Mitgliedern wieder eintragen lassen:

„Die Einberufung kann auch durch fünf Mitglieder, mit Genehmigung des Registergerichts auch durch drei Mitglieder, vorgenommen werden."

In § 1 der Verordnung hieß es weiter[32]:

„(1) Ein Verein, der in der Zeit vom 30. Januar 1933 bis zum 8. Mai 1945 auf staatliche Anordnung aus politischen, religiösen oder rassischen Gründen aufgelöst worden ist und seinen Sitz im Bereich dieser Verordnung hatte, kann bis zum 31. Dezember 1949 nach Maßgabe der folgenden Bestimmungen wieder hergestellt werden.

2. Als aufgelöst im Sinne des Abs. 1 gilt auch ein Verein, wenn er in der genannten Zeit durch Beschluß seiner Mitglieder aufgelöst worden ist und der Beschluß gefaßt wurde, um eine Auflösung durch staatliche Anordnung aus den in Abs. 1 genannten Gründen oder die Entstehung von Nachteilen für den Verein oder seiner Mitglieder aus den in Abs. 1 genannten Gründen zu vermeiden [...]."

Gemäß § 11 der Verordnung wurde der Verein nicht wieder hergestellt, wenn die Zahl der ehemaligen Vereinsmitglieder unter drei gesunken war. Wichtig für die Rechtsfähigkeit war noch § 10 der Verordnung. Dieser lautete:[33]

---

29 Anmerkung des Verfassers: Die britische Militärregierung erließ am 15.01.1948 die VO 122 über die Vereinsfreiheit. Vgl. hierzu auch, *Steffens*, a.a.O., S. 457.

30 Verordnungsblatt für die Britische Zone, Nr. 18 vom 17.09.1947 „Verordnung zur Wiederherstellung aufgelöster Vereine", S. 125 f. Die VO trat am 24.09.1947 in Kraft.

31 VO des Zentral-Justizamtes für die Britische Zone über die Wiederherstellung aufgelöster Vereine vom 15.09.1947, ZJBl 78; BGHZ 19, 51 (57).

32 Verordnungsblatt für die Britische Zone, Nr. 18 vom 17.09.1947, „Verordnung zur Wiederherstellung aufgelöster Vereine", S. 125 f.; Zitiert auch bei Steffens, a.a.O., S. 459.

33 Verordnungsblatt für die Britische Zone, Nr. 18 vom 17.09.1947, „Verordnung zur Wiederherstellung aufgelöster Vereine", S. 125 f.; zitiert auch bei *Steffens*, a.a.O., S. 459.

„Bei Vereinen, deren Rechtsfähigkeit auf Verleihung beruht, hat der Vorstand die Wiederverleihung der Rechtsfähigkeit unter Beifügung der in § 6 Abs. 2 genannten Schriftstücke bei der für die Verleihung zuständigen Behörde zu beantragen."

Der Hamburger Senat beschied mittels Bescheid vom 2. Oktober 1948:

„Auf ihren Antrag vom 13. August 1948 wird der Provinzialloge von Niedersachsen gemäß Verordnung zur Wiederherstellung aufgelöster Vereine vom 15. September 1947 die Rechtsfähigkeit wieder verliehen."[34]

D) West-Berliner Sektoren

Die Erlaubnis von Vereinsversammlungen der GLL „FvD" erfolgte durch die US-Headquarters Berlin District and Headquarters First Airbone Army, Office of Military Government, Berlin-Schöneberg im Dezember 1945.[35] Der Großloge wurde aber erst 1949 bestätigt, dass sie als reaktivierte Freimaurerloge nach den satzungsrechtlichen Vorschriften als fortbestehend gelte und ihr alle alten Rechte zuständen.[36] Im Mai und Juli 1946 wurden der GNML „3WK" und ihren Tochterlogen für den Bezirk Berlin-Schöneberg durch die amerikanische Militärpolizei Freimaurertreffen erlaubt.[37] Die GNML „3WK" wurde „in das Verzeichnis der Vereine, deren Rechtsfähigkeit auf staatlicher Verleihung beruht" eingetragen.[38] Der Berliner Polizeipräsident teilte am 27. April 1950 der Mutterloge mit, dass die GNML „3WK" samt „aller angeschlossenen Tochterlogen" die Rechte einer juristischen Person besitze, was der BGH in seiner Grundsatzentscheidung gegenüber der GNML „3WK" zitierte[39]:

„Aus dieser Bescheinigung ergibt sich – unausgesprochen – der Widerruf der Auflösung. Sie dient damit auch zum Nachweis der Kontinuität der Loge."

---

34 Zitiert nach *Steffens*, a.a.O., S. 461.

35 Vgl. hierzu den unveröffentlichten Bescheid des LARoV Greifswald vom 31.07.1997, Az.: 10/90/674A/024, S. 5 bezüglich der GLL „FvD", Az.: APO 755, US Army.

36 Vgl. hierzu den unveröffentlichten Bescheid des LARoV Greifswald vom 31.07.1997, Az.: 10/90/674A/024, S. 5 bezüglich der GLL „FvD".

37 BGHZ 19, 51 (55); vgl. auch *Goeller*, a.a.O., S. 155.

38 Die GNML 3WK" wurde im Jahr 1950 unter der Nr. Korp 19/50 GB in das Vereinsverzeichnis eingetragen, deren Rechtsfähigkeit auf staatliche Verleihung zurück geht; vgl. auch BGHZ 19, 51 ff.

39 Vgl. hierzu BGHZ 19, 51 (55 f.).

E) Französische Besatzungszone

Die Freimaurer sind als positive Gedankenträger der Französischen Revolution von 1789–1799[40] mit den Idealen Gleichheit, Brüderlichkeit und Freiheit, in Frankreich anerkannt.[41] In der französischen Zone wurden erste Freimaurerversammlungen bereits am 13. Mai 1946 genehmigt.[42] Eine Tochterloge der „Großen Loge von Hamburg“, Reutlinger Loge „Glocke am Fuße der Alb“ reaktivierte sich am 30. Juni 1946. Fortan schritten die weiteren Reaktivierungen und Zulassungen in der Französischen Zone kontinuierlich an.

40 Zu den Menschenrechten aus der französischen Verfassung vgl. *Pieroth / Schlink*, Grundrechte, § 2, Rn. 23 ff.; *Oellers*, JuS 1993, S. 799 ff.

41 *Heegner*, JZ 1956, S. 447, Anmerkung zu BGHZ 19, 51 ff.; Hintergrund des Unabhängigkeitskrieges zwischen 1775–1883 waren Zölle gegenüber den amerikanischen Kolonien. Vgl. nur *Oellers*, JuS 1993, S. 799 ff.

42 *Steffens*, a.a.O., S. 463.

6. Kapitel: Rückerstattung kraft Völkerrechts in den westlichen Besatzungszonen und der BRD

A) Rückerstattungsentwurf des US-Länderrats für alle westlichen Zonen

In der US-Zone wurde ein US-Länderrat mit Sitz in Stuttgart am 17. Oktober 1945 gegründet. 1947 kam noch das Land Bremen zur US-Zone und zum US-Länderrat dazu. Der US-Länderrat wurde föderalistisch angelegt[1] und die vier deutschen Ministerpräsidenten der US-Zone trafen sich regelmäßig bis 1949 einmal im Monat in Stuttgart, um ihre Arbeit abzustimmen und danach in ihren Ländern umzusetzen. Der US-Länderrat bestand bis zur Gründung der BRD. Die Beschlüsse des US-Länderrats hatten in der ganzen US-Zone Gültigkeit.[2] Die föderalistischen Strukturen wurden später auch im GG für die Errichtung des Bundesrates übernommen. Der US-Länderrat hatte zahlreiche Ausschüsse und Sonderausschüsse gegründet, die die Arbeit der einzelnen vier Ministerpräsidenten unterstützten und auch Aufgaben über die eigene Zonengrenze hinaus wahrnahmen, wie die Wiedergutmachung von NS-Unrecht in einem Ausschuss für Eigentumsfragen.[3] Nachdem bereits zahlreiche deutsch-amerikanische Wiedergutmachungsentwürfe der vier deutschen Ministerpräsidenten und des US-Länderrates im Alliierten Kontrollrat (AK) in Berlin gescheitert waren[4], legte die US-Zone dem AK in Berlin schließlich letztmalig am 18. Januar 1947 einen überarbeiteten deutsch-amerikanischen Wiedergutmachungsentwurf für alle westlichen Zonen vor, der fast dem späteren Rückerstattungsgesetz der US-Zone entsprach. Im AK ließ sich aber wieder keine Einigkeit über diesen Rückerstattungsentwurf erzielen. Als auch dieser Vorschlag nicht angenommen wurde, entschied sich die US-Zone dafür, ihren Rückerstattungsentwurf alleine in Kraft zu setzen, was auch so geschah. Die anderen westlichen Zonen erließen nun ebenfalls eigene Rückerstattungsgesetze. Über die US-Zonen hinaus wurde später die wirtschaftliche Bi- bzw.

1 *Erdmann*, in: Gebhardt, Handbuch der deutschen Geschichte, Band 22, S. 210.

2 *Benz*, Die Gründung der Bundesrepublik, S. 56.

3 *Schwarz*, in: Schwarz, Wiedergutmachung, Band 1, S. 25. Vgl. hierzu auch schon die oben gemachten Ausführungen zur Beschlagnahme von Vermögensobjekten.

4 Vgl. hierzu *Schwarz*, in: Schwarz, Wiedergutmachung, Band 1, S. 31 ff.

Trizone mit Großbritannien und Frankreich gegründet, die bis zur Gründung der BRD Bestand hatte.

B) Rückerstattungsgesetz in der amerikanischen Besatzungszone

Wie aufgezeigt wurde, blieb das NS-Recht größtenteils nach 1945 bestehen, so dass es der Rückerstattungsgesetze der Alliierten zugunsten der NS-Opfer für eine Wiedergutmachung bedurfte. Das REG trat als US-Rückerstattungsgesetz zeitgleich mit dem französischen Rückerstattungsgesetz vor dem britischen und dem Berliner Sektoren-Rückerstattungsgesetz in Kraft. Die Rückerstattungsgesetze gingen als Völkerrecht dem BGB vor und stellen verbindliches Recht dar. Das Gesetz Nr. 59 der amerikanischen Militärregierung vom 10. November 1947[5] zur *„Rückerstattung feststellbarer Vermögensgegenstände"*(REG) gliedert sich in 16 Teilabschnitte mit 95 Artikeln und diente dem britischen sowie dem Berliner Zonengesetz als Vorbild, so dass dieses Gesetz etwas ausführlicher dargestellt wird. Das US-Rückerstattungsgesetz galt gemäß Art. 95 REG für die gesamte US-Zone[6] und ihre NS-Opfer bzw. ihre Rechtsnachfolger, die ihre Vermögenswerte z.B. wegen politischer oder weltanschaulicher Verfolgung während der Zeit vom 30. Januar 1933 bis 8. Mai 1945 in Deutschland entzogen bekamen.[7]

Im zweiten Teilabschnitt des REG, Art. 2 bis 6, wurden die ungerechtfertigten Entziehungsarten des NS-Regimes normiert.[8] Es gab nach Zeiträumen gestaffelt eine Entziehungsvermutung zugunsten der NS-Opfer bei Verkäufen während der NS-Zeit. Im dritten Abschnitt, Art. 7 bis 17 REG, geht es um die sog. allgemeinen Bestimmungen des Rückerstattungsgesetzes, also wer z.B. nach dem REG unter welchen Voraussetzungen anspruchsberechtigt ist.[9] Unter die möglichen NS-Verfolgten fielen auch verfolgte juristische Personen,

5 Gesetz Nr. 59 (REG) der Militärregierung Deutschland – Amerikanisches Kontrollgebiet – Rückerstattung feststellbarer Vermögensgegenstände vom 10.11.1947, ABl der Militärregierung Deutschland-Amerikanisches Kontrollgebiet – Ausgabe G, S. 1.

6 Vgl. zum REG z.B. Goetze, Die Rückerstattung in Westdeutschland und Berlin, S. 12 ff.; *Schmoller*, Handbuch des Besatzungsrechts, Band 2, § 53, S. 19 ff.

7 *Kimme*, in: Kimme / u.a., Offene Vermögensfragen, § 1 VermG, Rn. 276; *Biella*, in: Schwarz, Wiedergutmachung, Band 2, S. 74 (75).

8 Vgl. auch BVerwG, VIZ 1993, S. 74; *Wasmuth*, in: RVI, § 1 VermG, Rn. 18 f.; *Neuhaus*, in: Fieberg / Reichenbach / u.a., Kommentar zum VermG, § 1 VermG, Rn. 154.

9 *Goetze*, Die Rückerstattung in Westdeutschland und Berlin, S. 133.

also auch die Freimaurerlogen. Grundsätzlich gab es in den Rückerstattungsgesetzen keine Legaldefinitionen zu den einzelnen Begriffen, wie der politischen oder weltanschaulichen NS-Verfolgung, die z.B. auch für die Freimaurerlogen eine Rolle spielten, so dass diese Auslegungen den Wiedergutmachungsämtern sowie den Gerichten überlassen blieb, was später noch beim VermG unter den NS-Verfolgungsgründen aufgezeigt wird.[10]

Gemäß Art. 1 Abs. 2 REG war der Wiedergutmachungsanspruch grundsätzlich ein Naturalanspruch auf Herausgabe der entzogenen Sache. Die NS-Entziehung wurde nach dem US-Rückerstattungsgesetz als nichtig angesehen. Eine gutgläubige Erwerbsmöglichkeit aus dem BGB wurde hierzu grundsätzlich ausgeschlossen, Art. 15 REG.[11] Der nach dem REG Verurteilte hatte den Besitz im Sinne des § 985 BGB an den NS-Verfolgten gemäß Art. 14, 15 REG mit ex tunc-Wirkung herauszugeben.

Ausnahmen zur Rückgabe normierten z.B. die Ersatzansprüche nach den Art. 16, 29, 30, 47 REG. Der NS-Geschädigte konnte sich im Fall des Zwangsverkaufs auch gemäß Art. 16 REG für eine Nachzahlung des damals tatsächlich angemessenen Kaufpreises i.S.v. Art. 3 Abs. 3 REG abzüglich des erhaltenen Geldes entscheiden.[12]

Im vierten Abschnitt des REG, Art. 18 bis 28 wurde der Ausschluss der Rückerstattung geregelt. Sofern der entzogene Gegenstand noch einem öffentlichen Zweck wie z.B. einer Schule i.S.d. Art. 18 REG diente oder der entzogene Gegenstand nach der Entziehung wesentlich baulich verändert und wertvoller wurde, war nach Art. 26 REG statt der Rückgabe eine Entschädigung zugunsten des NS-Opfers zu zahlen. Im fünften Abschnitt ging es bis Art. 36 REG u.a. um die Nebenansprüche der NS-Verfolgten z.B. gegenüber einem früheren Inhaber. Der sechste Abschnitt mit den Art. 37 bis 43 REG regelte den Fortbestand von Rechten und die Haftung für Verbindlichkeiten zum Zeitpunkt der NS-Entziehung, wenn es zu einer Wiedergutmachung kam. Der siebte Abschnitt betraf in den Art. 38 bis 48 REG die Ansprüche des Rückerstattungspflichtigen auf Rückgewähr und Ausgleich. Der achte Abschnitt in den Art. 49 bis 54 REG regelte die allgemeinen Verfahrensvorschriften. Der neunte Abschnitt regelte das Anmeldeverfahren der Anspruchsbegehrenden, Art. 55 bis 65 REG, und der zehnte Abschnitt das

---

10 9. Kapitel, II. B).

11 *Biella*, in: Schwarz, Wiedergutmachung, Band 2, S. 74 f.; *Schwarz*, Rückerstattung und Entschädigung, S. 36.

12 Vgl. hierzu CoRA, RzW 1952, S. 34.

gerichtliche Verfahren in den Art. 66 bis 69 REG. Gemäß Art. 56 Abs. 1 REG i.V.m. Art. 58 REG mussten die vermeintlich Berechtigten ihre Ansprüche für die US-Zone in der Zeit vom 10. November 1947 bis zum 31. Dezember 1948[13] beim Zentralanmeldeamt in Bad Nauheim anmelden. Vom Zentralanmeldeamt wurden die Ansprüche gemäß Art. 55 Abs. 2 REG und Art. 59 REG an die örtlich zuständige Wiedergutmachungsbehörde geleitet und dort auf Schlüssigkeit überprüft. Gleichzeitig wurden die tatsächlichen und rechtlichen Fragen dort geprüft und bei Konflikten versucht, eine Einigung zwischen den Parteien herbeizuführen, um die Verfahren möglichst zu beschleunigen. Die Wiedergutmachungsbehörde schrieb zunächst die Gegenseite durch förmliche Zustellung gemäß Art. 61 Abs. 1, 62 REG an und gab ihr innerhalb einer Frist von zwei Monaten die Möglichkeit zur Einlegung eines Widerspruchs. Sofern kein Widerspruch eingelegt wurde und keine anderweitigen Dokumente dagegen sprachen, wurde dem Wiedergutmachungsantrag entsprochen. Bei fristgerechtem Zugang eines Widerspruchs erhielt der Anspruchssteller die Möglichkeit, hierzu wiederum Stellung zu beziehen. Sofern er keine hinreichende Stellung bezog, konnte sein Wiedergutmachungsantrag als unbegründet nach Art. 62 Abs. 2 REG zurückgewiesen werden. Um den Beteiligten eine gerichtliche Auseinandersetzung zu ersparen und die zuständigen Wiedergutmachungskammern bei den Landgerichten zu entlasten, war es nach Art. 63 Abs. 3 REG immer möglich, dass sich die Parteien gütlich einigten. Grundsätzlich richteten sich die Verfahrensvorschriften nach dem FGG. Die BGB- und ZPO- Bestimmungen blieben neben dem REG anwendbar. Gemäß Art. 60 REG waren die Wiedergutmachungsbehörden beim zuständigen Landgericht ausschließlich zuständig. Gegen eine Entscheidung der Wiedergutmachungsbehörde konnte unter den Voraussetzungen des Art. 64 REG von jeder Partei Einspruch gegenüber der Wiedergutmachungsbehörde eingelegt werden. Die Einspruchsentscheidung der Wiedergutmachungsbehörde konnte wiederum mit der sofortigen Beschwerde angegriffen werden. Art. 65 REG eröffnete die Möglichkeit der Zwangsvollstreckung aus den rechtskräftigen Vereinbarungen bzw. Beschlüssen der Wiedergutmachungsbehörde nach den Vorschriften der ZPO, wobei die Behörde auch Vollstreckungsorgan war. Konnte eine Einigung vor der Wiedergutmachungsbehörde nicht erzielt werden, konnte auf Antrag der Parteien das streitige Verfahren zu den zuständigen Wiedergutmachungskammern (WK) bei den zuständigen LG verwiesen werden. Gemäß Art. 66 S. 4 REG musste einer der drei Richter der WK selbst aus *„dem Kreise*

13 Vgl. hierzu Goschler, Wiedergutmachung, S. 173; *Schwarz*, in: Schwarz, Wiedergutmachung, Band 1, S. 78; *Goetze*, a.a.O., S. 293; *Dietsche*, in: Kimme / u.a., Offene Vermögensfragen, § 1 VermG, Rn. 276.

der aus den Gründen des Art. 1 Verfolgten" stammen. Die WK entschied nach Art. 68 Abs. 1 S. 1 REG durch Beschluss. Der Beschluss war mit Gründen zu versehen. Der Beschluss der WK konnte gemäß Art. 68 Abs. 2 REG innerhalb eines Monats mittels der sofortigen Beschwerde beim Zivilsenat des zuständigen OLG angegriffen werden. Gerügt werden konnten grundsätzlich nur Rechtsverletzungen. Es durften folglich keine neuen Tatsachen eingeführt werden, außer wenn die WK den Sachverhalt nicht hinreichend aufgeklärt hatte. Die US-Kontrollmacht schuf nach Art. 69 REG ein eigenes Rückerstattungsberufungsgericht, Board of Review (BoR), bzw. Ende 1949 den Court of Restitution Appeals (CoRA) mit Sitz in Nürnberg, um NS-Opfern die Möglichkeit zu geben, die Urteile der deutschen Gerichte trotz Rechtskraft in Einzelfällen nochmals überprüfen zu lassen, Art. 69 REG i.V.m. Art. 92 REG. Besetzt war dieses Gericht mit vier amerikanischen Juristen. Das Gericht war in der Lage, sowohl in tatsächlicher als auch in rechtlicher Hinsicht wieder in die Prüfung einzusteigen. Insbesondere konnte dies für die Beweiswürdigung, die ordnungsgemäße Ermessensausübung oder das mögliche Vorliegen einer Befangenheit einer Kammer gelten. Ergänzend wurden die Vorschriften über das Verfahren der freiwilligen Gerichtsbarkeit (FGG)[14] angewendet. Jede alliierte Zone richtete ein oberstes Alliiertengericht ein und übte völkerrechtliche Gewalt aus, so dass nach allgemeiner Auffassung und der Ansicht des BVerfG[15] gegen Urteile der Alliiertengerichte anders als nach den Urteilen deutscher Gerichte auf der Grundlage des VermG auch keine Verfassungsbeschwerde möglich war.

Die letzten Abschnitte des REG betrafen: 11. Abschnitt: Besondere Vorschriften, 12. Abschnitt: Kostenbestimmungen, 13. Abschnitt: Strafbestimmungen, 14. Abschnitt: Wiederherstellung von Erbrechten und Kindesannahmeverhältnissen, 15. Abschnitt: Wiederherstellung von Firmen und 16. Abschnitt Schlussbestimmungen. Die letzten Abschnitte spielten für die Freimaurerlogen bis auf die Kostenreglung grundsätzlich keine Rolle.

---

14 *Schwarz*, in: Schwarz, Wiedergutmachung, Band 1, S. 270; vgl. hierzu *Graf*, Rückgabe von Vermögenswerten an Verfolgte des nationalsozialistischen Regimes im Beitrittsgebiet, S. 29; *v. Holstein*, MDR 1949, S. 342 ff.

15 BVerfGE 6, 15.

C) Rückerstattungsgesetz in der französischen Besatzungszone

Die widerrechtlichen Entziehungen gegenüber NS-Opfern sollten in der französischen Zone und im Saarland[16] ebenfalls rückgängig gemacht werden.[17] Die französische Militärregierung[18] erließ zeitgleich mit den USA am 10. November 1947 ihr Rückerstattungsgesetz für NS-Opfer, die Verordnung Nr. 120[19], mit der deutschen Übersetzung „*Rückerstattung geraubter Vermögensobjekte*". Auch wenn das Rückerstattungsgesetz den Namen einer Verordnung trägt, so handelt es sich hierbei ebenfalls um ein völkerrechtliches Rückerstattungsgesetz. Die Verordnung Nr. 120 war ebenfalls zivilrechtlich geprägt und ging dem BGB und anderen deutschen Normen vor. Das Gesetz gliederte sich in nur sechs Abschnitte mit 22 Artikeln. Elf Artikel (Art. 1–11) bezogen sich nur auf das materielle Recht in zwei Abschnitten. Ergänzend wurde auf das BGB und die ZPO verwiesen. Die Verordnung Nr. 120 unterschied sich von den anderen Rückerstattungsgesetzen grundlegend[20], da sie völlig ohne deutsche Beteiligung entstanden war und an den französischen Code civil angelehnt wurde.[21] Die Verordnung Nr. 120 wurde in französischer Sprache verfasst, war nach französischem Recht auszulegen und der französische Wortlaut war im Zweifel maßgebend[22], was öfters zu Problemen führte, da das BGB in der Systematik oftmals grundlegend vom Code civil abweicht. Gemäß Art. 1 bis 3 Verordnung Nr. 120 waren alle NS-Entziehungsmaßnahmen[23] nichtig, wenn sie aus NS-Verfolgungsgründen veranlasst wurden. Im dritten Abschnitt der Verordnung wurde das Verfahren in den Art. 12–18 geregelt. Es

---

16 Das Saarland war vom 12.02.1946 bis zum 31.12.1956 autonom. Hier galt die VO Nr. 120 nach Maßgabe des saarländischen Ausführungsgesetzes. Vgl. hierzu das Gesetz zur Ausführung der VO Nr. 120 vom 30.06.1949, ABl des Saarlandes, S. 688, zuletzt geändert durch das Gesetz vom 7.07.1953, ABl des Saarlandes, S. 428.

17 Schwarz, in: Schwarz, Wiedergutmachung, Band 1, S. 293; *Goschler*, Wiedergutmachung, S. 188.

18 Vgl. hierzu ausführlich z.B. *Goschler*, Wiedergutmachung, S. 188.

19 VO Nr. 120 der Militärregierung Deutschland – Französisches Kontrollgebiet – über die Rückerstattung geraubter Vermögensobjekte (VO Nr. 120) vom 10.11.1947, ABl des französischen Oberkommandos in Deutschland – Journal Officiel – 1947, Nr. 119, S. 1219. Die VO Nr. 120 wurde fünfmal geändert.

20 *Heiland*, NJW 1949, S. 938 f.; *Hachenburg*, NJW 1947/48, S. 321 ff.

21 Vgl. zur französischen Rückerstattung z.B. *Rotberg*, Die Rückerstattung entzogener Vermögensgegenstände; Goetze, a.a.O.

22 Schwarz, in: Schwarz, Wiedergutmachung, Band 1, S. 290 f.; Vgl. auch Rotberg, a.a.O., S. 13.

23 Zu diesem Begriff ausführlich: *Goetze*, a.a.O., S. 407.

wurde anders als in den anderen westlichen drei Zonen kein außergerichtliches Verfahren mehr vorgeschaltet. Die Wiedergutmachungsverfahren mussten nach Art. 13 Verordnung Nr. 120 binnen 18 Monaten seit der Veröffentlichung der Verordnung eingeleitet werden, wobei es sich hierbei um keine Ausschlussfrist handelte. Die NS-Verfolgten mussten zur Durchsetzung ihrer Rückübertragungsansprüche Klage auf Feststellung der Nichtigkeit der Entziehungen bei den jeweils zuständigen Restitutionskammern der einzelnen LG erheben, Art. 5 und 12.[24] Wenn die Nichtigkeit der Entziehungen ausgesprochen wurde, erhielten die NS-Verfolgten i.S.d. Art. 5 Verordnung Nr. 120 den Vermögenswert zurück. Ein Schadensersatzanspruch war nach diesem Gesetz, anders als bei dem US-REG, nicht vorgesehen[25]. Gemäß Art. 15 Verordnung Nr. 120 bestand abweichend von der ZPO vor den LG der Wiedergutmachungskammern kein Anwaltszwang. Gegen Endurteile oder Beschlüsse konnte nach Art. 16 Verordnung Nr. 120 die Beschwerde bei dem zuständigen OLG eingeleitet werden. Gegen die Beschlüsse des OLG war die Revision zum Cour Supérieure pour les Restitutions (CSR) in Rastatt zulässig, der im Dezember 1950 errichtet wurde. Dieses oberste Gericht war ein Alliierten-Gericht[26] und mit drei französischen sowie zwei deutschen Richtern besetzt.[27] Gemäß dem vierten Abschnitt des Gesetzes und Art. 19 Verordnung Nr. 120 konnten die Restitutionskammern außergerichtliche Vergleiche genehmigen. Das Verfahren war gerichtskostenfrei, wie sich aus Art. 20 Verordnung Nr. 120 aus dem fünften Abschnitt des Gesetzes ergibt. Im Ergebnis zu den anderen westlichen Wiedergutmachungsgesetzen wurden über die Verordnung Nr. 120 ähnliche Gerichtsergebnisse erzielt.

D) Rückerstattungsgesetz in der britischen Besatzungszone

Die britische Besatzungszone[28] erließ ca. eineinhalb Jahre später als die amerikanische und französische Zone am 12. Mai 1949, also noch vor Gründung der BRD das Rückerstattungsgesetz Nr. 59 zur „Rückerstattung feststellbarer

---

24 *Goetze*, NJW 1949, S. 574 f.

25 *Schwarz*, Rückerstattung und Entschädigung, S. 37.

26 Das CSR VO Nr. 252 des Hohen Kommissars der Französischen Republik für Deutschland vom 8.09.1950, ABl der Alliierten Hohen Kommission in Deutschland, S. 603; VO Nr. 281 des Hohen Kommissars der Französischen Republik für Deutschland vom 26.09.1953, ABl der Alliierten Hohen Kommission, S. 2699.

27 *Kimme*, in: Kimme / u.a., Offene Vermögensfragen, § 1 VermG, Rn. 279, 11.

28 Vgl. hierzu ausführlich *Wogersien*, Die Rückerstattung von ungerechtfertigt entzogenen Vermögensgegenständen, S. 11.

Vermögensgegenstände an Opfer der nationalsozialistischen Unterdrückungsmaßnahmen“ (BrREG)[29] für die Länder Hamburg, Niedersachsen, Nordrhein-Westfalen und Schleswig-Holstein. Das BrREG wurde wie das amerikanische Gesetz Nr. 59 benannt und entsprach auch weitgehend inhaltlich dem zivilrechtlich angelegten amerikanischen Rückerstattungsgesetz[30], weshalb nur kurz auf das Gesetz eingegangen zu werden braucht. Das britische Rückererstattungsgesetz untergliederte sich in 16 Abschnitte mit 81 Artikeln, die ebenfalls dazu dienten den NS-Opfern ihre verfolgungsbedingten entzogenen Vermögenswerte zurückzuübertragen, und ging dem BGB vor. Die Rückerstattungsansprüche mussten gemäß Art. 47, 48 BrREG[31] bis zum 31. Dezember 1949 beim Zentralanmeldeamt in Bad Nenndorf, Niedersachsen, angemeldet worden sein, vgl. neunter Abschnitt des Gesetzes.[32] Von dort aus wurden die Verfahren gemäß Art. 51 Abs. 1 BrREG an die örtlich zuständigen Wiedergutmachungsbehörden weitergeleitet. Die nach Art. 1 BrREG entzogenen Vermögenswerte wurden, sofern noch nicht geschehen, gemäß Gesetz Nr. 52 gesperrt. Gemäß Art. 25 BrREG gewährte dieses Gesetz auch die Möglichkeit einer Entschädigung, falls die Naturalrestitution nicht möglich war. Gemäß Art. 74 BrREG i.V.m. Art. 71 und Art. 1 BrREG konnte der frühere Vereinsname bzw. Stiftungsname des reaktivierten Vereins oder seines Rechtsnachfolgers auf Antrag wie in den anderen Zonen wieder angenommen werden.[33] Im zehnten Abschnitt wurde das gerichtliche Verfahren geregelt, dass sich grundsätzlich nach den Bestimmungen des FGG vollzog. In den gerichtlichen Verfahrensvorschriften bestimmte Art. 58 BrREG z.B. die Besonderheit, dass der Wiedergutmachungskammer beim LG kein NS-Opfer als Richter angehören musste, wie dies aber in dem REG vorgeschrieben war. Gemäß Art. 59 BrBEG wurden bei den Landgerichten ebenfalls Wiedergutmachungskammern eingerichtet. Die Wiedergutmachungskammern mussten eine mündliche Verhandlung anberaumen, die öffentlich war. Gemäß Art. 60 BrREG konnten gegen die Beschlüsse der Wiedergutmachungskammern Beschwerde zum OLG erhoben werden. Im zehnten Abschnitts des Gesetzes

---

29 *Schwarz*, in: Schwarz, Wiedergutmachung, Band 1, S. 64; *Wogersien*, Die Rückerstattung von ungerechtfertigt entzogenen Vermögensgegenständen.

30 *Wogersien*, a.a.O., S. 11; *Schwarz*, in: Schwarz, Wiedergutmachung, Band 1, S. 65; *Goetze*, a.a.O., S. 338 ff.

31 In Verbindung mit der Allgemeinen Verfügung Nr. 10 vom 20. Oktober 1947, Sperre und Kontrolle von Vermögen, VOBl für die Britische Zone, Nr. 23, S. 145 f.

32 *Dietsche*, in: Kimme / u.a., Offene Vermögensfragen, § 1 VermG, Rn. 277; *Goetze*, a.a.O., S. 15 f., S. 377 ff.

33 Vgl. hierzu auch CoRA, RzW 1953, S. 164.

wurde in Art. 61 BrREG bestimmt, dass ein oberstes britisches Militärgericht als Board of Review mit Sitz in Herford errichtet wurde, wodurch alle Entscheidungen auf Grundlage dieses Gesetzes in tatsächlicher und rechtlicher Hinsicht von den Briten überprüft und abgeändert werden konnten.[34] Das Herforder Gericht wurde mit drei britischen Richtern besetzt. 1954 wurde aufgrund des Deutschlandvertrags der „Supreme Restitution Court" (SRC) als oberstes britisches Alliierten-Gericht gegründet, dem nunmehr auch zwei deutsche Richter angehörten. Am 15. Dezember 1955 entstand auf Grundlage des Art. 6 des dritten Teils des Vertrags zur Regelung aus Krieg und Besatzung entstandener Fragen[35] aus diesem Gericht das „Oberste Rückerstattungsgericht" (ORG) in Herford für die drei westlichen Wiedergutmachungszonen mit Ausnahme der Berliner Zone. Erst nach der Wiedervereinigung wurde im Dezember 1990 das ORG aufgelöst und die Zuständigkeit auf den BGH übertragen.[36] Gemäß Art. 77 BrREG wurden auf die Vermögenswerte der Rückerstattung wie in den anderen Rückerstattungsgesetzen keine Steuern erhoben.[37]

E) Rückerstattungsgesetz für die West-Berliner Sektoren

Für das Gebiet der drei westlichen Sektoren Berlins wurde erst nach Gründung der BRD und noch vor Verabschiedung des Deutschlandvertrags die Anordnung BK/O (49) 180 vom 26. Juli 1949 der Alliierten Kommandantur in Berlin zur *Rückerstattung feststellbarer Vermögensgegenstände an Opfer der nationalsozialistischen Unterdrückungsmaßnahmen* (REAOBln)[38] erlassen. Die drei westlichen Besatzungsmächte hatten sich vorher nicht auf einen gemeinsamen Vertragstext einigen können. Das Rückerstattungsgesetz hatte 83 Artikel und gliederte sich in 17 Teilabschnitte. Die REAOBln hat ebenfalls die Rückerstattung bzw. Entschädigung der widerrechtlich während der NS-Zeit entzogenen Vermögenswerte zugunsten der NS-Opfer zum Ziel. Die

---

34 6 Durchführungsverordnung zum BrREG vom 21.04.1950, ABl AHK 1950 Nr. 19, S. 292 f.; 6 Durchführungsverordnung zum BrREG vom 19.12.1951.

35 BGBl 1955 II, S. 423 ff.

36 Gesetz zur Überleitung der Zuständigkeiten der Obersten Rückerstattungsgerichte auf den BGH vom 17.12.1990, BGBl I, S. 2862.

37 Vgl. hierzu im Einzelnen z.B. *Goetze*, a.a.O., S. 395 ff.

38 Anordnung der Alliierten Kommandantur betrifft Rückerstattung feststellbarer Vermögensgegenstände an Opfer der nationalsozialistischen Unterdrückungsmaßnahmen (REAOBln) vom 26.07.1949, BK/O (49) 180, VOBl. für Groß-Berlin 1949 Teil 1, S. 221 ff.

REAOBln entspricht weitgehend dem BrREG bzw. dem REG, so dass die ähnlichen Bestimmungen an dieser Stelle nicht wiederholt werden sollen. Das VermG nimmt allerdings ausdrücklich Bezug auf die Beweiserleichterung beim Zwangsverkauf nach Art. 3 REAOBln, was später noch beim VermG aufgezeigt wird. Die Rückerstattungsansprüche nach der REAOBln mussten grundsätzlich bis zum 30. Juni 1950 bei dem Treuhänder der amerikanischen, britischen oder französischen Militärregierung gemäß Art. 50 REAOBln in Berlin angemeldet worden sein. Gemäß Art. 63 REAOBln wurde am 25. April 1953 ein Oberstes Rückerstattungsgericht (ORG) in West-Berlin (Boards of Review) eingerichtet[39], was den NS-Opfern ebenfalls die Möglichkeit der Überprüfung der deutschen Wiedergutmachungsrechtsprechung durch ein internationales Alliiertengericht ermöglichte.

F) Ergebnis

Durch die westlichen Rückerstattungsgesetze schufen die Alliierten neues Völkerrecht in Deutschland und erreichten dadurch eine Wiedergutmachung von NS-Unrecht zugunsten der Freimaurerlogen in Westdeutschland. Die meisten Freimaurerlogen haben ihre Liegenschaften durch die Rückerstattungsgesetze zurück erhalten.

39 Gesetz Nr. 25 der Alliierten Kommandantur Berlin vom 25.04.1953; *Dietsche*, in: Kimme / u.a., offene Vermögensfragen, § 1 VermG, Rn. 278.

7. Kapitel: Ergänzungen zu den westlichen Rückerstattungsgesetzen nach Gründung der BRD

A) Fortsetzung der Wiedergutmachung nach Gründung der Bundesrepublik

West-Deutschland wurde von den westlichen Alliierten mit der Gründung der Bundesrepublik verpflichtet, die Rückerstattungsgesetze zugunsten von NS-Opfern konsequent fortzusetzen und darüber hinaus weitere Entschädigungsansprüche einzuführen.[1] Die westlichen Alliierten überreichten hierzu am 21. September 1949 Bundeskanzler Konrad Adenauer, der am 15. September 1949 zum ersten deutschen Bundeskanzler gewählt wurde, am Tag, als auch das Grundgesetz in Kraft trat, auf dem Petersberg bei Bonn das am 12 Mai 1949 verkündete völkerrechtliche Besatzungsstatut.[2] Das völkerrechtliche Besatzungsstatut stand über dem GG und enthielt die Rechte der westlichen Alliierten über die Bundesrepublik.[3] Die sehr umfassenden Alliierten-Rechte wurden bereits zuvor im Statut der Charta vom 20. Juni 1949[4] in Verbindung mit der Berlin-Deklaration vom 5. Juli 1945 definiert und legten die Grundsteine zur Wiedergutmachung von NS-Unrecht fest.[5] Die Alliierte Hohe Kommission wurde als neue völkerrechtliche Behörde gegründet, um die BRD zu regieren und auch die Wiedergutmachung von NS-Unrecht weiter zu überwachen und durchzusetzen.[6] Am 20. September 1949 nahm die Bundesre-

---

1 *v. Münch*, Dokumente des geteilten Deutschlands, Band 1, S. 71 ff.; *Herbst*, a.a.O., S. 60. Einige Staatsrechtler sehen mit Inkrafttretens des GG am 23. Mai bzw. 24. Mai 1949 bereits die Konstituierung der BRD an, wohingegen andere erst den 20. September 1949 als Gründungsdatum der BRD ansehen, als die Bundesregierung ihre Arbeit aufnahm.

2 Das Besatzungsstatut befindet im Haus der Geschichte der BRD in Bonn. Die deutsche Teilung wurde im zunehmenden Ost-West-Konflikt in Kauf genommen. Vgl. hierzu: *Birke*, Nation ohne Haus, S. 181 f.

3 *Rossmann*, FAZ, 23.09.1999, S. 51.

4 VOB für die britische Zone 1949, S. 403; *v. Münch*, Dokumente des geteilten Deutschlands, Band 1 S. 74 ff.; *Herbst*, a.a.O., S. 61; *Huber*, Quellen zum Staatsrecht, Band 2, S. 583; *Maurer*, Staatsrecht, § 3, Rn. 36.

5 Vgl. 3. Kapitel.

6 *v. Münch*, Dokumente des geteilten Deutschlands, Band 1, S. 19 ff.; *Herbst*, a.a.O., S. 60.

gierung ihre Arbeit in der neuen Bundeshauptstadt Bonn auf, wodurch die BRD handlungsfähig wurde.[7] Das völkerrechtliche Besatzungsstatut delegierte zunächst nur einen kleinen Teil politischer Kompetenz mit der Möglichkeit des Widerrufs (sog. Besatzungsvorbehalte) an die Deutschen zurück. Wegen der wachsenden Ost-West-Spannungen[8] wurde aber Westdeutschland zunehmend tiefer in das westeuropäische System integriert und dort anerkannt.[9] Nach dem Schuman-Plan wurde die BRD mit in die Hohe Behörde der Europäischen Gemeinschaft für Kohle und Stahl (EGKS)[10] eingebunden. Die BRD konnte die westlichen Alliierten mit der Zeit zunehmend davon überzeugen, ihr weiter zu vertrauen und wieder mehr Souveränität auf sie zu übertragen, wodurch das Besatzungsstatut im Laufe der Jahre immer mehr an Bedeutung verlieren sollte. Auf dem Weg dorthin sollte zunächst ein Deutschlandvertrag unterzeichnet werden, der aber auch die Wiedergutmachungsverpflichtungen der Deutschen gegenüber den NS-Opfern festschreiben sollte.[11] Dem Deutschlandvertrag[12] wurde hierzu ein sog. Überleitungsvertrag[13] beigefügt. Im Überleitungsvertrag verpflichtete sich die BRD u.a. dazu, die Rückerstattungsgesetze der westlichen Alliierten weiter anzuwenden und darüber hinaus weitere Wiedergutmachungsverpflichtungen einzugehen, die durch die Rückerstattungsgesetze nicht abgedeckt waren. Der deutsche Gesetzgeber sollte nicht berechtigt sein, die Wiedergutmachungsvorschriften zum Nachteil der NS-Verfolgten zu ändern.[14] Adenauer unterzeichnete am 26. Mai 1952 den Deutschlandvertrag[15], der aber noch nicht in Kraft trat.

---

7 *Maurer*, Staatsrecht I, S. 86 ff.

8 Vgl. hierzu *Niehuss* und *Lindner*, Besatzungszeit, Bundesrepublik und DDR: 1945–1969, S. 218; *Oppermann*, Europarecht, § 2 II, 1,S. 9 ff.

9 Vgl. *v. Krockow*, Churchill Biographie, S. 284 f.

10 *Busse*, Die völkerrechtliche Einordnung der Europäischen Union, S. 16.

11 *Küster*, NJW 1955, S. 1217 f.

12 Teil III, Art. 4 Abs. 1 des Vertrages zur Regelung aus Krieg und Besatzung entstandener Fragen (Überleitungsvertrag) vom 26.05.1952 i. d. F. vom 23.10.1954, BGBl 1955 II, S. 405 (422). Der Überleitungsvertrag ist eine Ergänzung zum Deutschlandvertrag. Zum Deutschlandvertrag 7. Kapitel, C).

13 Vgl. hierzu Goschler, Wiedergutmachung, S. 248.

14 Blessin / Wilden, BRüG, Einl. Rn. 38 f.; *Biella*, in: Schwarz, Wiedergutmachung, Band 2, S. 78 ff.; *Frowein*, Der Versuch der Wiedergutmachung der deutschen NS-Verbrechen, S. 98, in: Der Staat des Grundgesetzes, Festschrift für Peter Badura.

15 Der Deutschlandvertrag wurde nach kontroversen Diskussionen 1953 im Bundestag ratifiziert. Vgl. hierzu ausführlich, *Hans-Peter Schwarz*, Adenauer, Band 2, S. 34 ff.; *Niehuss* und *Lindner*, Besatzungszeit, Bundesrepublik und DDR: 1945–1969, S. 222.

B) Das Bundesentschädigungsgesetz

Das Bundesentschädigungsgesetz (BEG) trat vor Inkraftsetzung des Deutschlandvertrages im Jahr 1953 mit dem vorläufigen Namen „Bundesergänzungsgesetz" in Kraft und normierte spezialgesetzlich einen staatshaftungsrechtlichen Entschädigungsanspruch für NS-Opfer gegenüber dem deutschen Staat oder das betreffende Bundesland, in dem NS-Entziehungen stattgefunden hatten, §§ 51, 53 BEG.[16] Das BEG war das erste bundeseinheitliche Entschädigungsgesetz zur Wiedergutmachung von NS-Unrecht, das z.B. gemäß § 228 BEG das Entschädigungsgesetz der US-Zone (US-EG) aus dem Jahre 1949[17] ersetzte. Das BEG wurde am 18. September 1953 verkündet und trat zum 1. Oktober 1953 in Kraft.[18] Gemäß § 4 BEG galt das BEG grundsätzlich nur für Entziehungen auf dem Gebiet der alten BRD und West-Berlin. Das BEG gilt auch noch heute und hat beispielsweise noch für Rentenzahlungen an NS-Opfer eine praktische Relevanz. Bei der Bestimmung der Entschädigungszahlungen wurde der Wiederbeschaffungswert zum Zeitpunkt der festgestellten NS-Schädigung zugrunde gelegt, unter Abzug des noch damaligen Zeitwertes.[19] Das BEG ging den Vorschriften des BGB vor und gewährte einen Entgeltanspruch für NS-Eigentumsentziehungen wie auch NS-Zerstörungen und NS-Plünderungen.[20] NS-Plünderungen sowie der Entzug von Inventargegenständen, die auch gegenüber Freimaurerlogen stattgefunden haben, wurden z.B. nach § 51 BEG entschädigt.[21] Das BEG gilt allgemein als ein kompliziertes Gesetz. Am 29. Juni 1956[22] wurde durch das Bundesgesetz zur Entschädigung für Opfer nationalsozialistischer Verfolgung (BEG)[23] das Bundesergänzungsgesetz in Bundesentschädigungsgesetz umbenannt und auf über 241 Paragraphen in zehn Abschnitten erweitert. Es trat zum 1. Oktober 1953 rückwirkend in Kraft. Das BEG wurde nochmals durch das BEG-

---

16 Vgl. auch *Lehmann-Richter*, Wiedergutmachung, S. 34 ff.

17 Gesetz zur Wiedergutmachung des NS-Unrechts vom 26.04.1949, das in den einzelnen US-Ländern zu unterschiedlichen Zeiten in Kraft gesetzt und von Berlin und der französischen Zone inhaltlich übernommen wurde.

18 BErgG, BGBl 1953 I, S. 1387.

19 *Heise / Leiner*, in: Fieberg / Reichenbach / u.a., Kommentar zum VermG, Einf. NS-VEntschG, Rn. 8.

20 OLG Stuttgart, RzW 1960, S. 171.

21 OLG Stuttgart, RzW 1960, S. 171.

22 BGBl 1956, S. 562.

23 BEG, BGBl 1956, S. 559.

Schlussgesetz vom 14. September 1965 geändert[24] und wiederum rückwirkend in Kraft gesetzt, was das BVerfG als zulässige Rückwirkung anerkannte.[25] Die Antragsfristen des BEG wurden immer wieder nach §§ 189, 189a BEG bis zum 31. Dezember 1969 verlängert. Dem Bundesgesetzgeber, den westlichen Alliierten sowie dem BVerfG[26] war bewusst, dass die junge BRD und ihre Bundesländer nach dem verlorenen Weltkrieg finanziell nicht in der Lage waren, alle NS-Opfer zu entschädigen, weshalb viele mögliche Entschädigungsbereiche oder Gruppen ausgeklammert wurden und die Entscheidungen über die Entschädigungspraxis oftmals den Gerichten überlassen blieben.[27] Die Gerichte verengten wohl auch aus diesen fiskalischen Zwängen in der Praxis den Kreis der Anspruchsberechtigungen nach dem BEG oder benutzten teilweise die Ermessensspielräume zu Lasten der NS-Opfer.[28] Die NS-Opfer mussten z.B. zunächst über die allgemeinen Begleitumstände der NS- und Kriegszeit hinaus weitere Verfolgungstatbestände von Seiten des NS-Systems nachweisen, um nach dem BEG überhaupt anspruchsberechtigt zu sein (vgl. § 9 Abs. 5 BEG). Die Rechtsprechung nach § 1 BEG a.F. verlangte eine Zeit lang eine nachweisbare „politische Überzeugungshaltung z.B. der vermeintlich verfolgten Organisation gegen das NS-Regime", wodurch ein engerer Verfolgtenbegriff als in den Rückerstattungsgesetzen galt. Solange eine Organisation diesen Nachweis nicht erbringen konnte, galt sie nicht mehr als NS-Verfolgte, wodurch viele NS-Opfer nicht nach dem BEG anspruchsberechtigt waren. Das BEG wurde allerdings wegen der erheblichen öffentlichen Kritik 1956 dahingehend geändert, dass der politische Verfolgungsbegriff den Rückerstattungsgesetzen angeglichen und wie dort ausgelegt wurde, indem nur noch eine Gegnerschaft zum NS-Regime verlangt wurde und nicht mehr eine politische Überzeugung gegen das NS-Regime. Der neue § 1 Abs. 1 BEG lautete:

> „Opfer der nationalsozialistischen Verfolgung ist, wer aus Gründen politischer Gegnerschaft gegen den Nationalsozialismus oder aus Gründen der Rasse, des Glaubens oder der Weltanschauung durch nationalsozialistische Gewaltmaßnah-

---

24 BEG-Schlussgesetz vom 14.09.1965, BGBl I, S. 1315.

25 Vgl. hierzu auch weitergehend kritisch Lehmann-Richter, in: www.rewi.hu-berlin.de/online/fhi/zitat 212lehmann-richter.htm vom 11.12.2002 „Die gerichtliche Beurteilung rückwirkender Gesetzesänderungen im Wiedergutmachungsrecht".

26 BVerfGE 41, S.126 ff. (151).

27 Vgl. z.B. bereits BT-Drs. II 1949, S. 48; *Lehmann-Richter*, Auf der Suche nach den Grenzen der Wiedergutmachung, S. 59 f.

28 Vgl. hierzu die Einschätzung von Lehmann-Richter, Auf der Suche nach den Grenzen der Wiedergutmachung, S. 288 f.

men verfolgt worden ist und hierdurch Schaden an Leben, Körper, Gesundheit, Freiheit, Eigentum, Vermögen in seinem beruflichen oder in seinem wirtschaftlichen Fortkommen erlitten hat (Verfolgter)."

Verfahrensrechtlich reichte es für das BEG aus, wenn die NS-Opfer bis zum 1. April 1958 gemäß § 189 Abs. 1 BEG einen pauschalen Entschädigungsantrag bei den Entschädigungsbehörden in den einzelnen zuständigen Ländern stellten. Bis zum 31. Dezember 1965 mussten die Anspruchsgegenstände von den Anspruchstellern konkretisiert und bis zum 30. September 1966 mussten gemäß § 176 Abs. 1 BEG die behaupteten Ansprüche begründet und möglichst auch nachgewiesen worden sein. Nach § 176 Abs. 2 BEG gab es allerdings zugunsten der NS-Opfer eine Beweiserleichterung, wenn Dokumente z.B. kriegsbedingt nicht mehr vorhanden waren. Gegen Entscheidungen der Entschädigungsbehörden konnte Klage bei den zuständigen Landgerichten sowie danach Berufung zum Oberlandesgericht und Zulassungsrevision zum BGH eingereicht werden. Die Behörden- und Gerichtsverfahren waren kostenfrei[29], wobei die Verfahren teilweise bis in die 80er Jahre andauerten.

C) Inkraftsetzung des Deutschlandvertrags

Am 30. August 1954 wurden der EVG-Vertrag und die Inkraftsetzung des Deutschlandvertrages von Frankreich abgelehnt.[30] Bonn musste nun neu verhandeln und setzte 1955 einen überarbeiteten und für Deutschland vorteilhafteren Deutschlandvertrag durch.[31] Der Deutschlandvertrag trat mit der Übernahme weiterer Wiedergutmachungsverpflichtungen zugunsten von NS-Opfern als Bestandteil der Pariser Verträge am 5. Mai 1955[32] im Rahmen des Beitritts der BRD zum Nordatlantikpakt (NATO) in Kraft.[33] Der Zwei-plus-Vier-Vertrag, der wiederum an neue Wiedergutmachungsverpflichtungen Deutschlands zugunsten von NS-Opfern auf dem Beitrittsgebiet der neuen Bundesländer geknüpft wurde, löste 1990 im Rahmen der Wiedervereinigung den Deutschlandvertrag ab.[34]

---

29 Vgl. auch Lehmann-Richter, Auf der Suche nach den Grenzen der Wiedergutmachung, S. 43.

30 Vgl. hierzu *Herdegen*, Europarecht, § 4, Rn. 5, S. 48 f.; *Oppermann*, a.a.O., § 2, Rn. 9 f.; *Herbst*, a.a.O., S. 100 ff.

31 *Herbst*, a.a.O., S. 115; *Hans-Peter Schwarz*, Adenauer, Band 1, S. 888.

32 Vgl. *Benz*, Die Gründung der Bundesrepublik, S. 157.

33 Vgl. *Schweitzer*, Staatsrecht III, Rn. 619; *Herbst*, a.a.O., S. 104.

34 Vgl. hierzu den dritten Teil der Arbeit bzw. 3. Kapitel.

D) Das Bundesrückerstattungsgesetz

Das Bundesrückerstattungsgesetz (BRüG) trat am 23. Juli 1957 in Kraft. Zwischen dem Bundesgesetz zur Regelung der rückerstattungsrechtlichen Geldverbindlichkeiten des Deutschen Reichs und gleichgestellter Rechtsträger (Bundesrückerstattungsgesetz[35]) sowie dem BEG gab es lange Zeit Überschneidungen.[36] In § 5 BEG ist vom Gesetzgeber normiert, dass das BEG in einigen Teilen subsidiär zu den Bestimmungen des BRüG ist. Außerdem sollte anhand des Kriteriums der „ungerechtfertigten Entziehung“, welches Voraussetzung für die Anwendung des BRüG und den Rückerstattungsgesetzen der Alliierten gemäß deren Art. 2 entnommen war, eine Abgrenzung zwischen den beiden Gesetzen vorgenommen werden.[37] Im BRüG ging es z.B. nach § 2a Abs. 1 BRüG z.B. um Fälle, in denen es für entzogene Immobilien wie bei den Freimaurerlogen im Einzelfall keine Rückerstattung gab. Die Entschädigungsansprüche ergaben sich aus den Rückerstattungsgesetzen gegen die NSDAP, das Deutsche Reich bzw. gegen das ehemalige Land Preußen, §§ 11, 14 ff. BRüG. Das BRüG ergänzte die westlichen Rückerstattungsgesetze und das BEG. Das Gesetz erfüllte eine weitere Verpflichtung aus dem Überleitungsvertrag und dem Deutschlandvertrag.[38] Sofern ein Antrag nach dem BEG bereits erfolgt war, reichte dies grundsätzlich für die Antragsfristen des BRüG gemäß § 30 BRüG aus, wobei die weiteren Voraussetzungen des BRüG zu erfüllen waren. Gemäß § 27 Abs. 2 BRüG mussten Ansprüche nach diesem Gesetz grundsätzlich bis zum 1. April 1959 angemeldet werden, sofern sie Ansprüche auf dem Gebiet der BRD bis 1989 betrafen. Das BRüG enthielt Grundsätze zur Entschädigungsberechnung. Das Verfahren schloss gemäß §§ 38 f. BRüG mit einem Bescheid der Oberfinanzdirektion (OFD) Berlin (Bundesvermögensabteilung) ab. Die OFD ermittelte alle erheblichen Tatsachen von Amts wegen gemäß § 40 BRüG. Eine Anfechtung der Bescheide konnte grundsätzlich gemäß § 42 Abs. 4 BRüG bei der zuständigen WK des LG beantragt werden. Das BRüG gilt grundsätzlich auch noch heute weiter und verweist in den Verfahrensvorschriften auf das Bundesamt für zentrale Dienste (BAZD).

---

35 Vgl. hierzu auch *Eck*, a.a.O., S. 38; *Biella*, in: Schwarz, Wiedergutmachung, Band 2, S. 73 ff.; *Blessin / Wilden*, BRüG, Rn. 36 ff.

36 *Heise / Leiner*, in: Fieberg / Reichenbach / u.a., Kommentar zum VermG, Einf. NS-VEntschG, Rn. 10.

37 Vgl. hierzu nur *Schmidt*, in: Schwarz, Wiedergutmachung, Band 2, S. 124 ff.

38 Vgl. auch BMF, Entschädigung von NS-Unrecht, Ausgabe 2003; *Eck*, a.a.O., S. 38; *Sandkuhl*, Enteignungen im Dritten Reich, S. 96 f.

3. Teil:

Wiedergutmachung in den neuen Bundesländern seit 1990 nach dem Vermögensgesetz

8. Kapitel: Veränderungen in der DDR und Europa

Die Deutschen in der DDR forderten 1989 Reformen ein. Ungarn öffnete als erster europäischer Staat im Sommer 1989 seine Grenzen zum Westen und ließ in die Botschaft der BRD geflüchtete DDR-Bürger in die Bundesrepublik ausreisen.[1] Weitere osteuropäische Staaten wie Polen und die Tschechoslowakei folgten diesem Vorbild und brachten die SED in politische Bedrängnis. Am 7. Oktober 1989 feierten Erich Honecker und Michail Gorbatschow die Militärparade zum 40-jährigen Bestehen der DDR in Ost-Berlin. Das Volk in der DDR[2] forderte dagegen, wie es Bertold Brecht in seinen Werken tat, Veränderungen[3] ein. Die zahlreichen Friedensgebete, wie beispielsweise in der protestantischen Leipziger Nicolai-Kirche und vor der Dresdner Frauenkirche, unterstützten die Reformforderungen.[4] Dass die „Revolution"[5] friedlich endete, ist ein Wunder und dürfte viele Gründe gehabt haben. Im Oktober 1989 verlangte Erich Honecker, das deutsche demonstrierende Volk wie die Studentendemonstrationen in China auf dem Platz vor dem „Tor des himmlischen Friedens" am 4. Juni 1989 polizeilich und militärisch niederzuschlagen.[6] Ein Grund für das Wunder dürfte gewesen sein, dass Hans Modrow am 8. Oktober 1989 die politischen Vorgaben aus Ost-Berlin, die Demonstrationen gewaltsam zu zerschlagen, nicht befolgte.[7] Modrow ließ stattdessen die Demonstranten in Leipzig ohne gewaltsame Eingriffe begleiten. Es waren Wendetage in der deutschen Geschichte und der ganzen alten Ost-West-Welt.[8] Die neue Politik Michail Gorbatschows in der damaligen Sowjetunion und die wirtschaftliche „Insolvenz" der DDR förderten den rasanten Untergang[9] der DDR und die Annäherung an die Bundesrepublik. Am 9. November 1989 fiel

---

1 Vgl. hierzu auch *Kohl*, Erinnerungen, S. 915 ff.

2 *Carstens*, FAZ, 8.10.1999, S. 4; Vgl. auch: *Bölsche / Pötzl / Schnibben / Schwarz / u.a.*, Der Spiegel, Heft 41/1999, S. 78 ff.

3 *Fiedler*, HStR, Band VIII, S. 20; *Kohl*, Die Welt, 6.11.1999, S. 5.

4 *Fiedler*, HStR, Band VIII, S. 23 f.

5 *Dolzer*, HStR, Band VIII, S. 448; *Isensee*, HStR, Band IX, S. 18.

6 Vgl. z.B. Die Ära Kohl, 1989–1998; *Kohl*, Erinnerungen, S. 860 ff.

7 *Grosser*, Deutsche Geschichte in Quellen und Darstellung, Band 11, S. 331 ff.

8 *Carstens*, FAZ, 8.10.1999, S. 4.

9 *Maurer*, Staatsrecht, § 3, Rn. 55 ff.; Vgl. hierzu auch *Gorbatschow*, Wie es war, S. 83 ff.; *Diekmann*, „Helmut Kohl", S. 480.

nach über 28 Jahren die Mauer in der Hauptstadt Deutschlands und mit ihr die für unüberwindbar geglaubte Teilung Europas.[10] Die Alliierten reagierten unterschiedlich auf die rasanten Entwicklungen. Die USA unterstützten Deutschland überwiegend in seinen Wiedervereinigungstendenzen[11], wohingegen Großbritannien ablehnend und Frankreich und Gorbatschow zögerlich auf mögliche Wiedervereinigungsbestrebungen in Deutschland reagierten.[12] Der ehemalige Bundeskanzler Dr. Helmut Kohl erinnert sich im November 1999 in der Tageszeitung „Die Welt" an die Zeit vor der Wiedervereinigung und seinen Zehn-Punkte-Plan:

> „Die deutsche Einheit kommt. Ich war einer ihrer Wortführer und bin dafür verspottet und verhöhnt worden. Aber das Tröstliche an dieser Erfahrung ist, dass die vermeintlichen Illusionäre die wahren Realisten waren [...]."[13]

Am 3. Oktober 1990[14] kam es zum Beitritt der DDR zur BRD, zu dem sich auch der Pfarrer Joachim Gauck, der jahrelang nach der Wiedervereinigung die sog. Gauck-Behörde zur Aufarbeitung der SED-Vergangenheit leitete, äußerte:

> „Weder die alte Bundesrepublik noch die Oppositionsbewegung in der DDR waren auf den Sturz des SED-Regimes und die Vereinigung vorbereitet; sie konnten es auch gar nicht sein. Der Vereinigungsprozeß hatte derartig schnell eine große Eigendynamik entwickelt, dass eine schrittweise Anpassung der Lebensverhältnisse schier unmöglich war. Eine allmähliche und damit langsame Angleichung an die Verhältnisse in der Bundesrepublik war auch zum damaligen Zeitpunkt von der Mehrheit der Bevölkerung im Osten nicht erwünscht. Das wird heute oft vergessen, wenn als Grund für so manche Unzulänglichkeit angeführt wird, man hätte sich damals mehr Zeit lassen müssen."[15]

Und Wolfgang Schäuble fragt in seinem Buch „Der Vertrag" als Bundesminister des Innern 1991:

> „War also alles falsch oder überhastet? Ich glaube: nein. Die Entwicklung in der Sowjetunion hat uns gezeigt, dass es nur eine kurze Zeitspanne gab, in der die Einheit in Frieden und Freiheit tatsächlich möglich war. Wir haben diese Chance genutzt. Schon heute wäre an ein Zustandekommen des Zwei-plus-Vier Vertrages

---

10 *Winkler*, a.a.O., S. 519.

11 Vgl. hierzu nur *Birke*, a.a.O., S. 441.

12 Vgl. zum Ganzen auch *Bender*, a.a.O., S. 263 ff.

13 *Kohl*, Die Welt, 6.11.1999, S. 5; vgl. auch: Die Ära Kohl, 1982–1998.

14 GBl DDR, I, S. 1324.

15 *Gauck*, ZRP 1998, S. 379. Gauck wurde trotz großer Zusprache und Respekt am 30.06.2010 nicht zum Bundespräsidenten gewählt, was aber auch nur mit Stimmen der Linken, der ehemaligen SED-Partei hätte gelingen können.

nicht mehr zu denken. Wer 1990 gezögert hätte, hätte die Chance der Einheit verspielt."[16]

A) Das Gesetz zur Regelung offener Vermögensfragen

Mit dem Mauerfall sowie dem Zerfall des SED-Regimes erlebte die Wiedergutmachungsdiskussion von NS-Unrecht in der DDR, der BRD sowie unter den Alliierten eine Renaissance. Anfang 1990 erschien es mit der greifbaren Wiedervereinigung Deutschlands wieder möglich, eine Wiedergutmachungsregelung für das begangene NS-Unrecht auf dem Gebiet der DDR nach westlichem alliiertem Vorbild völkerrechtlich und national durchzusetzen. Die BRD und die westlichen Alliierten wünschten sich, anders als die DDR, eine ähnliche Rückerstattung, wie es sie in der jungen BRD an die NS-Opfer gegeben hatte.[17] In der noch unverbindlichen Gemeinsame Erklärung der Regierungen der Bundesrepublik Deutschland und der Deutschen Demokratischen Republik zur Regelung offener Vermögensfragen (GemErkl) wurden zunächst erst einmal Ansätze wie die grundsätzliche Schaffung von Privateigentum auf dem Gebiet der DDR, grundsätzliche Aufhebung des Staatseigentums und die Zulassung von BGB-ähnlichen Eigentumsstrukturen in Angriff genommen. Konkrete Wiedergutmachungsregelungen an NS-Opfer fanden sich noch nicht in der GemErkl der Regierungen der BRD und der DDR zur Regelung offener Vermögensfragen vom 15. Juni 1990 wieder. Eine erste Rechtsverbindlichkeit erhielt die GemErkl durch den Einigungsvertrag (EVtr) vom 31. August 1990 mit Art. 41 Abs. 1 EVtr. Die Aufnahme der Rückerstattungsansprüche der NS-Verfolgten in das für SED-Verfolgte geschaffene VermG erfolgte über den EVtr auf Intervention des Bundesministeriums der Justiz (BMJ) noch kurz vor der Wiedervereinigung. Das VermG ist nicht im klassischen bundesdeutschen Gesetzgebungsverfahren entstanden, sondern wurde zur Vorbereitung des EVertr durch das BMJ auf der einen Seite und von der DDR auf der anderen Seite in wenigen Monaten vor der Wiedervereinigung unter Berücksichtigung der Vorgaben der Alliierten zusammen ausgearbeitet. Die BRD und die DDR erfüllten durch die Schaffung der Wiedergutmachungsvorschriften nach dem VermG ihre Verpflichtungen aus der Vereinbarung vom 27./28. September 1990 in Ziff. 4 c Abs. 2 und 3 gegenüber den Alliierten[18], die sie im sog. Zwei-Plus-Vier-Vertrag vom 12. September 1990[19] völkerrechtlich eingegan-

16 *Schäuble*, Der Vertrag, S. 286.

17 *Wesel*, VIZ 1992, S. 337 f.; *Wasmuth*, in: RVI, Einf. VermG, Rn. 319.

18 BGBl 1990 II, S. 1386.

19 Vgl. auch *Kloepfer / Köster*, DVBl 1991, S. 1031.

gen waren, um die Zustimmung für die Wiedervereinigung zu erhalten.[20] Durch Abschluss des Zwei-Plus-Vier-Vertrags[21] stimmten die Alliierten der Wiedervereinigung und dem EVertr sowie der Souveränität Deutschlands zu. Als am 29. September 1990 der EVertr vom 31. August 1990 mit dem VermG durch die Volkskammer in der DDR in Kraft trat, wurde in der Anlage des EVertr unter II Kapitel III Sachgebiet B (Bürgerliches Recht) Abschnitt I 5 auch die Wiedergutmachung an NS-Opfer in das VermG mit einbezogen[22], wodurch es gemäß Art. 45 Abs. 2 EVtr nach dem Beitritt als Bundesrecht seit dem 3. Oktober 1990 wirkt. Die BRD verkündete durch den Deutschen Bundestag den EVtr und das VermG. Seit der Wiedervereinigung am 3. Oktober 1990 gilt das VermG als bundesdeutsches Recht fort[23] und wurde danach noch häufiger gesetzlich verändert, so dass das VermG nach bundeseinheitlichen juristischen Grundsätzen auszulegen ist. Die Rückerstattungsgesetze der Alliierten wurden gemäß Art. 8 EVertr zwar nicht in das VermG übernommen, aber es wurde normativ auf das westliche Alliierten-Rückerstattungsrecht und die ergangene damalige Rechtsprechung verwiesen. Auf diese Weise wurde eine ähnliche Wiedergutmachungsregelung in Gesamtdeutschland geschaffen. § 1 Abs. 6 VermG lautet:

> „Dieses Gesetz ist entsprechend auf vermögensrechtliche Ansprüche von Bürgern und Vereinigungen anzuwenden, die in der Zeit vom 30. Januar 1933 bis zum 8. Mai 1945 aus rassischen, politischen, religiösen oder weltanschaulichen Gründen verfolgt wurden und deshalb ihr Vermögen infolge von Zwangsverkäufen, Enteignungen oder auf andere Weise verloren haben."

Das Verfahrensrecht und die Behördenstruktur wurden ebenfalls im VermG normiert, so dass hierauf bei der Darstellung der einzelnen Behörden eingegangen wird.

---

20 Zum Ganzen ausführlich: *Wasmuth*, in: RVI, Einf. VermG, Rn. 797 f.; *Busche*, in: *Säcker*, Vermögensrecht, § 1 VermG, Rn. 133.

21 = „Vertrag über die abschließende Regelung in Bezug auf Deutschland" vom 12.09.1990 (BGBl II S. 1318), der mit Vertragsgesetz vom 11.10.1990 (BGBl II S. 1317) von der DDR, Bundesrepublik und den „vier Mächten" als Friedensvertrag unterzeichnet wurde und am 15.03.1991 in Kraft trat. Vgl. *Blumenwitz*, NJW 1990, S. 3041 ff.; *Rauschning*, DVBl 1990, S. 1275 ff.; *Maurer*, Staatsrecht, § 3, Rn. 74 ff.; *Schweitzer*, Staatsrecht III, Rn. 663; *Fiedler*, JZ 1991, S. 685 ff.

22 Dies entsprach dem Interesse der NS-Opfer. *Bretthollе / Köhler-Apel*, in: Rädler / Raupach / Bezzenberger, § 1 VermG, Rn. 108.

23 Vgl. zum ganzen auch Vgl. *Wichmann* u.a., Rechtspolitik für die deutsche Einheit, S. 118 ff.

I. Auswirkungen des Thüringer Wiedergutmachungsgesetzes

Im VermG wurden die Rechtsfolgen einer bereits geleisteten Wiedergutmachung an NS-Opfer nach dem ThWGG vom 14. September 1945 nicht normiert.[24] Sofern eine Rückerstattung oder eine Wiedergutmachung nach dem ThWGG aber erfolgt war und diese im Nachhinein auch nicht wieder aufgehoben oder reduziert worden war, schied nach Auffassung des BVerwG eine erneute Wiedergutmachung nach dem VermG wegen bereits erfolgter Wiedergutmachung aus.[25] War es dagegen nicht zu einer vollständigen[26] Wiedergutmachung gekommen, so blieben die Ansprüche nach dem VermG „anteilmäßig" bestehen. Soweit bekannt, erhielten die Freimaurerlogen ihre Immobilien bzw. Liegenschaften aus Thüringen allerdings nicht über dieses Wiedergutmachungsgesetz zurück, so dass keine Anrechnungen über dieses Gesetz erfolgten.

II. Die zur Wiedergutmachung von NS-Unrecht eingerichteten Behörden nach dem Vermögensgesetz

1. Das Bundesamt für zentrale Dienste und offene Vermögensfragen (BADV)

Bereits im EVertr wurde gemäß Art. 28 Abs. 3 eine zentrale Stelle in Berlin[27] für die Koordination der offenen Vermögensfragen in den neuen Bundesländern zugunsten der NS-Opfer bestimmt, die den nach dem VermG nach der Wiedervereinigung noch zu schaffenden Vermögensämtern helfen sollte. Die zentrale Stelle wurde zunächst bei der Oberfinanzdirektion Berlin (OFD-Berlin) eingerichtet und ging zum 1. Juli 1991 im Bundesamt zur Regelung

---

24 Vgl. schon oben zum ThWGG, S.

25 BVerwGE 7 C 67. 96; BVerwG, VIZ 1997, S. 587; BVerwG, ZIP 1997, S. 1392 (1393); BVerwG, DöV 1997 S. 1013; *Brettholle / Köhler-Apel*, in: Rädler / Raupach / Bezzenberger, § 2 VermG, Rn. 14 f.; *Neuhaus*, in: Fieberg / Reichenbach / u.a., a.a.O., § 2 VermG, Rn. 13c.

26 Der NS-Geschädigte erhielt damals beispielsweise von dem Eigentümer durch einen geschlossenen Vergleich gemäß §§ 8 ff. ThWGG eine bestimmte „Vergleichssumme", die den Vermögensschaden aber grundsätzlich i.S.d. § 1 Abs. 6 VermG nicht ausglich, da es sich hierbei um eine Geldwiedergutmachung handelte, die in der Regel nur eine „symbolische Größe" (Teilwiedergutmachung) darstellte. Insofern kann auch eine Rückübertragung i.S.d. VermG in Anspruch genommen werden. Vgl. *Neuhaus*, in: Fieberg / Reichenbach / u.a., Kommentar zum VermG, § 2 VermG, Rn. 13c.

27 Aus der zunächst in Art. 28 Abs. 3 EVtr geregelten zentralen Stelle wurde mit dem PrHBG (Art. 1 Nr. 15) vom 22.03.1991, BGBl I, S. 766 das BARoV.

offener Vermögensfragen (BARoV) mit Sitz in Berlin auf.[28] Die Bundesoberbehörde i.S.v. Art. 87 Abs. 3 Satz 1 GG wurde im Geschäftsbereich des Bundesministeriums der Finanzen (BMF)[29] eingerichtet. Weitere Einzelheiten wurden im Erlass des BMF vom 28. Juni 1991 festgelegt.[30] Rechtsgrundlagen hierfür sind das VermG und das Entschädigungs- und Ausgleichsleistungsgesetz (EALG). Gemäß § 29 VermG in der bis zum 31. Dezember 2005 geltenden Fassung war das BARoV für die Beantwortung sämtlicher vermögensrechtlicher Fragestellungen der einzelnen Vermögensämter in den neuen Bundesländern zuständig.[31] Dies bedeutete in der Praxis auch, dass das BARoV beispielsweise Stellungnahmen zu der Frage abgab, wie und ob Freimaurerlogen nach dem VermG als anspruchsberechtigt anzusehen sind oder nicht. Diese Stellungnahmen wurden zur Bearbeitung ihrer Fälle den einzelnen Vermögensämtern zugeleitet, um deren möglichst zu vereinheitlichen. Das BARoV war gegenüber den Vermögensämtern der Länder zwar nicht weisungsbefugt[32], gleichwohl hielten sich die Vermögensämter in der Regel an die Empfehlungen des BARoV und setzten diese eigenständig um. Das BARoV war gemäß § 29 Abs. 2 VermG a.F. allein zuständig für die Vermögensansprüche von Parteien und Massenorganisationen der DDR. Zum 1. Januar 2004 wurde die Zuständigkeit von den Vermögensämtern der Länder und der OFD-Berlin auf das BARoV übertragen und damit zentralisiert. Die neu geschaffene Bundesoberbehörde BADV übernahm mit Wirkung zum 1. Januar 2006 gemäß § 29 VermG (n.F.) die alten und neuen Aufgaben des BARoV[33], mit Sitz in Berlin. Es wurden zwei Behörden zu einer zusammengeführt, nämlich das BARoV und der Dienstleistungsbereich des Bundesamtes für Finanzen, um die Bearbeitung der letzten Wiedergutmachungsfälle nationalsozialistischen Unrechts weiter zu beschleunigen.

---

28 *Broschat*, in: Fieberg / Reichenbach / u.a., a.a.O., § 29, Rn. 4. Vgl. auch BARoV-Buch, 10 Jahre BARoV, Berlin 2001, S. 33 ff.

29 Nach der amtlichen Begründung zu § 29 VermG, BTDrucks 12/449 hat das Bundesamt die Aufgabe, das BMF bei seiner Aufgabe nach Art. 85 Abs. 3 GG zu unterstützen.

30 Z C 3-O 1760- 13/91, GMBl S. 723. Das Dokument ist u.a. im Anhang II 9 bei Fieberg / Reichenbach / u.a., Kommentar zum VermG abgedruckt.

31 Zu diesen beiden Ämtern vgl. 8. Kapitel, A) II .

32 *Broschat*, in: Fieberg / Reichenbach / u.a., a.a.O., § 29 VermG, Rn. 4.

33 Gesetz zur Neuorganisation der Bundesfinanzverwaltung und zur Schaffung eines Refinanzierungsregisters vom 22. September 2005, BGBl I S. 2809 mit Wirkung zum 1. Januar 2006.

2. Die Ämter zur Regelung offener Vermögensfragen für NS-Verfolgte

Freimaurerlogen besaßen nach der Wiedervereinigung zunächst keine eigenen Immobilien in den neuen Bundesländern mehr, da diese während der NS-Zeit entzogen worden waren. In den neuen Bundesländern haben sich Freimaurer deshalb nach der Wiedervereinigung zunächst einmal jahrelang in Restaurants, Hotels oder befreundeten Logen treffen müssen, da die Wiedergutmachungsverfahren teilweise bis zu zehn Jahren dauerten. Die Vermögensämter waren in den ersten Jahren völlig überlastet. Anfangs waren die Bescheide nach dem VermG sehr uneinheitlich, da sich die Vermögensämter erst in die juristische Wiedergutmachungsthematik mit all ihren Facetten wie dem Völkerrecht, den Rückerstattungsgesetzen, dem VermG sowie der Rechtsprechung der Alliierten einarbeiten mussten und noch an einer einheitlichen Linie arbeiteten. In jeder größeren Stadt wurde für die Wiedergutmachung von NS-Unrecht nach der Wiedervereinigung ein Vermögensamt zur Regelung der offenen Vermögensfragen eingerichtet, § 24 Satz 1 VermG i.V.m. Art. 83, 84 Abs. 1 Satz 1 GG. Freimaurerlogen hatten grundsätzlich in jeder größeren Stadt Freimaurerliegenschaften während der NS-Zeit verloren, so dass die Mutterlogen bzw. einzelne Tochterlogen / Freimaurerlogen grundsätzlich auch in jeder in Frage kommenden Stadt ihre vermeintlichen Ansprüche auf Wiedergutmachung nach Einrichtung der Ämter anmeldeten. Der schriftliche Rückübertragungsantrag war gemäß § 30a VermG bis zum 31. Dezember 1992 möglich. Die Vermögensämter versuchten die Wiedergutmachungssachverhalte in einem Verwaltungsverfahren nach den Vorschriften §§ 35, 31 Abs. 1 VermG[34] von Amts wegen aufzuklären[35], wobei grundsätzlich die allgemeinen Beweislastregeln weiter galten und der Anspruchssteller an der Aufklärung mitzuwirken hatte. Zusätzlich gab es einige Beweiserleichterungen zugunsten der NS-Opfer[36], wie nach Art. 3 REAOBln, der auch im VermG nach § 1 Abs. 6 Satz 2 Geltung behielt. Sofern Interessen Dritter, also z.B. neuer Eigentümer, nach 1945 berührt wurden, wurden diese gemäß § 31 Abs. 2 VermG an dem Verfahren beteiligt[37], was die Verfahren ebenfalls in die Länge ziehen konnte. Gemäß § 31 Abs. 5 VermG sollte zwischen den Beteiligten jederzeit versucht

34 Vgl. nur BVerwG, ZOV 1997, S. 201.

35 Vgl. aber BVerwG, NJW 1994, S. 468, BVerwGE 14, 181 (186 f.); *Wasmuth*, in: RVI, § 1 VermG, Rn. 7a. wonach die NS-Opfer grundsätzlich die ihr günstigen Nachweise erbringen muss auf die er sich beruft, und die sich nicht aufklären lassen.

36 Zu den Vermutungsvorschriften noch weiter unten bzw. bei den Alliierten weiter oben.

37 *Floren*, VIZ 1997, S. 454.

werden, eine gütliche Einigung[38] herbeizuführen, wie dies auch bereits in den Rückerstattungsgesetzen normiert war. Gemäß § 32 Abs. 1 VermG wurde die beabsichtigte Entscheidung der Behörde dem Anspruchssteller in einem sog. Vorbescheid mitgeteilt, so dass dieser auf diese nochmals innerhalb eines Monats mit Einwänden reagieren konnte. Erfolgten keine erheblichen Einwände, erließ die Behörde gemäß § 33 Abs. 4 VermG, § 39 Abs. 1 VwVfG, § 58 VwGO den angekündigten Bescheid.[39] Gegen Entscheidungen der Vermögensämter konnte Widerspruch gemäß § 36 Abs. 1 VermG i.V.m. §§ 88 ff. Verwaltungsverfahrensgesetz (VwVfG) und §§ 68 ff. Verwaltungsgerichtsordnung (VwGO) zu den Landesvermögensämtern eingelegt werden.[40] Es gab in jedem Bundesland mindestens eine Oberbehörde gegen die Entscheidungen des Amtes zur Regelung offener Vermögensfragen (ARoV), §§ 23, 25 VermG.[41] Gemäß § 38 Abs. 1 VermG waren die vermögensrechtlichen Verfahren wie bei den Wiedergutmachungsbehörden der Alliierten kostenfrei.

3. Die Landesämter zur Regelung offener Vermögensfragen

Die Landesämter zur Regelung offener Vermögensfragen entschieden nach dem VermG z.B. grundsätzlich über die eingelegten und nicht abgeholfenen Widersprüche der Freimaurerlogen bei den ÄRoV, §§ 26, 36 VermG, § 73 Abs. 1 Satz 2 VwGO.[42] Gegen Entscheidungen der Landesämter konnten die VG gemäß § 37 VermG angerufen werden. Gegen deren Urteile konnte bei der Zulassung die Revision und bei nicht zugelassener Revision die Beschwerde gegen die Nichtzulassung der Revision beim BVerwG gemäß § 135 VwGO eingelegt werden. Eine Berufung zum Oberverwaltungsgericht (OVG) ist nach § 37 Abs. 2 VermG ausgeschlossen.[43] Die Urteile der Verwaltungsgerichte konnten nur über die Revision zum BVerwG überprüft werden, sofern diese von den Verwaltungsgerichten zuvor im Urteil ausdrücklich zugelassen wurden. Als weitere juristische Überprüfungsmöglichkeiten stehen nach dem VermG noch das BVerfG sowie der Europäische Gerichtshof für Menschenrechte zur Verfügung.

---

38 Vgl. zur Rechtsnatur einer gütlichen Einigung: OVG Greifswald, Beschluss vom 12.03.2002-1 O 76/01.

39 Vgl. auch *Kopp / Ramsauer*, VwVfG Kommentar zu § 39 VwVfG, S. 737 ff.

40 Vgl. auch die Ausführungen zu den LÄRoV, 8. Kapitel A) II., 3.

41 BT-Drucks. 11/7831, S. 13; VG Chemnitz, SächsVBl. 1993, S. 258 (260); *Windthorst*, in: RVI, § 25 VermG, Rn. 3.

42 Vgl. auch *Kopp / Schenke*, VwGO Kommentar, § 73 VwGO, Rn. 3.

43 Vgl. auch BVerwG, NJW 1994, S. 876.

B) Das Investitionsvorranggesetz

Das in der GemErkl vom 15. Juni 1990 grundsätzlich verankerte Prinzip der Rückerstattung der entzogenen Liegenschaften statt Entschädigung wurde mit dem Investitionsvorranggesetz (InVorG) und dafür Entschädigung (Art. 41 Abs. 2 EVertr)[44] durchbrochen[45], (sog. Prinzip „Investition vor Rückgabe“).[46] Die Antragsfrist zur Einleitung des Verfahrens wurde gemäß § 27 InVorG immer wieder bis zum 31. Dezember 2000 verlängert.[47] Hintergrund dieser Regelung war, dass neben den Rückerstattungsverpflichtungen nach §§ 1 Abs. 6, 3 Abs. 1 S. 1 VermG der erwünschte „Aufschwung Ost“ durch die oft jahrelangen Rückgabeverfahren nach dem VermG nicht vereitelt werden sollte.[48] Die ersten Jahre nach der Wiedervereinigung mangelte es im Osten außer an Arbeitsplätzen auch noch massiv an saniertem und günstigem Wohnraum, weshalb die Schaffung neuen sanierten Wohnraums und die hierfür erforderlichen Infrastrukturmaßnahmen durch das InVorG gefördert wurden. Jeder Rückerstattungsantrag eines NS-Opfers, ob berechtigt oder unberechtigt, führte nämlich erst einmal dazu, dass bis zur endgültigen Eigentumsklärung gemäß § 3 Abs. 3 VermG, keine „Nutzung“ der betroffenen Liegenschaft mehr vorgenommen werden durfte[49], also auch keine Investitionen mehr auf dem Grundstück bzw. der Immobilie erfolgen konnten, was aber nach dem InVorG erwünscht war. Dieses „Blockierrecht“ konnte sich der Anspruchsteller nach dem VermG auch noch durch eine Grundbucheintragung absichern lassen. Diese „Sperrungen“ konnte nach dem InVorG nur noch derjenige wieder außer Kraft setzen, dem es gelang, einen „Investitionsvorrangbescheid“ zu erhalten, wodurch der „neue Berechtigte“ nach dem InVorG Eigentümer der betroffenen Liegenschaft wurde. Hierfür musste von dem Anspruchssteller glaubhaft gemacht werden, dass die geplanten investiven Maßnahmen einem

---

44 Vgl. BVerfGE 95, 250 ff.; *Maurer*, Staatsrecht, § 3, Rn. 71.

45 Gesetz über besondere Investitionen in der DDR vom 20.09.1990, GBl I, S. 1627 i.V.m. GBl I, S. 1629, 1897 = BGBl II, S. 889, 1157.

46 VO vom 18.12.1998, BGBl I S. 3818; vgl. BVerfGE, VIZ 2000, S. 150; *Fieberg / Reichenbach*, in: Fieberg / Reichenbach / u.a., Kommentar zum VermG, Einf. VermG, Rn. 50.

47 Vgl. § 27 Satz 1 geändert durch VO vom 18.12.1998, BGBl I, S. 3818 =OV spezial, 02/1999, S. 24; Vgl. *Wichmann u.a.*, Rechtspolitik für die deutsche Einheit, S. 123.

48 Es wurde immer wieder der Einwand erhoben, dass das InVorG verfassungswidrig sei, da das Gesetz erneut eine Rückgabe ausschließen könnte. Das BVerfG hat dies aber nie bestätigt und die Ausnahme als verfassungskonform betrachtet. Vgl. zum Ganzen beispielsweise *Uechtritz*, in RVI, Einf. InVorG, Rn. 134.

49 Balz, VIZ 1992, S. 41 (45).

besonderen wirtschaftlichen Zweck gemäß §§ 2, 3 InVorG dienten. In einem solchen Fall konnte der nach dem VermG Berechtigte den erzielten Kaufpreis herausverlangen und, wenn der Erlös den Verkehrswert unterschritt, die Zahlung des Verkehrswertes gemäß § 16 Abs. 1 InVorG oder Entschädigung nach § 17 InVorG begehren. Machte der Rückerstattungsberechtigte nach dem VermG allerdings gleiche oder annähernd gleiche investive Maßnahmen glaubhaft, so gebührte ihm gemäß § 7 Abs. 1 S. 3 InVorG regelmäßig der Vorzug. Auch mussten die Vermögensämter und Gerichte von Amts wegen „Sorge dafür tragen", dass keine „Spekulanten" den Investitionsvorrang missbrauchten. Insoweit bestand auch eine Verpflichtung zur Durchführung der vorgetragenen Investitionen. Fehlgeschlagene Vorhaben konnten auf Antrag der Berechtigten nach dem VermG gemäß §§ 13 bis 15 InVorG nach Feststellung des Fehlschlags rückabgewickelt werden, was in der Praxis auch vorkam. Das InVorG hat 29 Paragraphen und gliedert sich in sieben Abschnitte. Der erste Abschnitt regelt in den §§ 1 bis 3 die Anforderungen für die Annahme eines Vorrangs für Investitionen statt einer Rückgabe. Der zweite Abschnitt in §§ 4 bis 7 regelt das Verfahren an sich. Der dritte Abschnitt in den §§ 8 bis 12 normiert den möglichen Inhalt des Investitionsvorrangbescheids. Der vierte Abschnitt in §§ 13 bis 15 regelt, wie die Investitionen durchzuführen waren und wie sie bei einem Fehlschlag, wenn es tatsächlich gar nicht zu Investitionen kam, rückabgewickelt werden konnten. Der fünfte Abschnitt mit den §§ 16 bis 17 regelt den Ausgleich für den Berechtigten nach dem VermG und der sechste (§§ 18 bis 21) und siebente Abschnitt normieren die besonderen Verfahrensvoraussetzungen sowie die Schlussbestimmungen (§§ 22 bis 29).

Der Gesetzgeber hatte nach der Wiedervereinigung im Rahmen des § 2 VermRÄndG vom 14. Juli 1992 auch grundsätzlich die NS-Verfolgten ins InVorG mit einbezogen[50], was z.B. von Seiten der Freimaurer kritisiert wurde. Freimaurer wünschten sich, dass die entzogenen Liegenschaften der NS-Verfolgten nicht unter das InVorG fielen, was z.B. für entzogene jüdische Synagogen und Friedhöfe bereits gemäß § 22 InVorG galt[51]. § 22 InVorG lautet:

> „Dieses Gesetz gilt nicht für Grundstücke und Gebäude, deren Grundakten mit einem Vermerk über die Eintragung in die Liste zu Abschnitt C der Gemeinsamen Anweisung der Minister der Finanzen und des Innern der Deutschen Demokratischen Republik vom 11. Oktober 1961 über die Berichtigung der Grundbücher und

---

50 Vgl. nur *Uechtritz*, VIZ 1992, S. 377 ff.; a.A. *Hintz*, VIZ 1991, S. 12 ff.

51 Vgl. z.B. *Uechtritz*, in: RVI, § 22 InVorG, Rn. 1 ff.

Liegenschaftskataster für Grundstücke des ehem. Reichs-, Preußen-, Wehrmachts-, Landes-, Kreis- und Gemeindevermögens gekennzeichnet oder die aus dem Grundbuch als Synagoge oder Friedhof einer jüdischen Gemeinde zu erkennen sind."

Die Freimaurerlogen vertraten gegenüber den Vermögensämtern und den Gerichten die Ansicht, dass § 22 InVorG auch auf die Freimaurerlogen analog Anwendung finden müsse, so dass auf die Liegenschaften der Freimaurer das InVorG keine Anwendung finde. Begründet wurde dies damit, dass es für die Freimaurerlogen bereits bei den Alliierten grundsätzlich keine Rückgabeeinschränkungen gab und sie insofern ihre Grundstücke regelmäßig zurückbekommen hatten, was auch nach dem VermG aus den Gesichtspunkten der Gleichberechtigung und des Eigentumsschutzes gelten müsste (Art. 3 und 14 GG). Die GNML „3WK" reichte hierzu beispielsweise noch vor Verabschiedung des § 22 InVorG am 8. Januar 1992 an den Petitionsausschuss des Deutschen Bundestages gemäß Art. 17 GG eine Petition ein, dass die Logen außerhalb des Anwendungsbereichs des InVorG bleiben müssten. Diese Anfrage wurde auch dem BMJ zur Stellungnahme vorgelegt.[52] Grundrechtsverstöße wegen der Einbeziehung der NS-Opfer in das InVorG haben weder der Petitionsausschuss noch die Gerichte erkennen können, da es legitim sei, aufgrund der langen verstrichenen Zeit und der Besonderheiten im Beitrittsgebiet Sonderbestimmungen für die NS-Opfer gegen Ausgleichszahlungen und enge Grenzen des InVorG zu treffen. Zugunsten des „Aufschwungs Ost" wurde folglich § 22 InVorG nicht auf Logen oder andere juristische verfolgte Personen analog ausgedehnt. Am 20. August 1993 wurde dies den Logen im Rahmen der Petitionsantwort mitgeteilt. Das VG Berlin bestätigte mit Beschluss vom 11. Oktober 1994, dass § 22 InVorG nicht analog auf Logen anwendbar sei.[53] Die NS-Verfolgten fielen insofern zu Recht unter das InVorG, wobei sie in dessen Rahmen die Anwendungsfälle kritisch darauf überprüfen konnten, ob die Investitionen auch tatsächlich getätigt wurden.

C) Das NS-Verfolgtenentschädigungsgesetz

Sofern Freimaurerlogen nach §§ 1 Abs. 6, 3 Abs. 1, 2 Abs. 1 und 2 VermG anspruchsberechtigt sind, aber keine Rückgabe ihrer Liegenschaft z.B. wegen

---

52 Beschlußempfehlung, Petition 4-12-07-153-24052, Anlage 3 z. Prot. Nr. 12/56/ unveröffentlicht.

53 VG Berlin, OV spezial 10/1995, S. 167; VG Berlin, VIZ 1994, S. 355; *Uechtritz*, in: RVI, § 22 InVorG, Rn. 8; vgl. auch BVerfGE vom 21. Oktober 1998, Az.: 1 BvR 179/94.

rechtshindernder Einreden §§ 4 und 5 VermG durchsetzen konnten, bestimmten sich die Entschädigungsvoraussetzungen nach dem NS-VEntschG in Geld.[54] § 1 Abs. 5 Entschädigungsgesetz (EntschG) verweist für anspruchsberechtigte NS-Opfer auf das NS-VEntschG als lex specialis:

> „In den Fällen des § 1 Abs. 6 Vermögensgesetz besteht ein Entschädigungsanspruch nach Maßgabe des NS-Verfolgtenentschädigungsgesetzes."

Das Entschädigungs- und Ausgleichsleistungsgesetz (EALG) mit seinem Art. 3 über die Entschädigung Verfolgter des Nationalsozialismus (NS-VEntschG)[55] trat am 1. Dezember 1994 in Kraft.[56] Das NS-VEntschG ist mit seinen vier Paragraphen sehr kurz, es bezieht sich aber auch in § 4 NS-VEntschG auf das VermG, das allgemeine EntschG, das BRüG, BEG sowie auf das VwVfG, durch die es ergänzt wird. Die NS-Entschädigungsfälle im Beitrittsgebiet wurden gemäß § 1 Abs. 6 VermG i.V.m. §§ 4, 1 NS-VEntschG von der Bundesvermögensverwaltung (OFD Berlin) unter Beachtung der Bestimmungen der §§ 16 bis 26 BRüG als Geldentschädigungsansprüche bestimmt. Da die OFD Berlin auch die Wiedergutmachungsfälle auf dem westlichen Gebiet vor der Wiedervereinigung bearbeitet hatte, konnte sie auf sämtliche Archivbestände zurückgreifen. Gemäß §§ 1 Abs. 2, 3 NS-VEntschG wurden dabei grundsätzlich die bereits gewährten Leistungen nach dem BRüG, dem BEG oder anderen Vorschriften bei den Entschädigungsleistungen angerechnet.[57] Dies ergab sich u.a. aus § 4 Satz 1 NS-VEntschG a.F. i.V.m. § 2 Satz 1 NS-VEntschG. Verfassungsrechtlich ging die Zuständigkeit der Bundesvermögensverwaltung der Oberfinanzdirektion (OFD) Berlin als Teil des Bundesministeriums für Finanzen (BMF) gemäß Art. 85 Abs. 1 GG und der Zustimmung des Bundesrates auf den Bund über.[58] Gemäß § 4 Satz 1 NS-VEntschG ging später die Zuständigkeit auf das BARoV gemäß § 29 Abs. 3

54 *Holst*, in: Fieberg / Reichenbach / u.a., a.a.O., § 4 VermG, Rn. 8.

55 Art. 3 EALG des NS-VEntschG ist erst nach dem ursprünglichen Regierungsentwurf als eigenständiger Artikel des „Gesetzespaketes EALG", (Gesetz über die Entschädigung nach dem Gesetz zur Regelung offener Vermögensfragen und über staatliche Ausgleichsleistungen für Enteignungen auf besatzungsrechtlicher oder besatzungshoheitlicher Grundlage -Entschädigungs- und Ausgleichsleistungsgesetz-EALG- vom 27. September 1994, BGBl. I, S. 2624) eingeführt worden.

56 Verfassungsbeschwerden gegen das EALG und das NS-VEntschG blieben erfolglos vgl. zuletzt auch BVerfGE vom 22. November 2000-1 BvR 2307/94; 1120/95; 1408/95 und 2471/95; vgl. auch *Rodenbach*, in ZOV 2000, S. 73 ff.

57 Vgl. hierzu ausführlich *Motsch*, in: Motsch / Rodenbach / u.a., Kommentar zum Entschädigungs- und Ausgleichsleistungsgesetz, § 1 NS-VEntschG, Rn. 4 ff; *Graf*, a.a.O., S. 81.

58 *Budde*, in: Rädler / Raupach / Bezzenberger, § 4 NS-VEntschG, Rn. 1.

VermG a.F. bzw. seit dem 1. Januar 2006 auf das BADV über (§ 29 Abs. 3 VermG).[59] Der Anspruch gemäß dem NS-VEntschG musste innerhalb der Anmeldefrist gemäß § 30a Abs. 1 Satz 1 VermG bis zum 31. Dezember 1992 geltend gemacht worden sein.[60] Für entzogenes bewegliches Vermögen lief diese Antragsfrist am 30. Juni 1993 ab.[61] Es lag aber noch eine fristgerechte Anmeldung vor, wenn anfangs ein weit gefasster Antrag auf Rückübertragung und Entschädigung bei den Vermögensämtern gestellt wurde, dem es lediglich an einer klar bestimmbaren Bezeichnung der einzelnen Vermögenswerte wie einzelner Inventaraufstellungen fehlte, und die notwendigen Ergänzungen folgten. Die NS-Entschädigungsfälle wurden bis 2010 weitgehend abgeschlossen.[62] Seit 2004 wurde nach § 2 NS-VEntschG eine Verzinsung an die NS-Opfer gezahlt. Nicht unerwähnt soll deshalb bleiben, dass das NS-VEntschG im Vergleich zum „normalen" EntschG für SED-Opfer einige Vergünstigungen für die NS-Opfer, wie in der Höhe der Entschädigungssummen, bestimmte[63], was verfassungsrechtlich auch unter dem Gesichtspunkt der Gleichbehandlung nach Art. 3 GG gerechtfertigt ist. Zum einen sind die Unrechtstaten des SED-Regimes und der NS-Taten nicht „gleichzustellen", so dass bereits keine gleichen Gruppen vorliegen. Die Besserstellung der NS-Verfolgten gegenüber Opfern des SED-Regimes als Entschädigungs- und Ausgleichsleistungsberechtigte ergibt sich weiter aber auch aus der Vereinbarung vom 27./28. September 1990 der Bundesrepublik mit den Alliierten[64], woraus die Verpflichtung resultiert, die Entschädigung der NS-Verfolgten vom Grundsatz her am BRüG gleichwertig zu halten, was ansonsten nicht erreicht worden wäre.[65] Weiterhin trägt diese Besserstellung dem Umstand Rechnung, dass NS-Verfolgte auf dem Gebiet der Neuen Bundesländer erst seit der Wiedervereinigung eine Wiedergutmachung erfahren und nicht bereits direkt nach der NS-Zeit. Das SED-Unrecht begann hingegen seit 1949.

---

59 Art. 2 NS-VEntschG vom 10. Dezember 2003, Teil 1, Nr. 59, BGBl 2472 f.; vgl. die Pressemitteilung des BMF vom 9. April 2003, „Beschleunigte Abwicklung der offenen Vermögensfragen"; § 29 Abs. 3 VermG wieder neu gefasst durch Gesetz vom 22. November 2005, BGBl I, S. 2809.

60 BVerfG, VIZ 2000, S. 280.

61 Vgl. auch BARoV-Bilanz, Versuch einer Bilanz, Berlin 2001, S. 65.

62 Pressemitteilung des BMF vom 9. April 2003 zur „Beschleunigten Abwicklung der offenen Vermögensfragen"; vgl. hierzu auch *Hasse*, in: Die Welt vom 17. April 2003.

63 *Motsch*, VIZ 1994, S. 569 ff.

64 BGBl II S. 1386.

65 *Weiß*, VIZ 1995, S. 692 ff.

Die rechtshindernden Rückerstattungseinreden, die zu Entschädigungsansprüchen statt zu Rückgaben zugunsten von Freimaurerlogen nach §§ 4, 5 VermG führten, sollen nur kurz aufgezeigt werden, da diese nur in Ausnahmefällen, z.B. nach § 4 Abs. 1 Satz 1 VermG, zulässig waren:[66]

> „Eine Rückübertragung des Eigentumsrechtes oder sonstiger Rechte an Vermögenswerten ist ausgeschlossen, wenn dies von der Natur der Sache her nicht mehr möglich ist.“

Gemäß § 4 Abs. 2 Satz 1 VermG[67] ist eine Rückübereignung auch ausgeschlossen:

> „[...] wenn natürliche Personen, Religionsgemeinschaften[68] oder gemeinnützige Stiftungen[69] nach dem 8. Mai 1945 in redlicher Weise an dem Vermögenswert Eigentum[70] oder dingliche Nutzungsrechte erworben haben. [...].

§ 4 Abs. 2 Satz 1 VermG und § 4 Abs. 3 VermG zählen die Regelbeispiele für die „Redlichkeit“[71] auf, die einem Rückgabeausschluss z.B. eines Logenhauses begründen kann und nicht mit dem gutgläubigen Erwerb des § 932 BGB verwechselt werden darf. § 4 Abs. 2 Satz 1 VermG lautet:

> „Die Rückübertragung ist ferner ausgeschlossen, wenn natürliche Personen, Religionsgemeinschaften oder gemeinnützige Stiftungen nach dem 8. Mai 1945 in redlicher Weise an dem Vermögenswert Eigentum oder dingliche Nutzungsrechte erworben haben.“

§ 4 Abs. 3 VermG zählt die Beispiele auf, wenn keine Redlichkeit bei dem Eigentumserwerb vorliegt:

> „Als unredlich ist der Eigentumserwerb dann anzusehen, wenn er
>
> a) nicht in Einklang mit den zum Zeitpunkt des Erwerbs in der Deutschen Demokratischen Republik geltenden allgemeinen Rechtsvorschriften, Verfahrens-

---

66 Auf die in § 4 Abs. 1 Satz 2 VermG ebenfalls geregelten Ausschlusstatbestände für Unternehmen soll hier nicht näher eingegangen werden.

67 § 4 Abs. 2 VermG geht zurück auf Ziff. 3 Buchstabe b der GemErkl. Schmidt, in: Kimme / u.a., offene Vermögensfragen, § 4 VermG, Rn. 27, 10.

68 Vgl. hierzu *Wasmuth*, in: RVI, § 4 VermG, Rn. 96.

69 Eine Legaldefinition des Stiftungsbegriffs ist weder in §§ 80 bis 88 BGB noch in den Landesstiftungsgesetzen zu finden. Vgl. hierzu ausführlich *Rawert*, in: Staudinger Kommentar zum BGB, Vorb. zu §§ 80 ff. BGB, Rn. 3 ff.; *Ders*., in: FAZ, 8.05. 1998, S. 10; *Wasmuth*, in: RVI, § 4, Rn. 98 f.

70 Das DDR Arbeitseigentum fällt auch unter das VermG, vgl. BVerwGE 99, 82 = VIZ 1995, S. 652; *Holst / Liedtke*, in: Fieberg / Reichenbach / u.a., a.a.O., § 4 VermG, Rn. 74.

71 *Wasmuth*, in: RVI, § 4 VermG, Rn. 204; *Holst / Liedke*, in: Fieberg / Reichenbach / u.a., a.a.O., § 4 VermG, Rn. 147.

grundsätzen und einer ordnungsgemäßen Verwaltungspraxis stand und der Erwerber dies wusste oder hätte wissen müssen, oder

b) darauf beruhte, dass der Erwerber durch Korruption oder Ausnutzung einer persönlichen Machtstellung auf den Zeitpunkt oder die Bedingungen des Erwerbs oder auf die Auswahl des Erwerbsgegenstandes eingewirkt hat, oder

c) davon beeinflusst war, dass sich der Erwerber eine von ihm selbst oder von dritter Seite herbeigeführte Zwangslage oder Täuschung des ehemaligen Eigentümers zu Nutze gemacht hat."

§ 5 VermG ergänzt weiter die Ausschlusstatbestände des § 4 VermG in Fällen vorgenommener erheblicher baulicher Veränderungen, was ebenfalls in Einzelfällen bei Freimaurerlogen zu einer Entschädigung führte, da die Immobilien mit finanziellem Aufwand stark verändert wurden. § 5 Abs. 1a–d VermG lautete:

> „1. Eine Rückübertragung von Eigentumsrechten an Grundstücken und Gebäuden ist gemäß § 4 Abs. 1 VermG insbesondere auch dann ausgeschlossen, wenn Grundstücke und Gebäude
>
> a) mit erheblichem baulichen Aufwand in ihrer Nutzungsart oder Zweckbestimmung verändert wurden und ein öffentliches Interesse an dieser Nutzung besteht,
>
> b) dem Gemeingebrauch gewidmet wurden,
>
> c) im komplexen Wohnungsbau oder Siedlungsbau verwendet wurden,
>
> d) der gewerblichen Nutzung zugeführt oder in eine Unternehmenseinheit einbezogen wurden und nicht ohne erhebliche Beeinträchtigung des Unternehmens zurückgegeben werden können."

Sparguthaben, Inventare, Gemälde etc. wurden oft wegen rechtlicher[72] bzw. objektiver[73] Unmöglichkeit ebenfalls nicht zurückgewährt. In diesen Fällen wurde ebenfalls oft nur eine Entschädigung nach dem NS-VEntschG an die Wiedergutmachungsberechtigten gezahlt.

Lange Zeit war umstritten, ob die Ausschlussgründe gemäß §§ 4, 5 VermG auch vollständig für die NS-Verfolgten nach § 1 Abs. 6 VermG gelten sollten, da solche Ausschlüsse in den Rückerstattungsgesetzen der Alliierten so umfassend nicht bestanden. Das BVerwG hat 1995 in seiner klarstellenden Revisionsbegründung[74] betont, dass die Anwendung der Ausschlusstatbestände nach §§ 4 und 5 VermG verfassungsrechtlich und völkerrechtlich für die Gruppe

---

72 Vgl. hierzu ausführlich *Holst*, in: Fieberg / Reichenbach / u.a., a.a.O., § 4 VermG, Rn. 36 ff.

73 *Holst*, in: Fieberg / Reichenbach / u.a., a.a.O., § 4 VermG, Rn. 34 ff.

74 BVerwG, VIZ 1995, S. 522 ff.; OV spezial, 2/96, S. 31 f.

der NS-Verfolgten nicht zu beanstanden ist, da sie gerade den besonderen Umständen der Bevölkerung, die etwa 57 Jahre in der Zeit der DDR und der NS-Herrschaft lebte, Rechnung trägt.[75] Das BVerwG betont weiter, dass die bundesdeutsche völkerrechtliche Verpflichtung in Bezug auf die Rückerstattung an NS-Opfer in Deutschland nicht ausschließt, dass Ausschlusstatbestände zu § 1 Abs. 6 VermG eingeführt werden können.[76] Der Gesetzgeber habe auch trotz zahlreicher Änderungen im VermG davon abgesehen, die NS-Opfer aus dem Bereich der §§ 4, 5 VermG herauszunehmen; er habe vielmehr durch die Schaffung des NS-VEntschG ein Gesetz erlassen, das von der Geltung der Ausschlusstatbestände für die NS-Opfer ausgeht[77] und eine Entschädigung für die Verluste gewährt, was insofern mit den Grundrechten in den vorgegebenen Grenzen des NS-VEntschG verfassungsrechtlich in Ordnung sei.

75 Hauptvertreter dieser Ansicht, dass §§ 4, 5 VermG für § 1 Abs. 6 VermG nicht gelten sollen, war und ist wohl auch heute noch *Hintz*, VIZ 1992, S. 18 f.; *Düx*, VIZ 1992, S. 257 ff.

76 *Wasmuth*, in: RVI, § 4 VermG, Rn. 7.

77 Vgl. hierzu auch den Bescheid der OFD-Berlin gegenüber der GLL „FvD“ vom August 2000, Az.: V 461-VV 5100 TH-1832/unveröffentlicht, die wie auch die anderen Großlogen Entschädigungszahlungen für nicht zurückerhaltene Logenliegenschaften erhalten haben.

9. Kapitel: Anspruchsvoraussetzungen für Freimaurerlogen nach dem Vermögensgesetz

A) Erste Anspruchsvoraussetzung: Fortbestehen der Freimaurerlogen

I. Reaktivierung

Die während der NS-Zeit aufgelösten Mutterlogen bzw. Tochterlogen müssen nach der Wiedervereinigung noch als juristische Personen existieren, um als Freimaurerlogen nach §§ 1 Abs. 6, 3 Abs. 1, 2 Abs. 1 VermG anspruchsberechtigt sein zu können. Insofern dürften die Freimaurerlogen durch den Göring-Erlass oder das gesetzliche Freimaurerverbot nicht ihre Rechtsfähigkeit nach dem Vereinsrecht des BGB endgültig verloren haben, also erloschen sein. Grundsätzlich sind die geschaffenen Rechtstatsachen aus der NS-Zeit hinzunehmen, sofern sie z.B. nach dem BGB nicht rechtsunwirksam sind. Zu den Rechtsfragen, ob z.B. der Göring-Erlass auf einer wirksamen Ermächtigungsgrundlage beruhte, die die Rechtsfähigkeit der Freimaurerlogen entziehen konnte, hat der II. Zivilsenat des BGH am 17. November 1955 auf die Klage der GNML „3WK“ in einem Grundsatzurteil zum Vereinsrecht wie folgt nachgezeichnet Stellung genommen.[1]

1. Göring-Erlass benötigt eine Ermächtigungsgrundlage

Während der NS-Zeit erfolgten die juristischen Begrifflichkeiten und Einordnungen für Erlasse, Rechtsverordnungen und Verfügungen völlig unsystematisch und durcheinander, so dass es an einer widerspruchsfreien rechtlichen Systematik in der NS-Rechtsetzung fehlte[2] und allein das Wort „Erlass“ keine Orientierung über die Rechtsnorm gibt. Nach heutigem Verständnis hat ein Erlass keine Außenwirkung und benötigt insofern auch keine Ermächtigungsgrundlage. Der Göring-Erlass hatte dagegen evident Außenwirkung, da er die Freimaurerlogen durch Auflösungen beseitigte, so dass er auch einer Ermächtigungsgrundlage nach der Weimarer Reichsverfassung (RV) bedurfte. Jede

---

1 BGHZ 19, 51 ff.

2 *Mertens*, Rechtsetzung im Nationalsozialismus, 2009, S. 90 f.

Rechtsvorschrift aus der NS-Zeit mit Außenwirkung ist deshalb auf eine damals bestehende wirksame Ermächtigungsgrundlage zu überprüfen, die für Rechtseingriffe in das Privatrecht durch den Staat zu verlangen ist. Anhand der Satzung der GNML „3WK" soll exemplarisch geprüft werden, wie sich die altpreußischen Mutterlogen und ihre Tochterlogen ohne den Göring-Erlass hätten satzungsgemäß ordnungsgemäß auflösen können[3], um rechtlich beurteilen zu können, was für Eingriffe durch den Göring-Erlass in das Satzungsrecht der Freimaurerlogen vorgenommen wurden und ob diese Eingriffe durch die danach zu prüfenden Ermächtigungungsgrundlagen flankiert sind, oder nicht.

a) Auflösungsmöglichkeit der altpreußischen Mutterlogen

Die GNML „3WK" normiert ihren Logenzweck in ihrer sog. Grundverfassung (GV) bzw. in ihrer Bundessatzung (BS), was bei anderen Vereinen der Vereinsverfassung und der Satzung entspricht. Das sog. „Bundesdirektorium" der Mutterloge entspricht dem Vereinsvorstand. Das Bundesdirektorium der Logen vertritt die Mutterloge gemäß Art. 44 GV nach außen. Die zugehörigen Tochterlogen sind grundsätzlich selbständige juristische Personen, unterstehen allerdings der Aufsicht und Leitung der Mutterloge und des Bundesdirektoriums der Mutterloge, vgl. § 3 Bundesatzung (BS). Sofern eine Tochterloge sich auflösen möchte, geht das Verwaltungsrecht satzungsgemäß unmittelbar ohne weiteren Übertragungsakt auf das Bundesdirektorium der Großloge gemäß §§ 26 ff. GV vor Auflösung der Tochterloge über. Insofern wurde ein Liquidationsverfahren durch die Großloge und nicht mehr durch die Tochterloge durchgeführt. Aus Art. 52a ff. Grundverfassung (GV) der Mutterloge der GNML „3 WK" ergibt sich während der NS-Zeit die Möglichkeit ihrer Selbstauflösung, ohne dabei aber die einzelnen Anforderungen in den Satzungen der Freimaurerlogen zu regeln. Aus diesem Grunde muss eine vergleichbare gewichtige Satzungsregelung, wie die der Auflösung und deren Anfoderungsvoraussetzungen zu Grunde gelegt werden, um festzustellen, welche Anforde-

3 Die Logensatzung der GLL „FvD" war ähnlich, so dass auf die Darstellung verzichtet wird. Vgl. hierzu z.B. Bescheid des Amts zur Regelung offener Vermögensfragen Nordhausen vom 10.07.1996, Az.: hö-tö, S. 4/nicht veröffentlicht, der auf die Satzungen der GLL „FvD" Bezug nimmt, dass die Vermögenswerte vor den Auflösungen der Tochterlogen auf die Großloge während der NS-Zeit übergingen; ebenso Widerspruchsbescheid des Sächsisches Landesamt zur Regelung offener Vermögensfragen, ohne Datum, vermutlich 1996, Az.: W 2-0478/96-kh/unveröffentlicht; vgl. auch *Brägger*, a.a.O., S. 48 zu den ähnlichen Satzungszielen dieser beiden Großlogen; vgl. auch BGHZ 19, 51 ff.

rungen an die Selbstauflösung der Mutterloge satzungsrechtlich bestanden. In Betracht kam hierfür die Regelung zur Satzungsänderung der Mutterloge, da diese ebenso gewichtige Folgen auslösen konnte wie die Auflösung einer Organisation. Um eine Satzungsänderung der Mutterloge herbeizuführen ist erstens nach der Satzung der Mutterloge nach Art. 54 ff. GV notwendig, dass der „Prüfungsausschuss der Mutterloge" zu der beabsichtigten Auflösung der Mutterloge Stellung bezieht, ohne dass diese Stellungnahme aufgrund politischen Drucks beeinflusst wird. Zweitens muss ein Mitgliederbeschluss freiwillig auf der Jahresversammlung mit einer 2/3 Mehrheit über die Auflösung erzielt worden sein, und drittens muss eine Bestätigung des Beschlusses durch das Bundesdirektorium der Mutterloge ergehen. All diese drei Voraussetzungen wurden durch den Göring-Erlass nicht eingehalten, so dass hierin die Satzungseingriffe zu sehen sind. Der Göring-Erlass ermöglichte die Auflösungen der Mutterlogen unter wesentlich vereinfachten satzungsrechtlichen Voraussetzungen, wodurch der Erlass in die Satzungsautonomie der Freimaurerlogen massiv eingriff und die Vereinsrechte aushöhlte. Aus diesem Grunde sind die Eingriffe in das Satzungsrecht der Freimaurerlogen unwirksam, sofern keine Ermächtigungsgrundlage für den Göring-Erlass vorliegt.

b) Auflösungsmöglichkeit von Tochterlogen

Zur Auflösung einer Tochterloge müssten satzungsrechtlich erstens vor der beabsichtigten Auflösungsabstimmung alle Mitglieder der Tochterloge unter Mitteilung des Tagesordnungspunktes „Auflösung" der Tochterloge eingeladen worden sein. Die Auflösung einer Tochterloge der GNML „3 WK" setzte gemäß §§ 29, 24 Bundesatzung (BS) zweitens eine namentliche und freiwillige Abstimmung mit einer 2/3 Mehrheit der Mitglieder der jeweiligen Tochterloge voraus, was durch den Göring-Erlass ebenfalls nicht eingehalten wurde. Sofern die Mitglieder in der Auflösungsversammlung einen Auflösungsbeschluss einer Tochterloge herbeiführten, musste die Auflösung der Tochterloge drittens gemäß Art. 47 Grundverfassung (GV), § 29 Bundessatzung (BS) vom Bundesdirektorium der Mutterloge noch genehmigt werden, was während der NS-Zeit durch den politischen Druck ebenfalls nicht freiwillig im satzungsrechtlichen Sinne der Fall war. Die GNML „3 WK" erläutert die Auflösungsmöglichkeit einer Tochterloge während der NS-Zeit wie folgt:

> „[...] Da gemäß Art. 47 i.V.m. Art. 29 der Grundverfassung der GNML 3 WK i.V.m. den §§ 24 ff. der Satzung der GNML 3 WK die Großloge vertreten durch das Bundesdirektorium über die Schließung, Auflösung und Wiedereröffnung einer Tochterloge zu entscheiden hat, bedurfte es gemäß § 24 der Satzung eines ent-

sprechendes Antrages beim Bundesdirektorium auf Schließung der jeweiligen Tochterloge.[...].“

„Darüber hinaus ist gemäß § 26 der Satzung das nach Erfüllung sämtlicher Verpflichtungen vorhandene Vermögen in der zu schließenden Loge mit Einschluss des Vermögens der Stiftungen ebenfalls an das Bundesdirektorium zu übergeben, was hierfür dem Meister vom Stuhl eine Empfangsbestätigung ausstellt,[...] ohne daß es hierfür eines gesonderten Übertragungsaktes durch die jeweilige Tochterloge vor deren Auflösung bedurfte.“[4]

Der Göring-Erlass verlangte zur Auflösung einer Freimaurerloge gemäß Punkt Nr. 1 nur noch einen Mitgliederbeschluss der erschienenen Freimaurermitglieder mit einfacher Mehrheit statt z.B. der satzungsrechtlich vorgesehenen 3/4 Mehrheit der Freimaurermitglieder, wodurch der Göring-Erlass in die Satzungsautonomie der Freimaurerlogen eingriff. Der Göring-Erlass schränkte weiter das übergegangene Recht der Vermögensverwaltung an die Mutterloge für die betroffenen Tochterlogen ein und hob in Punkt drei zusätzlich das satzungsrechtliche Anfallsrecht zugunsten der Mutterlogen auf, was ebenfalls gegen das Satzungsrecht der Logen verstieß. Die Selbstauflösungen der Freimaurerlogen müssten nach § 41 Satz 1 BGB durch einen freiwilligen Beschluss der Mitgliederversammlungen herbeigeführt worden sein. Wegen des Göring-Erlasses und der Drohung mit einem gesetzlichen Freimaurerverbot war dies allerdings nicht der Fall, wodurch ebenfalls die Satzungsautonomie der Freimaurer infolge unzulässigen politischen Drucks verletzt wurde. Gemäß § 4 des „Göring-Erlasses“ bedurften die Freimaurerauflösungsbeschlüsse nur noch der Genehmigung durch Göring, was nicht den Freimaurersatzungen entsprach. Auch in der Erteilung der Entlastung durch SS-Reichsführer lag ein Verstoß gegen die Satzungsautonomie der Freimaurer. Die Freimaurerorganisationen haben demnach ihre Rechtsfähigkeit nach den Vorschriften des BGB nicht verloren, falls die Auflösungen der Freimaurerlogen nach dem Göring-Erlass mangels Ermächtigungsgrundlage rechtsunwirksam sind.

c) Zwischenergebnis

Der NS-Staat hat durch die Auflösungen der Freimaurerlogen nach dem Göring-Erlass und die Einziehungen ihrer Vermögenswerte Rechtsverstöße gegen die Satzungsautonomie der Freimaurerlogen begangen, so dass sowohl die Freimaurerauflösungen als auch der Verlust der Rechtsfähigkeit vereins-

4 Schreiben der GNML „3 WK“ an das BARoV vom 20.07.1993/abgedruckt im: Bundesblatt der GNML „3 WK“, Sonderdruck, Dokumentation zur Rückübertragung von Vermögenswerten [...], Dokument 5.

rechtlich nicht rechtswirksam eingetreten sind, sofern keine wirksame Ermächtigungsgrundlage für den Göring-Erlass gegeben ist.[5]

d) Ermächtigungsgrundlage für den Göring-Erlass

Eine wirksame Ermächtigungsgrundlage für den Göring-Erlass muß Inhalt, Zweck und Ausmaß seines Eingriffes in einem förmlichen Gesetz genau bestimmt haben, um rechtswirksam zu sein. Der Göring-Erlass könnte mittels wirksamer Ermächtigungsgrundlage in das Vereinsrecht der Freimaurerlogen eingegriffen haben mit der Rechtsfolge, dass die Freimaurerlogen endgültig erloschen sind. In diesem Fall läge keine Rechtsfähigkeit der Freimaurerlogen mehr vor, da das BGB auch die Wiederherstellung von nicht mehr bestehenden Vereinen bzw. Freimaurerlogen nicht vorsieht.

(1) Königlicher Akt als Ermächtigungsgrundlage für den Göring-Erlass

Möglicherweise ist eine Befugnis zum Eingriff in die Freimaurersatzungen durch den Göring-Erlass im königlichen Stiftungsprivileg der Großlogen bzw. im Allgemeinen Landrecht für staatliche Eingriffe enthalten sein. Das EGBGB ließ zunächst gestiftete Rechtsverhältnisse, wie die der Altpreußischen Mutterlogen, sowie die dazugehörigen Landesgesetze über die Vereinsverfassungen der Freimaurerlogen unangetastet, so dass auch das Allgemeine Landrecht für die altpreußischen Freimaurerlogen fortgalt. Die königlichen Stiftungsprivilegien sahen in der Regel keine Auflösungsmöglichkeit vor. Das allgemeine Landrecht (ALR), das für die Freimaurerlogen weiterhin galt, statuierte in § 29 Abs. 2, 6 ALR lediglich, dass Freimaurersatzungen durch den Staat nur unter recht engen Voraussetzungen, die sich nach §§ 189, 190 II, 6, 191 II 6 ALR richteten, geändert werden konnten und die Organisation dadurch auch selber aufgehoben werden konnte. Dies war z.B. der Fall, wenn der Vereinszweck nicht mehr erreicht werden konnte, der Vereinszweck weggefallen war, oder dieser dem gemeinen Wohl schadete. Diese Voraussetzungen waren allerdings auch während der NS-Zeit nicht gegeben. Eine Eingriffsmöglichkeit in das BGB, sowie in das Satzungsrecht der Freimaurer war weder über die königlichen Stiftungsprivilegien noch über das Allgemeine Landrecht möglich. Insofern konnten sich die Freimaurerlogen grundsätzlich nur selber nach ihren Satzungen und nach den Vorschriften des BGB rechtswirksam auflösen.

5 *Sauter / Schweyer / Walder*, Der eingetragene Verein, S. 225.

(2) Reichstagsbrandverordnung als Ermächtigungsgrundlage

Eine Ermächtigungsgrundlage für den Göring-Erlass könnte allerdings die Reichstagsbrandverordnung vom 28. Februar 1933[6] in Verbindung mit der staatlichen Einschränkung der Vereinsfreiheit des Art. 124 Weimarer Reichsverfassung (RV) darstellen. Die Reichstagsbrandverordnung zielte gegen die kommunistischen Kräfte im Reich ab, die nach Ansicht des NS-Regimes den Reichstag durch Brandstiftung zerstört haben. Die Weimarer RV von 1919 enthielt gegenüber Kommunisten eine umfassende Eingriffsbefugnis. Art. 48 Abs. 2 RV, ermöglichte es der Hitler / Hindenburg-Regierung, „befristete" Notverordnungen zur Wiederherstellung der öffentlichen Ordnung und Sicherheit zu erlassen.[7] Mittels dieses Instruments setzte Hitler u.a. die Grundrechte während seiner Herrschaft außer Kraft. § 1 der ReichstagsbrandVO lautete folgendermaßen:

> „Auf Grund des Art. 48 Abs. 2 der Reichsverfassung wird zur Abwehr kommunistischer staatsgefährdender Gewaltakte folgendes verordnet:
>
> § 1.
> Die Artikel 114, 115, 117, 118, 123, 124 und 153 der Verfassung des Deutschen Reichs werden bis auf weiteres außer Kraft gesetzt. Es sind daher Beschränkungen der persönlichen Freiheit, des Rechts der freien Meinungsäußerung, einschließlich der Pressefreiheit, des Vereins- und Versammlungsrechts, Eingriffe in das Post-, Telegraphen- und Fernsprechgeheimnis, Anordnungen von Hausdurchsuchungen und von Beschlagnahmungen sowie Beschränkungen des Eigentums auch außerhalb der sonst hierfür bestimmten gesetzlichen Grenzen zulässig. [...]."

Die Preußische Geheime Staatspolizei Berlin bezog sich auf diese Verordnung und erklärte der GNML am 17. Januar 1935[8], dass die Vermögensbeschlagnahmungen ihrer Logen gerechtfertigt seien und die Verordnung sich auch auf Logen und nicht nur auf Kommunisten erstrecke:

> „[...] Die Abwehr kommunistischer Gewaltakte war lediglich das Motiv für den Erlass dieser Verordnung. Durch von den Gerichten in ständiger Praxis bestätigte Übung, hat der Wortlaut dieser Verordnung jedoch eine erweiterte Auslegung erfahren, dahingehend, dass die in der Verordnung enthaltenden Bestimmungen auf jeden Staatsbürger bzw. jede Vereinigung von Staatsbürgern anwendbar sind, sofern der Verdacht staatsfeindlicher Handlungen oder Bestrebungen begründet erscheint. [...]"

6 RGBl 1933 I, Nr. 17, S. 83.

7 Allerdings wurden die Notverordnungen während der NS-Zeit nicht außer Kraft gesetzt, sondern immer wieder verlängert, so dass sie bis 1945 galten.

8 Schreiben der Preussischen Geheimen Staatspolizei Berlin an die GNML vom 17. Januar 1935, Az.: B.-Nr. II 1 B 2- 74002- vbm 72824, 72200, abgedruckt im Bundesblatt der GNML 3WK, Sonderdruck 1998, S. 23, dort Dokument 1.

Als Ermächtigungsgrundlage für den Göring-Erlass scheidet die dargestellte Verordnung aber aus. Sie legitimierte nur Einschränkungen der Vereinsfreiheit wegen kommunistischer und staatsgefährdender Gewaltakte.[9] Die Verordnung erlaubte gerade keinen pauschalen „Zugriff" auf alle bestehenden juristischen Personen, wie der Freimaurerlogen. Sofern die Verordnung weitere Eingriffe, wie solche des Göring-Erlasses ermöglichen sollte, hätten diese normiert werden müssen. Dies ist nicht geschehen.

(3) Runderlass des Ministers des Innern vom 28. August 1934 als Ermächtigungsgrundlage für den Göring-Erlass

Der Runderlass des Ministers des Innern vom 28. August 1934, der mit Zustimmung des Reichsministers der Justiz auf Grundlage eines Gesetzes vom 3. Juli 1934 über die Rechtmäßigkeit von Verordnungen und Verwaltungsakten erfolgte, könnte eine nachträgliche wirksame Ermächtigungsgrundlage für den Göring-Erlass darstellen.[10] Durch den Runderlass sollten insbesondere alle NS-Anordnungen, Erlasse und Maßnahmen,[11] die zur Durchsetzung der „nationalen Erhebung" ohne hinreichende Ermächtigungsgrundlage erfolgt waren, rückwirkend „geheilt" werden. Unabhängig von der Beantwortung der Frage, ob der Göring-Erlass tatsächlich zur Durchsetzung der „nationalen Erhebung" der Nazis erfolgte, wie es beispielsweise der Senatspräsident Heegner aus Frankfurt am Main 1956 annahm[12], ist die Anordnung als Ermächtigungsgrundlage abzulehnen. Hierzu[13] wäre es erforderlich gewesen, dass der NS-Staat in dem Gesetz vom 3. Juli 1934 auch zum Ausdruck gebracht hätte, dass durch bloße ministerielle Anordnung das privatrechtliche Vereinsrecht der Freimaurerlogen und des BGB modifiziert werden konnte. Im Übrigen hätte der NS-Staat unmissverständlich normieren müssen, dass das Gesetz über die Verordnung vom 28. Februar 1933 hinausgeht und alle Freimaurerlogen umfasst werden sollen. Hieran fehlte es ebenfalls. Insofern stand dem NS-Staat keine Ermächtigungsgrundlage für den Eingriff in die Freimaurersatzungen und das BGB zur Seite, so dass die einzelnen Vereinsauflösungen nach dem Göring-Erlass keine Ermächtigungsgrundlagen hatten. Auch ein staatliches Vereinsverbot durch die Nationalsozialisten kommt nicht in Be-

9 BGHZ 6, 274; BGHZ 19, 60.

10 MBliV 1934, 1107. Der Runderlass stützte sich selber auf § 2 des Reichsgesetzes über die Rechtsmäßigkeit von VO und VA vom 3.07.1934, RGBl I, S. 530.

11 *Heegner*, a.a.O., S. 447.

12 *Heegner*, a.a.O., S. 447 f.

13 BGHZ 19, 60.

tracht, da es ein solches Gesetz nicht gab. Auch eine andere Ermächtigungsgrundlage für den Göring-Erlass ist nicht ersichtlich.

(4) Ergebnis

Die Rechtsfolge der aufgezeigten Satzungsverstöße bei den Freimaurerauflösungen ist nach dem Göring-Erlass gemäß § 25 BGB[14] die Nichtigkeit der damals herbeigeführten Auflösungsbeschlüsse und Liquidationen, so dass die Vereinsauflösungsbeschlüsse unwirksam sind[15] und die Rechtsfähigkeit der Freimaurerlogen fortbesteht.[16] Die Rechtsfähigkeit der Freimaurerlogen ruhte lediglich während der NS-Zeit, wie es der BGH ausgedrückt hat. Die Nichtigkeit von Freimaurerauflösungen greift bei Vereinsbeschlüssen durch, wenn sie gegen die guten Sitten, § 138 BGB, oder gegen ein gesetzliches Verbot verstoßen, § 134 BGB. Jedes Vereinsmitglied konnte grundsätzlich während der NS-Zeit Satzungsverstöße rügen und gemäß § 256 Zivilprozessordnung (ZPO) eine Feststellungsklage erheben[17], wovon während der NS-Zeit aber verständlicherweise kein Gebrauch gemacht wurde.[18] Die Vereinsauflösungen sind zusätzlich auch wegen politischen NS-Drucks auf die Freimaurerlogen unwirksam, wobei dies nicht automatisch die Annahme einer NS-Verfolgung im Sinne des VermG begründet. Nach den Bestimmungen des BGB bestehen die Freimaurerlogen fort, sofern sich die Freimaurermitglieder nicht mit ihren Auflösungen nach dem Ende der NS- bzw. SED-Zeit abgefunden haben. Sofern sich aber die Freimaurerlogen nach Beseitigung des politischen und des weltanschaulichen Drucks nicht wieder versammelten, also reaktivierten, wurde dies nach den Vorschriften des BGB als nachträgliche Zustimmung zu den Auflösungen und Löschungen der Freimaurerlogen gewertet, die die ursprünglichen Mängel während der NS-Zeit heilte.[19] Eine nach der NS-Zeit

---

14 Ein staatlicher Eingriff in die Logensatzung, der zu einer Satzungsänderung führte, wurde auch nicht durch die Freimaurersatzung zugelassen, vgl. nur BGHZ 19, 59 f. Vgl. zu den Rechtsfolgen fehlerhafter Versammlungsbeschlüsse auch BGHZ 59, 369, 372; *K. Schmidt*, Gesellschaftsrecht, S. 697; *Sauter / Schweyer / Waldner*, Der eingetragene Verein, S. 144.

15 Vgl. beispielsweise BGHZ 59, 369 ff.

16 *Sauter / Schweyer / Waldner*, a.a.O., S. 144.

17 Vgl. hierzu auch *Zöller*, ZPO Kommentar, § 256 ZPO, Rn. 1 ff.

18 Eine Aufspaltung der unwirksam ergangenen Vereinsbeschlüsse in nichtige und anfechtbare Beschlüsse, wie es nach dem AktG und dem GmbHG vorgesehen ist, wird von der h.M. und Rechtsprechung für rechtsfähige Vereine abgelehnt. Aber auch wenn dieser Rechtsgedanke übertragen würde, würde Nichtigkeit, wegen der Wichtigkeit der Vereinsbeschlüsse vorliegen.

19 BGHZ 16, 143; BGHZ 23, 122.

nicht mehr reaktivierte Freimaurerloge ist folglich nach dem BGB bzw. dem VermG endgültig nicht mehr existent und kann daher auch keine anspruchsberechtigte juristische Person für Wiedergutmachungsansprüche mehr sein, vgl. §§ 1 Abs. 6, 3 Abs. 1, 2 Abs. 1 VermG. Dieses gilt es jeweils einzeln nach dem VermG unter dem Gesichtspunkt der Reaktivierung zu untersuchen und festzustellen. Auch kann *nicht* in den „staatlich veranlassten Anweisungen" der Mutterlogen an ihre Tochterlogen, eine Selbstauflösung nach dem Göring-Erlass durchzuführen, eine Einwilligung oder Zustimmung zu den Freimaurerauflösungen gesehen werden, da sie allein wegen des angedrohten gesetzlichen Freimaurerverbots durch das NS-Regime erfolgte, also aufgrund „politischen NS-Drucks".

2. Verbot von Freimaurerlogen durch NS-Gesetz

Freimaurerlogen, die sich bis 1935 nicht nach dem Göring-Erlass aufgelöst hatten, wurden per Gesetz verboten und ihre Vermögenswerte wurden in der Regel an den Staat eingezogen. Beim NS-Freimaurerverbot erlosch der Freimaurerverein direkt, da er über keine Mitglieder mehr verfügte. Ein erloschener Verein ist rechtlich nicht mehr existent ist und kann grundsätzlich auch nicht nach der NS-Zeit nach den Vorschriften des BGB reaktiviert werden. Solche eingetretenen Rechtstatsachen sind in der Regel nach der NS-Zeit auch hinzunehmen. Da das Freimaurerlogenverbot allerdings aufgrund politischen Drucks erfolgte, konnten die Freimaurerlogen sich nach der NS-Zeit bzw. nach der SED-Zeit vereinsrechtlich reaktivieren[20], so dass sie wieder ihre Vereinstätigkeit ausüben konnten. Bei Freimaurerlogen, die durch Gesetz verboten wurden, ruhte folglich nach der Rechtsprechung des BGH zum Vereinsrecht die Rechtsfähigkeit bis nach der NS-Zeit, ohne dass die Freimaurerlogen endgültig ihre Rechtsfähigkeit verloren haben.

3. Zwischenergebnis

Die Freimaurerlogen existieren fort, wenn sie sich unmittelbar nach der NS- bzw. SED-Zeit reaktiviert haben.

---

20 BGHZE 19, 64.

4. Reaktivierung der Freimaurerlogen als Anspruchsberechtigung nach dem VermG

a) Reaktivierung der beiden Altpreußischen Mutterlogen

Für die Reaktivierung einer Mutterloge genügt es bereits, wenn sie sich mit Teilen ihrer vertretungsberechtigten Freimaurerorgane und Freimaurermitglieder nach der NS-Zeit wieder traf und ihre Vereinsarbeit aufnahm und einen Antrag auf „Wiederzulassung" ihrer Vereine stellte. Sofern Freimaurerlogen z.B. in den Vereinsregistern während der NS-Zeit faktisch gelöscht wurden, hatte dies bei Reaktivierung ebenfalls keine für die Freimaurer negative bindende Rechtswirkung. Die beiden Altpreußischen Mutterlogen blieben als juristische Personen existent, da sie sich nach der NS-Zeit unmittelbar auf dem Gebiet West-Berlins reaktivierten und auf diese Weise zum Ausdruck brachten, dass sie sich mit den Auflösungen ihrer Logen nicht abfinden und ihre Vereinsarbeit fortsetzen. Die Mutterlogen reaktivierten sich mit Teilen ihrer ehemaligen Mitglieder und Tochterlogen.[21] Die GNML „3WK" reaktivierte sich mit 73 ihrer Tochterlogen.[22] Nach der Wiedervereinigung machten beide Altpreußische Mutterlogen ihre vermeintlichen Ansprüche in den neuen Bundesländern nach dem VermG geltend.

b) Fehlende Reaktivierung von aufgelösten Tochterlogen auf dem Gebiet der Neuen Bundesländer

Zur Reaktivierung einer Tochterloge ist es nach dem BGB und VermG notwendig, dass sich zahlreiche identische Mitglieder der jeweiligen Tochterloge nach der NS- und SED-Zeit wieder versammelten, um die aufgelöste Freimaurervereinigung fortzusetzen. In West-Deutschland haben sich noch etliche Tochterlogen nach der NS-Zeit reaktivieren können, da trotz des Krieges noch etliche Freimaurer lebten und die Anforderungen an die Vereinsmitgliederzahl in der Britischen Zone sogar gesenkt wurden. Auf dem Gebiet der Neuen Bundesländer reichte es zwar für die Freimaurerlogen aus, wenn sie sich unmittelbar nach der Wiedervereinigung reaktivierten. Die ehemaligen Mitglieder der Tochterlogen waren allerdings bis zur Wiedervereinigung, soweit bekannt, überwiegend bereits verstorben. Insofern sind die aufgelösten Tochterlogen endgültig nicht mehr existent. Nach dem VermG reaktivierte sich keine Tochterloge mehr, so dass auch keine identische Tochterloge ihre Vermögenswerte zurück erhielt. Insofern hätte es nahe gelegen, dass der

21 Vgl. BGHZ 19, 64; CoRA, RzW 1953, S. 164.

22 BGHZ 19, 56.

Gesetzgeber eine Reaktivierung unter erleichterten Voraussetzungen nach dem VermG für die Freimaurerlogen normiert hätte. Mangels Reaktivierung der aufgelösten Tochterlogen sind nach Ansicht vieler Vermögensämter überhaupt keine Anspruchsberechtigten nach dem VermG mehr für die entzogenen Vermögenswerte der Tochterlogen vorhanden[23], was auf erhebliche Kritik bei den Mutterlogen gestoßen ist.

II. Rechtsnachfolge oder Funktionsnachfolge?

1. Anspruchsberechtigung von Mutterlogen für nicht mehr existierende Tochterlogen kraft Rechtsnachfolge nach dem Vermögensgesetz

a) Altpreußische Mutterlogen als Rechtsnachfolgerinnen

Die beiden reaktivierten Altpreußischen Mutterlogen machten im eigenen Namen als Rechtsnachfolgerinnen Wiedergutmachungsansprüche für die entzogenen Vermögenswerte ihrer aufgelösten und nicht mehr existierenden Tochterlogen[24] gemäß §§ 2 Abs. 1, 1 Abs. 6, 3 Abs. 1 VermG geltend. Rechtsnachfolgerin nach dem VermG ist grundsätzlich diejenige juristische Person, die nach der NS-Zeit noch existiert und die Vermögenswerte der nicht mehr existierenden juristischen Person noch vor der NS-Entziehung übertragen bekam und diese auch behalten sollte, § 2 Abs. 1, 2 Alt. VermG. Fraglich ist, ob die Mutterlogen für ihre Tochterlogen auch anspruchsberechtigt sind, da sie die Vermögenswerte ihrer Tochterlogen nicht sachenrechtlich vor den NS-Entziehungen übertragen bekamen.

Beide Mutterlogen und ihre jeweiligen Tochterlogen hatten während der NS-Zeit allerdings satzungsrechtlich normiert, dass die Mutterlogen im Falle von Tochterauflösungen unmittelbar das alleinige Verwaltungsrecht über das Logenvermögen ihrer Tochterlogen noch vor deren Auflösungen erhielt.

Weiter wurde in ihren Satzungen normiert, dass die Vermögenswerte der Tochterlogen vor bzw. mit der Auflösung der Tochterlogen auf ihre Mutterlo-

---

23 Schreiben der GNML „3WK", Kammann an das BARoV vom 20.07.1993, Az.: I 2-1253/92/unveröffentlicht.

24 Hier seien einige der GLL „FvD" genannt, die beispielsweise an diese Großloge übertragen bzw. entschädigt wurden: Bescheid des ARoV Bergen vom 30.08.1995, Az.: 3050 UK 176 und 3050 UK 317/ unveröffentlicht; Bescheid des ARoV Nordhausen vom 16.02.1996, Az.: 16031/05152/92-ho/unveröffentlicht, der Vorgang wurde zwecks Festsetzung einer Entschädigung an die OFD-Berlin abgegeben; Bescheid des ARoV Zeitz vom 26.02.1997, Az.: EDV 2003/2006/2007/4723/ 4724/unveröffentlicht; Bescheid des LARoV Greifswald vom 31.07.1997, Az.: 10/90/674A/024/unveröffentlicht; Bescheid des ARoV Jena vom 26.11.1997, Az.: Reg. 2765/unveröffentlicht.

gen übergehen sollten (sog. Anfallklausel). Gemäß den Satzungen der Mutterlogen konnten diese auch aufgelöste Tochterlogen allein später „wiedereröffnen", vgl. beispielsweise § 31 der Satzung der GNML „3WK". Das satzungsrechtliche Anfallrecht der Tochterlogen an die Mutterloge bedeutete rechtlich, dass alle Vermögenswerte der Tochterlogen die sich während der NS-Zeit auflösten auf die Mutterlogen übertragen werden sollten. Die Vermögenswerte der Tochterlogen mussten allerdings sachenrechtlich noch an die Mutterloge übereignet werden. Bei dem satzungsrechtlich bestimmten Vermögensanfall handelt es sich insofern nur um einen schuldrechtlichen Anspruch den die begünstigte Organisation durch die Auflösung des Vereins erwarb, aber ihr noch kein Eigentumsrecht sicherte[25]. Soweit also die Vermögenswerte der Tochterlogen vor den NS-Entziehungen nicht mehr an die Mutterloge sachenrechtlich übertragen wurden, könnten[26] grundsätzlich nur die Tochterlogen im Sinne des VermG geschädigt worden sein, so dass die Mutterlogen nicht Geschädigte nach dem VermG sind. Soweit sachenrechtliche Vermögensübertragungen von Seiten der aufgelösten Tochterlogen z.B. nach der Liquidation noch an die Mutterlogen vor der NS-Entziehung stattgefunden haben, sind die Mutterlogen unstreitig auch die nach dem VermG geschädigten Organisationen gewesen. Allerdings haben von Seiten der Tochterlogen, soweit ersichtlich, jedenfalls keine sachenrechtlichen Immobilienübertragungen mehr an ihre Mutterlogen vor den NS-Entziehungen stattgefunden. Die Mutterlogen stellten sich gleichwohl auf den Standpunkt, dass sie mit dem Recht der sofortigen Vermögensverwaltung als Geschädigte im Sinne des VermG anzuerkennen sind. Die Vermögensämter vertraten nach der Wiedervereinigung allerdings zunächst noch mehrheitlich die Ansicht, dass die beiden reaktivierten Altpreußischen Mutterlogen nicht Anspruchsberechtigte für die entzogenen Vermögenswerte ihrer aufgelösten Tochterlogen nach dem VermG seien, da sie zum Zeitpunkt der Vermögensentziehungen nicht Eigentümerinnen der Vermögenswerte ihrer Tochterlogen waren. Es sollten nur die aufgelösten und geschädigten Tochterlogen während der NS-Zeit als Anspruchsberechtigte nach dem VermG in Betracht kommen, denen die Vermögenswerte formal juristisch zum Zeitpunkt der Entziehung noch gehörten, sofern diese sich auch nach der Wiedervereinigung als Logen reaktivierten. Die behaupteten Anspruchsberechtigungen der reaktivierten GNML „3WK"

25 Vgl. z.B. *Sauter / Schweyer / Waldner*, Der eingetragene Verein, S. 231.

26 Etliche Vermögensämter entschieden zunächst gegen die Mutterlogen, wobei das BVerwG 1997, als bereits zahlreiche Freimaurerverfahren abgeschlossen waren, unterstrich, dass Eigentumsübertragungsansprüche keine Vermögenswerte nach dem VermG darstellen. Vgl. auch BVerwGE, VIZ 1997, 351.

oder der GLL „FvD“ für die Vermögenswerte ihrer aufgelösten Tochterlogen wurden folglich im Sinne der §§ 1 Abs. 6, 2 Abs. 1, 3 Abs. 1 VermG *nicht* anerkannt.

Mit den ablehnenden Bescheiden der Vermögensämter fanden sich die Großlogen nicht ab. Die beiden Altpreußischen Mutterlogen argumentierten juristisch mit ihren Satzungen[27] und den Rückerstattungsurteilen, in denen sie überwiegend ihre Immobilien zurück erhalten hatten. Die Mutterlogen stellten sich auf den Standpunkt, dass die Rechtsnachfolge von den Vermögensämtern zu eng ausgelegt werde und dass sie als Rechtsnachfolgerinnen für ihre Tochterlogen anzuerkennen seien. Hierzu nahmen die Großlogen Kontakt mit dem Bundesamt zur Regelung offener Vermögensfragen auf, um es von ihrer juristischen Rechtsposition zu überzeugen. Zwar besaß das Amt keine Weisungsbefugnis gegenüber den Vermögensämtern der Länder, doch beachteten die Vermögensämter – soweit bekannt – die Stellungnahmen des BARoV und folgten ihnen in der Regel auch, so dass die Stellungnahmen an die Vermögensämter faktisch doch einen entscheidenden und erheblichen Einfluss auf die Verwaltungspraxis der Vermögensämter ausübten. Die Vertreter der beiden Altpreußischen Mutterlogen führten deshalb einen Schriftwechsel mit dem BARoV. und verwiesen zusätzlich beispielhaft auch auf die für sie jedenfalls bereits positiv abgeschlossenen Wiedergutmachungsverfahren nach dem VermG[28], welches ihre Anspruchsberechtigung für die Vermögenswerte ihrer ehemaligen Tochterlogen bestätigte. Gleichwohl hielt, trotz dieser Argumentationen der Mutterlogen, das BARoV in seinem Antwortschreiben vom 3. November 1992 an die GLL „FvD“ zunächst noch daran fest, dass Berechtigte im Sinne des § 2 Abs. 1 VermG für die ursprünglichen Vermögenswerte der Tochterlogen ausschließlich eine reaktivierte Tochterloge sei, die ihre alten Vereinszwecke wieder verfolge, nicht aber die Mutterloge. Nach damaliger Auffassung des BARoV reichte es insofern nicht aus, dass sich die Altpreußischen Mutterlogen reaktiviert hatten und die Vermögensverwaltungen ihrer Tochterlogen vor der NS-Entziehung übernahmen. Dies führte in der Praxis erst einmal dazu, dass die Mehrheit der Vermögensämter eine Anspruchsberechtigung der Mutterlogen als Rechtsnachfolgerinnen nach dem VermG weiterhin ablehnte. Die aus Freimaurersicht „unerträgliche Situation“ veranlasste die GNML „3WK“, dem BARoV als Koordinierungsstelle der Vermögensämter zu der Kernfrage ihrer juristischen „Anspruchsberechtigung“ nach dem VermG weitere Nachweise zukommen zu lassen, um das BARoV von der

27 BGHZ 19, 51 ff.

28 BGHZ 19, 51 ff.

Anspruchsberechtigung der Mutterloge für die entzogenen Vermögenswerte zu überzeugen.[29] Ihrer Überzeugung nach waren die Mutterlogen unabhängig davon anspruchsberechtigt sein, ob die Großlogen einzelne Tochterlogen „wieder eröffneten“ oder nicht.[30] Über die Reaktivierung einer Tochterloge kann die Mutterloge nach ihrem Satzungsrecht autark entscheiden.[31]

(1) Herrschende Meinung: Anspruchsberechtigung anerkannt

Tatsächlich gab das BARoV seine frühere Rechtsposition auf und legte den Rechtsbegriff der Rechtsnachfolge im VermG nunmehr „weit“ aus, so dass die altpreussischen Mutterlogen als Rechtsnachfolgerinnen ihrer erloschenen Tochterlogen wie im Rückerstattungsrecht anerkannt wurden. Dies wurde möglich, nachdem zwischen dem BMF und BMJ eine interne Verständigung stattgefunden hatte. Mit Schreiben des BARoV vom 11. Januar 1994 an die Großloge GNML „3WK“ wurde ihr dies in einer ausführlichen rechtlichen Stellungnahme mitgeteilt und zwar unter Bezugnahme auf das Urteil des II. Zivilsenats des BGH aus dem Jahre 1955[32] sowie unter Bezugnahme auf eine vorherige Stellungnahme des Bundesministeriums der Justiz vom 5. Juli 1993[33], die wiederum auf die Logensatzung der GNML „3WK“ während der NS-Zeit im Einzelnen Bezug nahm:

> „Erst nach der durch das Bundesdirektorium erteilten Genehmigung zur Schließung oder Auflösung einer Tochterloge (§§ 24, 25, 29 Satzung), Erfüllung deren sämtlicher Verpflichtungen und Übergabe des danach noch vorhandenen Vermögens (mit Anschluss des Vermögens der Stiftungen) an das Bundesdirektorium erklärt dieses die Tochterloge für geschlossen oder aufgelöst. Gemäß § 28 der Satzung verwaltet das Bundesdirektorium das Vermögen der geschlossenen Tochterlogen nach deren Beschlüssen und Satzungen.“

29 Vgl. die Rückgaben an die GLL „FvD“ beispielsweise durch den Bescheid des ARoV Naumburg vom 13.05.1997, Az.: EDV 2003/2006/2007/4723/4724/unveröffentlicht; Bescheid des ARoV Nordhausen vom 16.02.1996, Az.: 16031/05152/92-ho/ unveröffentlicht, Entschädigung bezüglich Domstraße 22, OFD-Berlin, Az.: V452-VV5100, TH-1049/unveröffentlicht; Bescheid des ARoV Nordhausen vom 6.02.1996, Az.: 16031/05152/92-ho/unveröffentlicht.

30 Gesetzbuch der GLL“FvD“ vom 8.04.1925, Abschnitt II, 7a, § 3 Abs. 6, S. 21 ff.

31 Bescheid des Landkreises Oberhavel, vom 16.03.1994, Az.: 7.210/unveröffentlicht.

32 BGHZ 19, 51 ff.

33 Schreiben des BARoV an die GNML „3WK“ am 11. Januar 1994, veröffentlicht im Bundesblatt der GNML „3WK“, „Rückübertragung von Vermögenswerten der erloschenen Logen in den neuen Bundesländern, Sonderdruck 1998, S. 63, S. 4 f. des benannten Schreibens.

Das BARoV schrieb hierzu weiter am 11. Januar 1994 an die GNML „3WK"[34]:

> „Die Vermögensübernahme und -verwaltung des Vermögens der aufgelösten Tochterlogen durch das Bundesdirektorium der Großloge erfolgt gemäß §§ 26 ff. Satzung vor Schließung bzw. Auflösung der Tochterloge ohne einen besonderen Übertragungsakt. Selbst während der NS-Zeit mußten die verfolgten Tochterlogen keinen besonderen Beschluß über den Verbleib (hier Übertragung) des Liquidationsvermögens fassen."

Aus alledem ergebe sich bereits, dass die Vermögenswerte der Tochterlogen satzungsrechtlich auf die Großlogen übergehen sollten und dass das NS-Regime den Großlogen bereits die übergegangene Vermögensverwaltung entzog, wodurch die reaktivierten Mutterlogen Geschädigte und Anspruchsberechtigte nach dem VermG seien. Dieser Rechtsauffassung schlossen sich nunmehr auch die übrigen Vermögensämter und Gerichte in der Regel an, wodurch die GNML „3WK" und auch die GLL „FvD" als Rechtsnachfolgerinnen ihrer erloschenen Tochterlogen im Sinne des §§ 1 Abs. 6, 2 Abs. 1, 3 Abs. 1 VermG anerkannt wurden.[35]

(2) Gegenansicht: Keine Anspruchsberechtigung der Mutterloge

Einige Vermögensämter haben anfangs, wie soeben aufgezeigt, entschieden, dass die altpreussischen Mutterlogen keine Rechtsnachfolgerinnen ihrer Tochterlogen sind. Im Jahr 1997, als bereits die überwiegenden Freimaurerverfahren zugunsten der altpreussischen Mutterlogen als Rechtsnachfolgerinnen ihrer Tochterlogen abgeschlossen waren, entschied das BVerwG[36], dass schuldrechtliche Eigentumsübertragungsansprüche grundsätzlich noch keine gesicherten Vermögenswerte nach dem VermG darstellen. Hieraus ließe sich möglicherweise ableiten, dass das BVerwG die Mutterlogen nicht als Rechtsnachfolgerinnen für die entzogenen Vermögenswerte der aufgelösten Tochterlogen ansehe. Sicher ist dies allerdings nicht, da das BVerwG möglicherweise wegen der unmittelbar übergegangenen Vermögensverwaltung jedenfalls bei den altpreußischen Freimaurerlogen eine andere Gesamtbewertung vornehmen würde. Auch hat das BVerwG selten zu

---

34 Schreiben des BARoV an die GNML „3WK" vom 11.01.1994, Az.: I 2- VV 5195 – 1253/92 auf Seite 5 des Briefes, abgedruckt: in Sonderdruck, Dokumentation der GNML „3WK" zur Rückübertragung von Vermögenswerten, 1998.

35 BVerwGE, VIZ 1997, 351, offen gelassen in BVerwG Beschluss vom 16.04.1997, Az.: 7 B 109.97/nicht veröffentlicht.

36 BVerwGE, VIZ 1997, 351, offen gelassen in BVerwG Beschluss vom 16.04.1997, Az.: 7 B 109.97/nicht veröffentlicht.

Freimaurerlogen entschieden. Die Freimaurerfälle wurden in der Regel spätestens vor den Verwaltungsgerichten abgeschlossen. Das BVerwG ließ in dem Freimaurerfall der „Odd Fellows" auf Seite 4 seines Beschlusses ebenfalls diese Rechtsfrage offen, wie es die Anfallklausel dieser freimaurerähnlichen Mutterloge bewerten würde:[37]

> „Zwar trifft es zu, dass das Verwaltungsgericht die Nachfolge des Klägers zu 1. nach der früheren Genossenschaft verneint hat, weil das Vermögen der Logen nicht mit deren Auflösung auf die Großloge übergegangen sei und aus den Satzungen nicht ersichtlich sei, daß ein solcher Vermögensübergang vorgesehen sei."

Daraus lässt sich jedoch weder schließen, dass das Verwaltungsgericht die von den Klägern vorgelegten Unterlagen nicht zur Kenntnis genommen oder in Erwägung gezogen hat, noch hat das Gericht dem Rechtsstreit damit eine Wende gegeben, mit der die Kläger nach dem bisherigen Verlauf des Verfahrens nicht zu rechnen brauchten. Ausweislich der Gerichtsakten hatte der Beklagte bereits mit Schriftsatz vom 8. Februar 1995 (S. 59 ff. d. A. <S. 67>) unter Hinweis auf dieselbe Satzungsbestimmung, auf die die Kläger sich mit ihrer Beschwerde berufen, die Auffassung vertreten, ein Eigentumsübergang auf die Großloge habe bei Schließung der Logen nicht automatisch erfolgen sollen; vielmehr habe es dafür eines Übertragungsaktes bedurft, zu dem die Kläger nichts vorgetragen hätten.

> Mit den von den Klägern in ihrer Beschwerde beanstandeten Ausführungen des Urteils hat das Verwaltungsgericht sich daher lediglich einen Rechtsstandpunkt des Beklagten zu Eigen gemacht, der bereits Gegenstand des Verfahrens gewesen war und eine Kenntnis der Satzungsbestimmung voraussetzte."

In einem anderen Beschluss aus dem Jahre 2001 hat das BVerwG aber entschieden, dass es jedenfalls nicht ausreicht, wenn die Mutterloge bzw. die Tochterloge noch einen Beschluss über den Vermögensübergang an die Mutterloge treffen musste, und gleichzeitig wieder darauf hingewiesen, dass der schuldrechtliche Anspruch noch kein Eigentumsrecht für die Mutterloge darstellt:[38]

> „Das Verwaltungsgericht weist zutreffend darauf hin, dass nach dieser Satzungsbestimmung der Auflösung der Loge ein Beschluss über die Verwendung des Vermögens vorausgehen muss, der nach bestimmten Grundsätzen zu treffen ist. Eine Rechtsnachfolge im Sinne des § 2 Abs. 1 Satz 1 VermG kann sich daher allenfalls aus dem Inhalt eines solchen Beschlusses ergeben, sieht man davon ab, dass dieser aus zivilrechtlicher Sicht nicht mehr als einen schuldrechtlichen Anspruch auf Übertragung von Vermögenswerten begründet. […] Dass die Altloge einen solchen die Klägerin begünstigenden Beschluss gefasst hat, ist jedoch vom

---

37 BVerwG Beschluss vom 16.04.1997, Az.: 7 B 109.97/nicht veröffentlicht.

38 BVerwGE vom 23.01.2001, Az.: 7 B 171.00. In dem Beschluss wurde auch die Funktionsnachfolge einer Mutterloge abgelehnt, da die Voraussetzungen dafür von der Ausgangsinstanz nicht festgestellt wurden.

Verwaltungsgericht nicht festgestellt, geschweige denn, von der Klägerin im verwaltungsgerichtlichen Verfahren vorgetragen worden."

Nach dieser Ansicht wären die Mutterlogen nicht als Anspruchsberechtigte für ihre Tochterlogen kraft Rechtsnachfolge anzusehen, da die Vermögenswerte noch nicht auf die Mutterlogen sachenrechtlich übertragen wurden.

(3) Stellungnahme

Der ersten Meinung ist zu folgen. Die Gegenansicht unter (2) ist allerdings zuzubilligen, dass in den satzungsrechtlichen Anfallsbestimmungen der Tochterlogen keine Erbeinsetzung und insofern keine Gesamtrechtsnachfolge für die Mutterloge mit der Auflösung der Tochterlogen eintritt. Eine Fusion zwischen zwei Vereinen (z.B. Mutter- und Tochterloge) mit Vermögensübergang, wie bei einer Aktiengesellschaft (AG) oder einer Gesellschaft mit beschränkter Haftung (GmbH), gibt es bei Vereinen grundsätzlich nicht.[39] Dies ändert allerdings am Ergebnis nichts. In der Gesamtschau liegt ein übergegangenes Vermögensrecht zugunsten der Mutterloge im Sinne des VermG durch die damaligen Satzungen der Freimaurerlogen vor. Von den Vertretern der anderen Meinung wird übersehen, dass das Recht zur Vermögensverwaltung bereits vor der Auflösung der Tochterlogen uneingeschränkt und ohne weitere Zwischenschritte direkt auf die Mutterloge übergegangen ist, wodurch ein gesichertes Vermögensrecht der Mutterloge vorliegt. Die Mutterloge konnte völlig unbeschränkt über die Vermögenswerte der Tochterlogen disponieren, auch wenn sie sachenrechtlich noch nicht übertragen waren. Durch die staatlichen Vermögensentziehungen ist aber der Vermögensverlust der Mutterloge eingetreten, da die Mutterloge nicht mehr über das Vermögen der Tochterlogen satzungsgemäß schrankenlos und beliebig verfügen konnte. Insofern sind die Mutterlogen berechtigt, die Vermögenswerte ihrer ehemaligen Tochterlogen als Rechtsnachfolgerin nach dem VermG zu beanspruchen. Dies erscheint auch sachgerecht, da ansonsten umfangreiche Vermögenswerte beim Staat verblieben wären, was völkerrechtlich und national nicht gewollt ist. Gestützt wird diese Einschätzung auch durch die Rechtsprechung der Alliierten zu den Freimaurerverfahren nach 1945 in Westdeutschland.

(4) Ergebnis

Die GNML „3WK" sowie die GLL „FvD" haben als Rechtsnachfolgerinnen ihrer Tochterlogen die meisten entzogenen Vermögenswerte ihrer ehemaligen

39 *Sauter / Schweyer / Waldner*, Der eingetragene Verein, S. 231.

Tochterlogen auf dem Beitrittsgebiet nach §§ 2 Abs. 1, 3 Abs. 1, 1 Abs. 6 VermG zurück erhalten, bzw. eine Entschädigung für die NS-Entziehungen erhalten. Unabhängig von den vorausgegangenen juristischen Problemen wurde von der GNML „3WK“[40] 1993 eine gemeinnützige Freimaurerstiftung, sog. „Weltkugel-Stiftung“ in Berlin gegründet in der von ihr sämtliche zurükkerhaltenen und noch zu übertragenden Vermögenswerte nach dem VermG übergingen und das Stiftungsvermögen bildeten. Verwaltet wird das Vermögen, anders als bei Vereinen, durch den Stiftungsvorstand, §§ 80 ff. BGB. Die GNML „3WK“ hat als einzige der drei bestehenden Großlogen in Deutschland ihre zurückerhaltenen Grundstücke und Vermögenswerte in den neuen Bundesländern in eine Stiftung eingebracht, die von dem Freimaurer Oswald Kammern angeregt und von der Mutterloge umgesetzt wurde. Die Stiftung hat nach ihrer Satzung den Zweck, kulturelle und soziale Aufgaben zu erfüllen, vorrangig die Unterstützung bedürftiger Kinder, Jugendlicher, Familien, Senioren, Kranker oder Pflegebedürftiger[41] in den neuen Bundesländern.

b) AFuAMvD Mutterloge als Rechtsnachfolgerin für ihre verbundenen Tochterlogen

Die 1949 gegründete Großloge AFuAMvD konnte sich im Vergleich zu den beiden anderen altpreußischen Berliner Großlogen nicht als identische Mut-

---

40 Beispielhafte Rückübereignungen an die GNML „3WK“: Bescheid des ARoV Salzwedel vom 22.07.1993, Az.: Reg. -Nr. 03-3/2a-Ch/Ro/unveröffentlicht; Bescheid des ARoV Brandenburg an der Havel vom 18.11.1993, Az.: 12001 003313 93 er - wf/unveröffentlicht; Bescheid des ARoV Burg vom 14.10.1993, Az.: 15014 000753 92/unveröffentlcht; Bescheid des ARoV Aschersleben, ohne Datum, Az.: 25-11244/unveröffentlicht; Bescheid des ARoV Wolmirstedt vom 16.02.1994, Az.: bäu-schl/unveröffentlicht; Bescheid des ARoV Finsterwalde vom 20.04.1994, Az.: 12022 001340 92/unveröffentlicht; Bescheid des LARoV Halle (Saale) vom 28.04.1994, Az.: W 3548-ma-eb/unveröffentlicht; Bescheid des ARoV Frankfurt/Oder vom 31.05.1994, Az.: 12004-792-91/unveröffentlicht; Bescheid des ARoV Mühlhausen / Th. vom 21.06.1994, Az.: 10.7-973-2/2826 mok-hz/unveröffentlicht; Bescheid des LARoV Halle vom 6.07.1994, Az.: W 3548/unveröffentlicht; Bescheid des ARoV Weißenfels vom 10.08.1994, Az.: 1504200179292/unveröffentlicht; Bescheid des ARoV Pasewalk vom 23.06.1995, Az.: 13028 28029 90/unveröffentlicht; Bescheid des ARoV Perleberg vom 11.12.1995, Az.: 12037 3920/92-Hey/unveröffentlicht; VG Halle vom 10.07.1997, Az.: 3A 225/94/unveröffentlicht.

41 Zunächst sollen die Häuser durch den Mietzins wieder aufgebaut bzw. saniert werden. Danach soll der eingenommene Mietzins allein zu Stiftungszwecken aufgewendet werden. Die Loge benötigt in der Regel nicht das ganze Haus und kann so einzelne Teile wirtschaftlich vermieten. Hiermit knüpft die Großloge an eine alte Freimaurer Tradition an, gemeinnützige Stiftungen ins Leben zu rufen. Vgl. auch Satzung der Weltkugel Stiftung.

terloge reaktivieren, da sie während der NS-Zeit nicht als Großloge existierte. Unabhängig hiervon traten ihr nach der NS-Zeit Freimaurerlogen aus der ursprünglich dritten, heute nicht mehr existierenden Altpreußischen Großloge bei, sowie andere Freimaurerlogen, so dass sie auch an diese Traditionen anknüpft. Die relativ junge Mutterloge und ihre verbundenen Tochterlogen haben historisch bedingt anders als die beiden anderen altpreußischen Mutterlogen, keine satzungsrechtliche Anfallklausel im Sinne des § 45 BGB während der NS-Zeit gehabt. Es sollten im Falle der Auflösungen keine Vermögenswerte von den Freimaurerlogen auf diese Mutterloge übergehen. Das NS-Regime entzog diesen Logen uneingeschränkt alle Vermögenswerte. Die entzogenen Vermögenswerte wurden deshalb z.B. unmittelbar von den Tochterlogen nach einem Liquidationsverfahren bzw. nach dem Freimaurerverbot auf das NS-Regime sachenrechtlich übertragen.[42] In diesem Fall wäre in der Regel allein die aufgelöste Tochterloge als unmittelbar Geschädigte und Anspruchsberechtigte anzusehen, weshalb auch nur die reaktivierte Freimaurerloge einen Wiedergutmachungsanspruch nach den Vorschriften des VermG erfolgreich beanspruchen könnte.

Da sich die während der NS-Zeit aufgelösten Freimaurerlogen nach der Wiedervereinigung mangels noch lebender Mitglieder nicht mehr mit zahlreichen identischen Mitgliedern reaktivieren konnten gab es grundsätzlich keine Anspruchsstellerinnen mehr nach der Wiedervereinigung für diese untergegangen Freimaurerlogen und ihrer Vermögenswerte. Die heute größte deutsche Großloge / Mutterloge AFuAMvD machte gleichwohl Rückerstattungsansprüche für sämtliche ihr nach 1949 beigetretenen ehemaligen Großlogen und Tochterlogen nach der Wiedervereinigung als Rechtsnachfolgerin geltend, die ihr nach der NS-Zeit beigetreten waren, §§ 1 Abs. 6, 2 Abs. 1 und 3 Abs. 1 VermG.

(1) Anerkennung der Anspruchsberechtigung

Jedenfalls in einem Fall[43] ging ohne Begründung ein Vermögensamt davon aus, dass die AFuAMvD Mutterloge Rechtsnachfolgerin „ihrer" Tochterlogen seien, wie dies bei den anderen altpreußischen Mutterlogen während der NS-Zeit war. In diesem Fall wurde die Rechtsnachfolge unterstellt, aber offen-

---

42 BVerwG, VIZ 1997, S. 351=ZIP 1997, S. 940.

43 Vgl. z.B. Bescheid des Landratsamt Riesa-Großenhain vom 6.03.1997, dass ohne nähere Begründung eine Rechtsnachfolge angenommen hat, Az.: 14031-1201-92/ unveröffentlicht. Dem Verfasser lag nur ein Bescheid vor, der so zurück übertragen wurde.

sichtlich nicht näher geprüft. Nach dieser Meinung werden entzogene Vermögenswerte an die Mutterloge AFuAMvD nach dem VermG als Rechtsnachfolgerin ihrer verbundenen Tochterlogen übertragen.

(2) Ablehnung der Anspruchsberechtigung mangels Vermögensübergang

Die meisten Vermögensämter lehnten eine Rückgabe an die AFuAMvD Mutterloge mangels Rechtsnachfolge für ihre Tochterlogen ab. Diese Meinung verneint einen Anspruch der Mutterloge mit der Begründung, die Mutterloge habe die entzogenen Immobilien der verbundenen Freimaurerlogen nie sachenrechtlich übertragen bekommen. Auch sei kein Recht zur Vermögensverwaltung auf die Mutterloge unmittelbar vor Auflösung der Tochterlogen auf die Mutterloge übergegangen, so dass auch kein Anspruch bestehen kann.

(3) Stellungnahme

Die zweite Auffassung überzeugt. Die erst 1949 neu gegründete AFuAMvD Mutterloge ist keine reaktivierte Mutterloge und auch nicht Rechtsnachfolgerin von ehemaligen aufgelösten Tochterlogen während der NS-Zeit. Die während der NS-Zeit aufgelösten Tochterlogen hatten auch kein Anfallsrecht an diese Mutterloge normiert. Auch mangelte es hier an einer satzungsrechtlichen Bestimmung, dass die Mutterloge über die Vermögenswerte der Tochterlogen mit oder vor ihren Auflösungen, wie eine Eigentümerin verfügen durfte bevor die NS-Entziehungen stattgefunden haben. Die Vermögenswerte wurden auch nie auf diese Mutterloge sachenrechtlich übertragen, so dass sie nie eine Eigentümerposition inne hatte.

(4) Ergebnis

Die Großloge / Mutterloge AFuAMvD ist nicht Rechtsnachfolgerin der erloschenen Tochterlogen.

2. Anspruchsberechtigung von Freimaurerlogen als Funktionsnachfolgerinnen

Nach der Wiedervereinigung war es höchst streitig, ob das VermG mit der Normierung der Rechtsnachfolge auch die Funktionsnachfolge mit umfasste, wie es die Rückerstattungsgesetze der Alliierten durch die Normierung der entsprechenden sog. „Zwecknachfolge“ taten. Unter einer Funktionsnachfolge bei Freimaurerlogen wird eine neu gegründete Freimaurerloge verstanden die durch die Übernahme des alten Freimaurernamens, der alten Logentraditionen und ihrer alten Satzungen die Aufgaben der aufgelösten Freimaurerloge übernimmt. Bei Anerkennung einer Funktionsnachfolge erhält der neu gegründete Verein auch die entzogenen Vermögenswerte nach dem VermG übertragen. Nach der sog. Zwecknachfolge in den Alliierten Rückerstattungsgesetzen ist es bereits so gewesen, dass entzogene Vermögenswerte an einzelne ähnliche, neu gegründete Vereinigungen wie aufgelösten Freimaurerlogen übertragen werden konnten, sog. Nachfolgeorganisationen. Die AFuAMvD Mutterloge versuchte die „Rückübertragungen" über die Rechtsfigur der Funktionsnachfolge nach dem VermG zu erlangen. Zusätzlich versuchten einige neu gegründete Tochterlogen, die der Mutterloge AFuAMvD zugehörig sind, von den Vermögensämtern als selbständige Funktionsnachfolgerinnen nach § 2 Abs. 1 VermG von nicht mehr bestehenden Tochterlogen anerkannt zu werden.[44]

a) Funktionsnachfolgerin und das Vermögensgesetz

Die Worte „Freimaurerloge" oder „Freimaurer" sind juristisch nicht geschützt, so dass grundsätzlich jeder eine Freimaurerloge gründen, oder sich Freimaurer nennen kann. Dies ist vielleicht ein Grund weshalb die englische Mutterloge sich stets vorbehält zu überprüfen, ob die weltweit existierenden Freimaurerlogen die „alten Pflichten" der englischen Mutterloge einhalten oder nicht. Die englische Mutterloge kann je nach Sachlage und Ergebnis der Prüfung z.B. die einmal ausgesprochene Anerkennung einer Freimaurerloge widerrufen[45], oder die Anerkennung einer nationalen Mutterloge erst gar nicht aussprechen, wenn die „alten Pflichten" nicht eingehalten werden. Freimaurerlogen sind in diesem Sinne international verbunden, aber nicht international organisiert. Insofern gibt es in fast allen Staaten auch Freimaurerlogen, die von der englischen Mutterloge nicht anerkannt sind und sich trotzdem Freimaurerlogen nennen können. Für die Anerkennung als Funktionsnachfolgerin ist es grundsätzlich nicht notwendig gewesen, dass es sich bei der neu gegründeten Freimaurerloge um eine solche handelte, die von der englischen oder deutschen Mutterloge anerkannt wird. Allerdings haben nur solche deutsche Freimaurerlogen ihre Freimaurerlogen mit den dazugehörigen Vermögenswerten „zurück" erhalten, die es waren.

---

44 Vgl. beispielsweise ARoV Meißen, Bescheid vom 3.05.1995, Az.: 14040 004648 91/nicht veröffentlicht; Bescheid des ARoV Leipzig vom 3.08.1995, Az.: 27.13 Og/Ta/unveröffentlicht.

Die Vermögensämter entschieden anfangs von Fall zu Fall unterschiedlich, ob sie eine Funktionsnachfolge anerkannten oder nicht. In den Jahren bis 1994, als die Funktionsnachfolge als Rechtsnachfolge noch nicht im VermG stand versuchten die Rechtsanwälte der Freimaurerlogen in einer Analogie zu der Zwecknachfolge aus den Rückerstattungsgesetzen eine Funktionsnachfolge herzuleiten, da die AfuAMvD-Freimaurerlogen ansonsten nach dem VermG chancenlos geblieben wären, eine Wiedergutmachung für die entzogenen Vermögenswerte zu erhalten. Hierzu wurden die Bestimmungen aus den Rückerstattungsgesetzen der Zwecknachfolge herausgearbeitet und eine Parallele zum VermG gezogen. Die westlichen Alliierten führten nämlich, wie gezeigt wurde, bereits in den Jahren 1949–1951 die sog. „Zwecknachfolge"[46] ein, Art. 7 BrREG, Art. 8 REG, Art. 8 REAOBln, Art. 9 Verordnung Nr. 120. Hierunter fielen auch die Freimaurerlogen.[47] Dabei stellten die britischen und amerikanischen Rückerstattungsgesetze die Entscheidung, ob ein neu gegründeter Verein als „Zwecknachfolge" anerkannt wurde, in das billige Ermessen der Wiedergutmachungskammern.[48] Nach den französischen Rückerstattungsregelungen konnten juristische Personen, die sich die Pflege der Menschlichkeit oder Wohltätigkeit zum Ziel gesetzt hatten, aber auch Gewerkschaften und Genossenschaften als Nachfolgeorganisationen von ehemaligen Organisationen, sofern sie deren frühere ähnlichen Ziele verfolgten, anerkannt werden. Zusätzlich waren in § 11 Ziffer 2a bis c BRüG Nachfolgeorganisationen festgelegt, die in jedem Fall nach dem Rückerstattungsrecht als anspruchsberechtigt anerkannt wurden, wozu allerdings nicht die Freimaurerlogen gehörten. Die Anerkennung des Vereins als „Zwecknachfolger" erfolgte entweder durch eine besondere Anordnung der zuständigen Militärregierung im Rahmen der Kontrollratsdirektive Nr. 50 vom 29. April 1947[49] oder durch Richter-

45 Ob eine Freimaurerloge durch die englische Mutterloge anerkannt ist oder nicht lässt sich z.B. in dem „Internationalen Freimaurer Lexikon" nachlesen, oder bei der englischen Mutterloge erfragen.

46 *Stoecker*, MDR 1952, S. 204.

47 *v. Godin*, Rückerstattungsgesetze, Art. 8 REG, S. 33; *Goetze*, a.a.O., S. 177 f.

48 Vgl. hierzu auch BGHZ 19, 63.

49 Die Kontrollratsdirektive Nr. 50 ist im ABl des Kontrollrats Nr. 15, S. 275 ff. veröffentlicht worden. Vgl. hierzu auch Buschbom, in: Schwarz, Wiedergutmachung, Band 2, S. 13 und die Einführung zu den Vorschriften der REG der einzelnen Zonen weiter oben. Die Funktionsnachfolge wurde beispielsweise durch folgende Vorschriften aufgenommen: Art. 8 REG; Art. 7 Abs. 2 BrREG; Art. 8 REAOBln.

spruch nach Billigkeitsgrundsätzen.[50] Die ersten beiden Absätze des Art. 8 REG zur Zwecknachfolge lauteten folgendermaßen:

> „1.) Ist eine juristische Person oder eine nicht rechtsfähige Personenvereinigung aus den Gründen des Art. 1 aufgelöst oder zur Selbstauflösung gezwungen worden, so kann der Rückerstattungsanspruch, der ihr zustehen würde, wenn sie nicht aufgelöst worden wäre, von einer von der Militärregierung zu bestimmenden Nachfolgeorganisation geltend gemacht werden.
>
> 2.) Wenn dies unter Berücksichtigung aller Umstände billig erscheint, gilt eine juristische Person oder eine nicht rechtsfähige Personenvereinigung, ohne von der Militärregierung als Nachfolgeorganisation bestimmt zu sein, hinsichtlich eines in Abs. 1 dieses Artikels bezeichneten Rückerstattungsanspruchs als Rechtsnachfolger im Sinne des Art. 7; jedoch gilt in Fällen, in denen einer von der Militärregierung bestimmten Nachfolgeorganisation ein ordnungsmäßig angemeldeter Rückerstattungsanspruch zusteht, hinsichtlich dieses Anspruches keine andere Organisation als Rechtsnachfolger."

Auch das REG hatte für aufgelöste Freimaurerlogen keine Nachfolgeorganisationen benannt. Insbesondere die AfuAMvD-Mutterloge hoffte bei der rechtlichen Unsicherheit auf eine gesetzliche Hilfe und Klarstellung im VermG. Eine gerichtliche höchstrichterliche Klärung darüber, ob die Funktionsnachfolge vom VermG umfasst ist, hätte möglicherweise bis 1996 oder länger dauern können. Aus diesem Grunde hat der Bundesrat zuvor auf Initiative und Intervention u.a. der Freimaurerlogen anlässlich der bevorstehenden Verabschiedung des Sachenrechtsänderungsgesetzes (SachenRÄndG) innerhalb des VermG im Jahre 1994 auf einer ausdrücklichen gesetzlichen Aufnahme der *Funktionsnachfolge* zugunsten von NS-Opfern, wie der Vereine der Freimaurerlogen, bestanden. Die Großlogen standen vorher hierzu in Korrespondenz mit dem damaligen BARoV, welches wiederum auf die Gesetzgebung Einfluss nahm.

(1) Erste Meinung: VermG umfasst Funktionsnachfolge

1990 wurde die Funktionsnachfolge nicht wörtlich ins VermG hineingeschrieben. Die Bundesregierung ging laut dem Regierungsentwurf 1990 allerdings bereits davon aus, dass die Rechtsnachfolge weit auszulegen sei und die Funktionsnachfolge mit umfasse.[51] Der Bundesrat schlug zur Klarstellung

50 *Schwarz*, in: Schwarz, Wiedergutmachung, Band 2, S. 13; *Stoecker*, MDR 1952, S. 204 ff.

51 Vgl. Erläuterungen der Bundesregierung zum Entwurf des VermG, BT-Drucks 11/7831, E 100.1, S. 7.

schließlich vor[52], für die verfolgten Gruppen, wie die Freimaurer, die „Funktionsnachfolge“ in einem eigenen Satz im VermG aufzunehmen, die der „Zwecknachfolge“ im Alliierten Rückerstattungsrecht entsprach.[53] Insofern ist die Funktionsnachfolge nach dieser Meinung vom VermG von Anfang an umfasst gewesen, so dass sich die Freimaurerlogen hierauf auch rechtswirksam berufen konnten.

(2) Zweite Meinung: VermG umfasst Funktionsnachfolge nicht

In der Praxis wurde die Rechtsfigur der Funktionsnachfolge / Rechtsnachfolge dagegen von den Vermögensämtern in den ersten Jahren der Wiedergutmachung selten anerkannt, da sie nicht ausdrücklich im VermG stand. Aus diesem Grunde wurde die Funktionsnachfolge von vielen Vermögensämtern sogar teilweise bis nach 1994 nicht anerkannt.

(3) Stellungnahme

Die erste Meinung ist vorzugswürdig, so dass die Funktionsnachfolge bereits von Anfang an durch das VermG umfasst war und sich die Freimaurer hierauf auch berufen konnten.[54] Bei der Aufnahme der Funktionsnachfolge gemäß § 2 Abs. 1 Satz 4 a.F. handelte es sich lediglich um eine gesetzliche Klarstellung und nicht um eine Gesetzesänderung[55], die aufgrund einer Beschlussempfehlung des Vermittlungsausschusses nach Art. 77 GG zum SachenRÄndG im Jahre 1994 ergänzt wurde (heute § 2 Abs. 1 Satz 5 VermG) und die Funktionsnachfolge von Vereinigungen eindeutig erkennbar normierte[56]:

> „Im übrigen gelten in den Fällen des § 1 Abs. 6 als Rechtsnachfolger von aufgelösten oder zur Selbstauflösung gezwungenen Vereinigungen die Nachfolgeorganisationen, die diesen Vereinigungen nach ihren Organisationsstatuten entsprechen und deren Funktionen oder Aufgaben wahrnehmen oder deren satzungsmäßige Zwecke verfolgen; als Rechtsnachfolger gelten insbesondere die Organisationen,

---

52 Nach Art. 77 GG wurde eine gesetzliche Klarstellung (Vermittlungsausschuss) bezüglich der Funktionsnachfolge zu dem Gesetz zur Änderung sachenrechtlicher Bestimmungen (Sachenrechtsänderungsgesetz-BT-Drucks 12/5992, 12/7425, 12/7668) angeregt.

53 Vgl. *Weigel*, in: Kimme / u.a., offene Vermögensfragen, § 2 VermG, Rn. 46; *Leber*, OV spezial, 07/1995, S. 98.

54 *Horn*, RWS-Dok. 2, Nr. II, 2.3, S. 12; VermG, BT-Drucks. 11/7831, S. 3; vgl. auch *Küpper*, Kollektive Rechte in der Wiedergutmachung von Systemunrecht, S. 721.

55 *Wasmuth*, in RVI, § 2VermG, Rn. 104; BVerwG, in: ZOV 2008, S. 159 ff.

56 *Leber*, OV spezial 07/95, S. 98 ff.

die aufgrund des Rückerstattungsrechts als Nachfolgeorganisationen anerkannt worden sind".

Freimaurerlogen werden nach dem VermG als Funktionsnachfolger demnach anerkannt, sofern sie der aufgelösten Rechtsperson oder Vereinigung nach Organisation, Zielsetzung und Bedeutung gemäß ihrer Satzung im Wesentlichen entsprechen.[57] Es ist allerdings nicht erforderlich, dass sie in derselben Rechtsform organisiert sind oder, dass die Satzungsstatute völlig identisch übernommen wurden.[58] Insofern verlangt das VermG keine völlige Identität der Vereinigungen. Es ist auch nicht erforderlich, dass sich in der neuen Vereinigung zwingend ehemalige Mitglieder befinden.[59] Das BVerwG bestätigte, dass für die Annahme der Funktionsnachfolge grundsätzlich die Organisationsstatuten der aufgelösten Freimaurerlogen sowie der neu gegründeten Freimaurerloge zu vergleichen sind, um zu überprüfen, ob die Funktionen der Freimaurerlogen im Wesentlichen identisch sind.[60]

„Eine Rechtsnachfolge im Sinne dieser Vorschrift setzt voraus, dass die Nachfolgevereinigung der aufgelösten oder zur Selbstauflösung gezwungenen Vereinigung nach ihrem Organisationsstatut entspricht und deren Funktionen oder Aufgaben wahrnimmt oder deren satzungsmäßige Zwecke verfolgt. Der Sinn dieser Regelung besteht darin, den entzogenen Vermögenswert mangels eines echten Rechtsnachfolgers nicht in die Hand des Fiskus fallen zu lassen, der selbst (nach dem Gesichtspunkt der Staatenidentität) für die Entziehung – nach dem Kausalitätsprinzip – verantwortlich gewesen sei; vielmehr soll der Vermögenswert durch die Nachfolgefiktion wieder der Funktion zugeführt werden, die sein früherer Eigentümer wahrgenommen hat. Die Rechtsnachfolge beruht demgemäß nicht auf einer personalen Verbindung zwischen Rechtsvorgänger und Nachfolgeorganisation; die Verknüpfung wird allein über die Identität der Aufgabenfelder hergestellt."

(4) Ergebnis

Die Funktionsnachfolge wird von dem VermG umfasst.

Weiter ist umstritten gewesen, ob eine Mutterloge eine *Funktionsnachfolgerin* im Sinne einer Nachfolgeorganisation für zahlreiche aufgelöste und ihr verbundenen Freimaurerlogen nach dem VermG sein kann, oder nicht. Die Tatsache, dass Freimaurerlogen als Nachfolgeorganisationen durch einzelne Wiedergutmachungskammern nach den Rückerstattungsgesetzen anerkannt

---

57 Vgl. BVerwGE vom 6.06.2002, Az.: 7 C 7.02.

58 Vgl. z.B. BVerwG, in: VIZ 2002, S. 225 f.

59 VG Dresden, in; ZoV 2006, 406 ff.; BVerwG, in: VIZ 2002, 225 f.

60 Vgl. zu den Anforderungen der Funktionsnachfolge beispielsweise: BVerwGE vom 6.06.2002, Az.: 7 C 7.02.; VG Dresden, Urteil vom 5.07.2000, Az.: 11 K 2736/96, nachgehend BVerwG, Beschluss vom 23.01.2001, Az.: 7 B 171/00.

wurden[61], reichte nach Auffassung des BARoV für einen pauschalen Rückerstattungsanspruch der AFuAMvD Mutterloge nach dem VermG allerdings nicht aus, da Freimaurerlogen nicht in § 11 Nr. 2 BRüG als Nachfolgeorganisation genannt wurden. Genannt wurden dort nur jüdische Nachfolgeorganisationen. Insofern musste nach dem VermG gesondert und einzeln untersucht werden, ob die einzelnen Voraussetzungen der Funktionsnachfolge für die Mutterloge und ihrer verbundenen Freimaurerlogen vorliegen.

b) Anspruchsvoraussetzung der AfuAMvD als Funktionsnachfolgerin für ihre verbundenen Logen

(1) Erste Meinung: AFuAMvD als Funktionsnachfolgerin

Das VG Dessau sowie zahlreiche Vermögensämter[62], das BARoV bzw. das BADV[63] sowie weitere Stimmen aus der Rechtswissenschaft bejahen die Anspruchsberechtigung der Mutterloge AFuAMvD für die entzogenen Vermögenswerte ihrer verbundenen Freimaurerlogen kraft Funktionsnachfolge[64], so dass die Mutterlogen auch bei Nichtrückgaben Entschädigungszahlungen erhielten.[65] Die juristische Begründung dafür, dass die Mutterloge AFuAMvD z.B. als Funktionsnachfolgerin von Freimaurerlogen anerkannt wurde[66], ist in

---

61 OLG München, RzW 20, S. 71.

62 Bescheid des ARoV Schmölln, Az.: Wie/en vom 20.01.1997/unveröffentlicht; Bescheid des ARoV Ludwigslust vom 12.05.1997, Az.: 4750,1237-8/unveröffentlicht.

63 Schreiben des BARoV vom 11.12.1996 an das ARoV Ludwigslust, Az.: 12 VV 5396-77/96/ unveröffentlicht.

64 Neuhaus vertritt zu Recht die Ansicht, dass die Mutterloge alleine wegen ihres Logenüber- und Unterverhältnis zwischen Mutterloge und Tochterloge Berechtigte nach § 2 Abs. 1 Satz 5 VermG ist, da die Logen insofern in einem Näheverhältnis ständen. Insofern bräuchte die Mutterloge nicht weitere Voraussetzungen für eine Funktionsnachfolge für ihre Tochterlogen im Sinne des § 2 Abs. 1 Satz 5 VermG nachzuweisen. Diese Ansicht vertritt sinngemäß auch eine rechtskräftige Entscheidung des VG Dessau. Hiernach kann eine Großloge auch die Eigenschaft einer Nachfolgeorganisation des Rückerstattungsrechts und damit die Eigenschaft einer Rechtsnachfolgerin dieser erloschenen Tochterloge und früheren Eigentümerin des streitgegenständlichen Grundstükkes zu, weil die Großloge zumindest verwandte Zwecke und Ziele im Sinne des § 2 Abs. 1 Satz 5 VermG wie die Tochterloge verfolgte. VG Dessau, Az.: 1 A 98/94= ZOV 1996, S. 453 f.

65 Es wurden auch Entschädigungssummen zugesprochen, wie durch dass ARoV Riesa-Großenhain der Großloge AFuAMvD für eine erloschene Tochterloge in Höhe von DM 290.000 mit bestandskräftigem Bescheid vom 6.03.1997 Landratsamt Riesa-Großenhain, vom 6.03.1997, Az.: 14031-1201-92/unveröffentlicht.

66 Das ARoV Aue sprach durch Bescheid vom 18.03.1996 einer neu gegründeten Loge zugehörig zu der Großloge AFuAMvD ein Logengrundstück zu, ohne sich inhaltlich im Bescheid mit den verschiedenen Satzungen etc. auseinanderzusetzen, Az.: 14049

der Regel, dass es sich bei der Mutterloge AFuAMvD um eine anerkannte humanitäre Großloge handele, so dass die Satzungsziele jedenfalls in einem „weiteren Sinne" mit denen der während der NS-Zeit aufgelösten Freimaurerlogen ähnlich sind.[67] Den Vermögensämtern ist dabei bewusst, dass die AfuAMvD-Mutterloge nicht die identischen Satzungen aller ihrer verbundenen unterschiedlichen Logen haben konnte und auch nicht hatte. Gleichwohl hielten sie dies für unschädlich und bejahten eine Funktionsnachfolge dieser Großloge, da sie Freimaurertraditionen der aufgelösten Freimaurerlogen fortführt. Die Großloge wurde also als Nachfolgeorganisation anerkannt. Für die Vermögensämter stand auch fest, dass die geschädigten Tochterlogen dem NS-Staat die Vermögenswerte nicht freiwillig zugeführt haben und dass die entzogenen Vermögenswerte jedenfalls wieder an eine ähnliche Freimaurerlogenorganisation übertragen werden sollten. Auch bestand Einigkeit zwischen der Bundesrepublik und den Alliierten darüber, dass der Wiedergutmachungsgedanke im Vordergrund stehen sollte und nicht am Ende doch wieder der Staat wieder begünstigt werden sollte. Nach dieser nicht streng formal juristischen Sichtweise reichte es folglich für die Anspruchsberechtigung der Mutterloge aus, dass die Mutterloge und „ihre" traditionell verbundenen Tochterlogen sich im Sinne einer neu gegründeten Nachfolgeorganisation in einem großzügigeren Verhältnis ähnlich sind. Insofern brauchte die Mutterloge auch nicht zwingend eine neue Tochterloge zu eröffnen, was in der Praxis auch mangels neuer Mitglieder nach der Wiedervereinigung jedenfalls nicht unmittelbar im Sinne des VermG gelang.

Das VG Dessau stützte sich unabhängig von der gesetzlichen Klarstellung der Funktionsnachfolge im VermG aus dem Jahre 1994 noch Ende 1995 auf eine analoge Anwendung des § 2 Abs. 1 Satz 2 VermG, um eine Funktionsnachfolge zugunsten der AfuAMvD-Mutterloge ergebnisrichtig anzunehmen.[68] Soweit ersichtlich, folgten auch noch weitere Vermögensämter bis 1997 dieser falschen Begründung, ohne zu beachten, dass der Gesetzgeber tätig geworden war und die Funktionsnachfolge mittlerweile ausdrücklich normiert hatte, so dass es sich bei § 2 Abs. 1 Satz 2 VermG mangels planwidriger Regelungslücke um eine nicht analogiefähige Ausnahmevorschrift handelte, wie das

---

001113 93/unveröffentlicht. Es wurde lapidar festgestellt, dass die Voraussetzungen vorlägen, ohne Begründung.

67 Vgl. auch VG Dessau, ZOV 1996, S. 453; ohne Bezugnahme auf die Entscheidung des VG Dessau argumentiert auch Neuhaus überzeugend in diese Richtung. *Neuhaus*, in: Fieberg / Reichenbach, a.a.O., § 2 VermG, Rn. 6a; *Fricke / Märker*, a.a.O., Rn. 1018.

68 VG Dessau, Urteil vom 14.12.1995-1A98/94, =OV spezial 08/1996, S. 138 f. =ZOV 1996, S. 453 f.

BVerwG 1994 zutreffend bezüglich der Regelung des § 2 Abs. 1 Satz 2 VermG bestätigte.[69] § 2 Abs. 1, Satz 2 VermG lautet:

> „Rechtsnachfolger einer jüdischen juristischen Person oder nicht rechtsfähigen jüdischen Personenvereinigung ist in den Fällen des § 1 Abs. 6 VermG auch, wer auf Grund des Befehls Nr. 82 des Obersten Chefs der sowjetischen Militärverwaltung vom 29. April 1948 (Regierungsblatt für Mecklenburg, S. 76) Eigentum an dem entzogenen Vermögenswert erlangt und dieses bis zum 2. Oktober 1990 innegehalten hat.“

Insofern erhielt die Mutterloge mit unterschiedlichen Begründungen zahlreiche Liegenschaften bzw. Entschädigungszahlungen im Beitrittsgebiet nach der Funktionsnachfolge des VermG „zurück“.[70] Ebenso kam es vereinzelt vor, dass sich die Großloge mit den Anspruchsgegnern vergleichsweise im Sinne des § 31 Abs. 5 VermG einigte und die Verwaltungsverfahren oder Gerichtsverfahren auf diese Weise einvernehmlich abgeschlossen wurden.[71]

(2) Zweite Meinung: AFuAMvD keine Funktionsnachfolge

Abschlägig beschieden wurden nur einige Verfahren der Großloge AFuAMvD gegenüber einzelnen begehrten Tochterlogen, wie in Dresden, Fallbeispiel 1. Nach dieser Meinung liegt eine Funktionsnachfolge einer Mutterloge gegenüber einer Tochterloge nur vor, wenn die gleichen Satzungsziele von der Mutterloge in jedem Einzelfall gegenüber der jeweiligen erloschenen Tochterloge satzungsrechtlich nachgewiesen werden können und wenn eine neue Tochterloge von der Mutterloge fristgerecht eröffnet wurde. Insofern ist nach dieser Meinung die AFuAMvD Mutterloge keine Funktionsnachfolgerin von allen verbundenen erloschenen Tochterlogen.

---

69 BVerwG, KPS § 2 VermG, 2/1994; a.A. VG Dessau, Urteil vom 14.12.1995- 1A98/94, = OV spezial 08/1996, S. 138 f. = ZOV 1996, S. 453 f.; dem VG Dessau folgten: ARoV Ludwigslust, Bescheid von 1997, Az.: 4750, 1237-8/nicht veröffentlicht; ARoV Schmölln, Altenburger Land, Bescheid vom 20.01.1997, ohne Az./nicht veröffentlicht.

70 Beispielsweise LARoV Halle, Az.: W 5969, Bescheid vom 28.11.1995/ unveröffentlicht; Bescheid des ARoV Altenburger Land vom 20.01.1997, Az.: Wie/en/unveröffentlicht; Bescheid des ARoV Ludwigslust vom 11.04.1997, Az.: 4750, 1237-8/unveröffentlicht; Bescheid des ARoV Grimma vom 26.08.1997, Az.: 42403/unveröffentlicht.

71 Bescheid des LARoV Dresden vom 22.06.1995, Az.: W 4 – 3698/94-10-S/nicht veröffentlicht; VG Dresden 13 K 1992/95/nicht veröffentlicht; LARoV Dresden vom 14.11.1994, Az.: W3-0412/93-kf/fl/nicht veröffentlicht; endete in einem gerichtlichen Vergleich vor dem VG.

(3) Stellungnahme

Anders als 1945 lebten nach 1990 keine ehemaligen Freimaurermitglieder mehr in den neuen Bundesländern und die Menschen im Beitrittsgebiet kannten Freimaurerlogen allenfalls noch aus Erzählungen aus der NS-Zeit. Aus diesem Grunde war es kaum unmittelbar möglich neue Freimaurerlogen mit neuen Mitgliedern vor Ort zu gründen, die die alten Traditionen sofort übernehmen konnten. Die Menschen auf dem Gebiet der ehemaligen DDR mussten erst einmal Zeit haben, sich auf das neue gesellschaftliche und politische System der Bundesrepublik einzustellen und neue Vereine kennen zu lernen. Bereits die Gerichte erkannten bei der Zwecknachfolge an, dass sie bei ansonsten unbilligen Ergebnissen eine Nachfolgeorganisation bestimmen konnten, so dass diese rechtliche Möglichkeit auch für das VermG gilt und zu Recht von den Vermögensämtern, wenn auch zu Teil mit falschen Begründungen, genutzt wurde. Insofern ist es sachgerecht, dass eine anerkannte Großloge die Funktionsnachfolge von ehemaligen Tochterlogen übernehmen konnte und die Vermögenswerte auf diese Weise wieder den Freimaurern zugeführt werden konnten, wie dies auch die meisten Vermögensämter bestätigten.

(4) Ergebnis

Die Großloge AfuAMvD hat auch über die Funktionsnachfolge viele Liegenschaften nach dem VermG zurück erhalten.

B) Zweite Anspruchsvoraussetzung: NS-Verfolgung

Gemäß §§ 1 Abs. 6, 3 Abs. 1, 2 Abs. 1 VermG wird grundsätzlich von Amts wegen geprüft, ob die Anspruchstellerin, bspw. eine Freimaurerloge, während der NS-Zeit ihr Vermögen verfolgungsbedingt verlor oder nicht.[72] Der allge-

72 Insoweit wurde auch eine politische NS-Verfolgung einer Leipziger Landsmannschaft abgelehnt, da die Ämter und die Gerichte der Überzeugung waren, dass die damaligen Vereinsmitglieder „freiwillig" den Beschluss gefasst hatten, den Namen und die Satzung der Verbindung zu ändern und mit dem NS-Altherrenbund zu fusionieren. 1943 erfolgte die Grundbuchumschreibung zugunsten des NS-Altherrenbundes. Das vermögensrechtliche Verfahren endete ohne Rückübereignung an die Landsmannschaft vor dem BVerfG. Bei dem Verfahren vor dem BVerfG rügten die Kläger u.a. auch die Verletzung europäischen Rechts, indem sie sich auf die europäische Menschenrechtskonvention beriefen, welche gegen § 1 Abs. 8 a VermG nach ihrer Ansicht verstoßen sollte. Das BVerfG nahm die Verfassungsbeschwerde nicht zur Entscheidung an, wies gleichwohl in den Gründen daraufhin, dass sich eine Verletzung insbesondere auch nicht mit Art. 46 Abs. 2 der HaagLKO begründen lässt. Vgl. zum ganzen Vorgang: den unveröffentlichten Bescheid des LARoV Leipzig vom 24.01.1994, Az.: W 5-0307/93

meine[73] Amtsermittlungsgrundsatz wird allerdings durch die allgemeinen Beweislastregeln ergänzt[74], so dass auch eine Mitwirkungspflicht der jeweiligen Anspruchsstellerin besteht. Bei Unklarheiten kann die Beweislast zu Lasten der Anspruchsstellerin gehen. Um sich ein Bild von der Problematik der Annahme einer NS-Verfolgung machen zu können, soll dieser Aspekt etwas ausführlicher beleuchtet werden, da er für viele NS-Verfolgtengruppe eine große Hürde darstellte und auch im Einzelfall für die Freimaurer beispielsweise beim Zwangsverkauf eine Rolle spielen konnte. Freimaurerlogen wurden allgemein nach dem VermG als NS-Verfolgte anerkannt, da sie nach dem Göring-Erlass leichter aufgelöst werden konnten bzw. später sogar verboten wurden und ihr Vermögen in der Regel auf den Staat übertragen wurde. Allerdings ist auch zu diskutieren, inwieweit Freimaurer tatsächlich immer Verfolgte waren, da sie z.B. eigenständig den Arierparagraphen in ihren Satzungen einführten und ihre Namen und Satzungen an die NS-Zeit „anpassten", um nicht verboten zu werden.

I. Verfolgung aus politischen Gründen

Eine Legaldefinition zur politischen oder weltanschaulichen NS-Verfolgung gibt es nach § 1 Abs. 6 VermG wie bereits zuvor in den Alliierten Rückerstattungsgesetzen, dem BEG und dem BRüG, nicht. Die Rechtsprechung[75] hat zur Auslegung des Begriffes der politischen NS-Verfolgung auf die Rechtsprechung der Rückerstattungsgesetze und des BEG zurückgegriffen und die Rechtsprechung aus den verschiedenen Zonen zitiert.[76] Auf diese Weise hat sich die Rechtsprechung zu § 1 Abs. 6 VermG ähnlich zu der früheren Rechtsprechung entwickelt.[77] Das NS-Regime hat zu *keiner Zeit* eine rechtliche Differenzierung zwischen den unterschiedlichen Freimaurerströmungen oder freimaurerähnlichen Logen vorgenommen, sondern hat die Freimaurer insgesamt mit juristischen und politischen Mitteln bekämpft und ihre Vermögens-

lo-mi; VG-Leipzig, Az.: 1 K 913/93/unveröffentlicht; BVerwGE 7 B 51.94/unveröffentlicht; BVerfGE, 1 BvR 2046/94/unveröffentlicht; vgl. allgemein zu Verfassungsbeschwerden *Zuck*, Das Recht der Verfassungsbeschwerde.

73 Vgl. hierzu auch *Küpper*, Kollektive Rechte in der Wiedergutmachung von Systemunrecht, S. 194.

74 BVerwG, ZOV 1994, S. 205.

75 Vgl. hierzu auch *Godin*, Rückerstattungsgesetze, S. 1 ff.; *Blessin*, in: NJW 1950, S. 573 ff.

76 BVerwGE, ZoV 1997, S. 442.

77 Vgl. hierzu *Neuhaus*, in: Fieberg / Reichenbach / u.a., a.a.O., § 1 VermG, Rn. 132; *Brettholle / Köhler-Apel*, in: Rädler / Raupach / Bezzenberger, § 1 VermG, Rn. 111; *Wasmuth*, in: RVI, § 1 VermG, Rn. 166.

werte eingezogen. Insofern wurde auch von Seiten des NS-Regimes nicht analysiert, inwiefern evtl. einzelne Freimaurerlogen politisch / weltanschaulich dem NS-System näher standen als andere. Vielmehr wurde die Freimaurerei von der NSDAP als einheitlicher, weltanschaulicher bzw. politischer[78] Gegner angesehen und per Erlass, Gesetz und Propaganda bekämpft. Insofern haben sich die Wiedergutmachungsbehörden ebenfalls nicht die Arbeit gemacht die einzelnen Freimaurerlogen voneinander abzugrenzen, sondern nur geprüft, ob eine NS-Verfolgung vorlag, oder nicht. Fraglich ist allerdings, was für einzelne Voraussetzungen erfüllt sein mussten, damit eine Organisation als politisch verfolgt nach dem VermG gilt. Das OLG Hamm lehnte in einem Wiedergutmachungsverfahren 1953 beispielsweise eine NS-Verfolgung einer Gewerkschaft wegen fehlender gegnerischer „politischer Auffassung" nach Art. 7 REG, wie folgt ab[79]:

> „Die Auflösung einer Organisation aus politischen Gründen schlechthin bedeutet noch keine Auflösung aus Gründen der „politischen Auffassung".
>
> „[...] *nicht* jeder, der aus politischen Gründen im *weiteren Sinne*[80] unter der Herrschaft des Nationalsozialismus einen Vermögensverlust erlitten hatte, sollte Anspruch auf Restitution haben, sondern nur, wer wegen seiner politischen Gegnerschaft gegen den Nationalsozialismus oder wegen seiner von den damaligen Machthabern mißbilligten politischen Auffassung verfolgt wurde.
>
> „[...] In diesem einschränkenden Sinne muss auch der Begriff der Auflösung aus Gründen der politischen Auffassung verstanden werden. [...]."

Sonst

> „wäre kaum ein Fall denkbar, in dem eine von irgendwelchen Partei- oder Staatsdienststellen durchgeführte Auflösung einer Vereinigung nicht auf politische Gründe irgendwelcher Art zurückzuführen wäre[...]. Die Auflösung muss vielmehr ihren Grund in der politischen *Einstellung der Organisation*[81] oder ihrer Mitglieder gehabt haben, die den damaligen Machthabern die Organisation als eine Vereinigung möglicher Gegner als gefährlich oder verdächtig erschienen ließ [...]. Hätte die Partei den Verband allein schon wegen seiner Eigenschaft als Gewerkschaft als gefährlich betrachtet, hätte sie nichts gehindert, ihn ebenso wie die anderen Gewerkschaften alsbald nach Errichtung der DAF völlig aufzulösen und an seiner Stelle einen neuen, ausschließlich unter der Führung von Beauftragten der nationalsozialistischen Betriebszellenorganisation (NSBO) stehenden Berufsverband der kaufmännischen Angestellten aufzubauen. Tatsächlich blieb der DHV

---

78 Vgl. *Säcker*, Vermögensrecht, § 1 VermG, Rn. 150; zur Weltanschauung, vgl. auch *Hoffmeister*, Wörterbuch der philosophischen Begriffe, S. 661 ff.

79 Vgl. OLG Hamm, RzW 1953, S. 356 f.

80 Hervorhebung durch den Verfasser.

81 Hervorhebung durch den Verfasser.

> nicht nur als einzige der früheren Gewerkschaften bestehen, sondern erhielt außerdem auch die Aufgabe, alle bisher in den übrigen Verbänden organisierten Handelsgehilfen in sich aufzunehmen."[82]

Nach dem VermG liegt auch keine politische NS-Verfolgung vor, wenn „lediglich" NS-Zwang[83] gegenüber einer Vereinigung ausgeübt wurde. Als politisch verfolgt gilt ein Verein, wenn sich beispielsweise nach dem VermG und der Rückerstattungsgesetze aus der Vereinsverfassung konkrete Anhaltspunkte dafür ergaben, weshalb der Verein aus politischen / weltanschaulichen Gründen gegen den NS-Staat eingestellt war. Indizien hierfür konnten z.B. Ideale in der Satzung, wie beispielsweise Toleranz, Individualismus, Liberalismus und Internationalität sein, wie dies beispielsweise bei Freimaurerlogen der Fall war. Sofern „nur" einzelne Mitglieder der NSDAP nahe standen, so war dies für die Annahme einer politischen NS-Verfolgung für den Verein unschädlich. Der Anspruchssteller galt vom NS-Regime als politisch verfolgt, wenn z.B. die Organisation ausgeschaltet werden sollte. Sofern Vereinsmitglieder bezüglich ihrer Vereinsauflösung von ihrem vereinsrechtlichen Widerspruchsrecht Gebrauch machen konnten und dies aber nicht taten, lag ebenfalls keine NS-Verfolgung vor. Solche Fälle gab es z.B. bei der oben dargestellten Gewerkschaft oder studentischen Altherrenvereinen, die sich mit einer NS-Altherrenschaft verschmelzen ließen. Solche Konstellationen stellten nach der Rechtsprechung grundsätzlich keine NS-Verfolgung, sondern eine verfolgungsneutrale Gleichschaltung dar.

1. Politische Überzeugungshaltung

Das VG Magdeburg[84] verlangte 2006 für die Annahme einer NS-Verfolgung nach dem VermG:

> „dass die Organisation gerade wegen ihrer dem Nationalsozialismus entgegengesetzten Überzeugung getroffen, mithin – in diesem Sinne – als Gegner ausgeschaltet werden sollten. [...]:"

Gerade über den letzten Punkt, dass eine Überzeugung gegen das NS-Regime zum Ausdruck gekommen sein musste, um als NS-Verfolgter anerkannt zu werden, herrschte lange Zeit Streit. Neuhaus verlangte z.B. bis etwa 1994 für die Annahme einer politischen NS-Verfolgung nach dem VermG eine innere

---

82 OLG Hamm, RzW 1953, S. 356.

83 Vgl. beispielsweise BVerwGE vom 22.02.2001, Az.: 7 C 93.99, S. 6; VG Gera, VIZ 2002, S. 682 ff. und auch schon die Rechtsprechung des Rückerstattungsrechts.

84 VG Magdeburg vom 11.04.2006, Az.: 5 A 311/05 MD; BVerwGE vom 26.06.2006, Az.: 8 C 7/06.

politische Überzeugungshaltung des vermeintlichen NS-Opfers, die auch öffentlich während der NS-Zeit zum Ausdruck gekommen sein musste.[85] Andernfalls sollte keine NS-Verfolgung nach dem VermG angenommen werden. Hierbei stützte sie sich zu Unrecht wohl auf die alte Fassung des BEG und die dazu ergangene Rechtsprechung. Das BEG a.F. wich vom Wortlaut der alliierten Rückerstattungsgesetze ab, was dazu führte, dass die Gerichte eine zeitlang eine objektiv nach außen erkennbare politische Überzeugungshaltung gegen das NS-Regime verlangten, um als NS-Verfolgter anerkannt zu werden und eine Wiedergutmachung zu erhalten. § 1 BEG a.F. lautete:

> „wegen seiner gegen den Nationalsozialismus gerichteten politischen Überzeugung".

Es wurde folglich auf eine objektive erkennbare politische Überzeugungshaltung[86] gegen das NS-Regime nach dem BEG abgestellt, die die Wortlaute der Rückerstattungsgesetze der Alliierten nicht kannten.[87] Auch der BGH[88] verlangte schließlich hieran anknüpfend, dass die Organisation / der Verein „nach außen" erkennbar seine NS-Gegnerschaft während der NS-Zeit zum Ausdruck gebracht hatte.[89] Nach der BGH-Rechtsprechung zum BEG a.F. sollte es nicht mehr genügen, wenn „nur" das NS-Regime von einem NS-Gegner ausging.[90] Die Konsequenz war, dass immer weniger Wiedergutmachungsfälle positiv beschieden wurden. 1954 verlangte z.B. auch das oberste US-Rückerstattungsgericht, CoRA für die Annahme einer politischen NS-Verfolgung eine[91]:

> „[...] offene und eindeutige Feindseligkeit, die als Angriff auf die Gültigkeit natsoz. Lehren und Anschauungen gedacht waren [...]."

Aus dem Wortlaut der alliierten Rückerstattungsgesetze etc. bestätigte sich diese Anforderung allerdings *nicht.*[92] Freimaurerlogen bekannten sich nach

---

85 BGH, RzW 1955, S. 85; *Neuhaus*, in: Fieberg / Reichenbach / u.a., a.a.O., § 1 VermG, Rn. 139, alte Bearbeitung.

86 OLG Stuttgart, RzW 1, 1949/1950, S. 315, Nr. 37; OLG Stuttgart, RzW 1 1949/1950, S. 375, Nr. 12 b; Vgl. auch *van Bebber*, Wiedergutgemacht?, S. 193 ff.

87 *Pawlita*, in: Hockerts / Kuller, Nach der Verfolgung, S. 79 ff.

88 BGH, RzW 1955, Nr. 6, S. 85; OLG Hamburg, RzW 1956, Nr. 7, S. 263. Diese Auslegung wird auch noch heute in der Literatur vertreten. Vgl. hierzu weiter unten.

89 Vgl. hierzu BGH, RzW 1955, S. 85.

90 *Hockerts*, Nach der Verfolgung, S. 83.

91 Vgl. beispielsweise CoRA, RzW 1954, S. 97, Nr. 1. Das Gericht verlangte „[...] offene und eindeutige Feindseligkeit, die als Angriff auf die Gültigkeit natsoz. Lehren und Anschauungen gedacht waren [...]"; mit ablehnender Anmerkung von Zimmer, RzW 1954, S. 225.

92 Vgl. auch BGH, RzW 1956, S. 142; *van Bebber*, a.a.O., S. 194.

außen grundsätzlich nicht gegen den NS-Staat, wie dies beispielsweise der evangelische Theologe Dietrich Bonhoeffer tat, oder Teile der bekennenden Kirche. Freimaurer gaben ihre Satzungsideale auf, um möglichst nicht mehr diskriminiert zu werden. Freimaurer versuchten loyal gegenüber dem NS-Staat zu wirken und führten in ihren Satzungen den Arierparagraphen ein und änderten ihre Rituale ab. Auch haben sich viele Freimaurerlogen während der NS-Zeit neue Namen gegeben, um die Aufmerksamkeit von sich weg zu lenken. Soweit dagegen eine juristische Person oder natürliche Personen politisch in einer Partei gegen die Nazis engagiert waren, war es leicht, eine politische Verfolgung nachzuweisen. Eine solche Mitgliedschaft war damals gegen das NS-Regime aber lebensgefährlich und deshalb selten.

Eine einfache allgemeine Unmutsäußerung sollte für die Annahme einer NS-Verfolgung nicht ausreichen, auch wenn diese strafrechtlich vom NS-Regime sanktioniert wurde[93]:

> „Zu einer solchen reichen auch den Nationalsozialismus ablehnende Äußerungen gegenüber anderen Häftlingen im Konzentrationslager nicht aus.“

Viele Vereine vermochten diese für sie zu hohen Anforderungen für einen Wiedergutmachungsanspruch nicht mehr zu erfüllen, weshalb sie sich dagegen juristisch wehrten. Diese Vereine argumentierten vor Gericht nun beispielsweise, dass es nicht nachvollziehbar sei, dass ein Verein, der tatsächlich vom NS-Regime verfolgt wurde, nicht nach dem VermG anspruchsberechtigt sein sollte, nur weil der Verein nach außen hin nicht (zusätzlich) als Gegner auftrat bzw. nicht als ein solcher wahrgenommen wurde. Auch wurde kritisiert, dass der Gesetzeswortlaut nach den Rückerstattungsgesetzen eine ethisch subjektive Komponente eindeutig nicht verlangte, so dass diese nach dem BEG und dem VermG nicht abverlangt werden könne. Die anhaltende Kritik der vermeintlich nicht NS-Verfolgten führte schließlich zur Änderung des § 1 BEG[94] im Jahr 1956.

2. Reale Verfolgung

Der Gesetzgeber formulierte 1956 § 1 BEG neu, indem er von dem NS-Verfolgten statt einer „Überzeugung“, wie in den Rückerstattungsgesetzen, nur noch eine „*Gegnerschaft* gegen den Nationalsozialismus“ verlangte. Begründet wurde die Gesetzesklarstellung damit, dass die Gerichte das Tatbe-

---

93 BGH, RzW 1957, S. 17.

94 Vgl. Begründung des Regierungsentwurfs, BT-Drucks 2/1949, S. 85 f.; Bericht des BT-Ausschusses, BT-Drucks 2/2382, S. 2.

standsmerkmal der „politischen Überzeugung" zu eng ausgelegt hätten.[95] Durch die neue Fassung des § 1 BEG kam deutlich zum Ausdruck, dass es ausreichte, wenn der NS-Staat den Verfolgten als NS-Gegner angesehen hat und deshalb verfolgt hat. Sofern die Organisation vom NS-Regime als Gegner angesehen wurde, galt sie als verfolgt.[96] Nicht mehr erforderlich für die Annahme einer NS-Verfolgung war es, dass eine konkrete satzungsmäßige „Bekenntnishandlung" der NS-Verfolgten gegen den NS vorlag.[97] Einen aktiven NS-Widerstand musste der Verein nicht geleistet haben.[98] Nach einer weiteren BGH-Entscheidung aus dem Jahre 1960 reichte es[99] z.B. für die Annahme einer NS-Verfolgung aus, wenn das NS-Regime eine NS-Verfolgung aus politischen Gründen gegen jemanden einleitete. Sofern das Regime eine politische NS-Gegnerschaft vermutete, so begründet dies eine „politische NS-Verfolgung".[100] Die Rechtsprechung zum VermG vertritt mittlerweile überwiegend die zutreffende Meinung, dass es zur Annahme einer politischen Verfolgung ausreicht, wenn das NS-System seine politischen / weltanschaulichen Gegner objektiv verfolgte. Neuhaus hat ihre Meinung, die sie ursprünglich vermutlich auf die alte BGH-Rechtsprechung zu § 1 BEG stützte im Jahr 2004 wieder aufgegeben[101] und sich der herrschenden Meinung angeschlossen.

3. Stellungnahme

Zuzustimmen ist der herrschenden Meinung, dass bereits eine objektive politische Verfolgung genügt, um von einer juristischen NS-Verfolgung zu sprechen, ohne dass es hierzu noch einer subjektiven Komponente des Verfolgten selbst bedurfte. Es ist juristisch nicht hinnehmbar, dass eine Organisation nur als verfolgt gelten soll, wenn diese sich auch gegen das Regime erkennbar nach außen wehrte, was damals politisch kaum durchführbar war, sofern man nicht sein eigenes Leben gefährden wollte. Sicherlich ist der

---

95 *Blessin / Ehrig / Wilden*, § 1 BEG, Rn. 5.

96 OLG München, RzW 1954, S. 306, Nr. 37.

97 *Busche*, in: Säcker, Vermögensrecht, § 1, Rn. 142; *Wasmuth*, in: RVI, § 1 VermG, Rn. 172; BGH, RzW 1957, S. 17; BGH, RzW 1960, S. 371.

98 *Schwarz*, in: Schwarz, Wiedergutmachung, Band. 1, S. 136; CoRA, RzW 1954, S. 97, Nr. 1 mit Anmerkung von Zimmer, RzW 1954, S. 225 zu Nr. 1.

99 BGH, RzW 1960, S. 371, 372.

100 BGH, RzW 1959, S. 500; BGH RzW 1956, S. 360; vgl. auch zur politischen Gegnerschaft, BGH, RzW 1957, S. 319 f.

101 *Neuhaus*, in: Fieberg / Reichenbach, a.a.O., Rn. 139.

anderen Meinung zuzubilligen, dass es wünschenswert gewesen wäre, dass sich die damaligen einzelnen Organisation gegen das NS-Regime wehrten, doch kann ein solcher Lebenseinsatz der Mitglieder nicht abverlangt werden. Auch würde der Staat zu Unrecht durch das NS-Regime im Nachhinein begünstigt werden, wenn die Wiedergutmachung rechtlich dermaßen verengt bzw. ausgeschlossen würde. Aufgabe eines Staates ist es, kein Unrecht zu begehen und für falsche Rechtsfolgen zur Verantwortung gezogen werden zu können. Es ist auch systemfremd und nicht sachgerecht, wenn für eine Wiedergutmachungsverpflichtung des Staates aus dem Bereich des Staatshaftungsrechts und der unerlaubten Handlung des BGB, ausgerechnet bei NS-Verfolgten auf die innere Einstellung abgestellt würde. Auch der Wortlaut „Verfolgung aus politischen Gründen" aus den alliierten Rückerstattungsgesetzen gab keine Grundlage auf die subjektive Einstellung des NS-Verfolgten selbst abzustellen. Insofern liegt nach der richtigen Auffassung eine politische Verfolgung vor, wenn eine Organisation vom NS-Regime real verfolgt wurde. Insofern gelten die Freimaurerlogen als politisch Verfolgte.

4. Ergebnis

Als aus politischen Gründen vom NS-Regime verfolgt gelten nach dem VermG folglich diejenigen juristischen Personen[102], die sich ohne Alternative auflösen mussten bzw. verboten wurden wie z.B. die Freimaurerlogen. Die Ämter und die Gerichte haben in der Regel keine Differenzierung zwischen den verschiedenen Freimaurerlogen vor und während der NS-Zeit vorgenommen. Oft wurde lediglich unter Bezugnahme der Rechtsprechung auf die Rückerstattungsgesetze Bezug genommen und wiederholt, dass Freimaurer NS-Verfolgte sind. Die Freimaurerlogen wurden insofern auch immer als eine einheitliche Gruppe verstanden und es wurde nicht im Einzelnen geprüft oder differenziert, ob es einzelne Freimaurerlogen gab, die möglicherweise dem NS-System näher standen als andere. Für die Annahme der NS-Verfolgung hat es keine Rolle gespielt, dass Freimaurerlogen sich aus Opportunismus äußerlich anpassten, wie dies durch die Einführung des Arierparagraphen in ihren Satzungen geschah.

II. NS-Verfolgung aus weltanschaulichen Gründen

Das VermG wählte eine ähnliche Formulierung wie die Rückerstattungsgesetze: „[...] aus weltanschaulichen Gründen verfolgt[...]". Auch die Verfolgung

---

102 Vgl. hierzu auch den Beschluss des BVerwG, 7 C 17.97 und 7 B 146.97, S. 4.

aus Gründen der Weltanschauung im Sinne des § 1 Abs. 6 VermG wurde nicht legaldefiniert. Es wurden die Definitionen zu der Rechtsprechung zu den Rückerstattungsgesetzen von den Vermögensämtern und den Verwaltungsgerichten übernommen.[103] Eine NS-Verfolgung aus weltanschaulichen Gründen liegt nach der Rechtsprechung z.B. vor, wenn sich das Handeln des Staates *zielgerichtet* auf die Schädigung der NS-Opfer richtete.[104] Einzelne Belästigungen oder Erschwerungen durch das NS-Regime reichten nicht aus.[105] Ein Rückerstattungsbeispiel des ORG-Nürnberg aus dem Jahre 1958 soll eine NS-Verfolgung eines Altherrenvereins aus weltanschaulichen Gründen verdeutlichen. Ein Altherrenverein (Philisterverein) verkaufte zwangsweise am 5. Februar 1941 wegen „NS-Einflussnahmen" seine Immobilie an Dritte. Dem Verein wurde zuvor vom NS-Regime zu verstehen gegeben, dass er alsbald zwangsweise aufgelöst und liquidiert würde, wenn er nicht dem NS-Altherrenbund der Deutschen Studenten beitreten würde und sein Haus einer NS-Kameradschaft zur Verfügung stellen würde. Der Philisterverein verkaufte daraufhin sein Haus an einen Dritten, da er einen Beitritt zur NS-Altherrenschaft und eine Auflösung des Vereins vermeiden wollte.[106] Der Verein behielt während der gesamten NS-Zeit seine Satzung bei und passte diese nicht an die NS-Weltanschauung an. Das ORG Nürnberg führte 1958 hierzu aus:

> „[...] Natürlich spielte bei dem Vorgehen der Partei und ihrer Gliederungen gegen die Altherrenvereine auch die Absicht mit, deren Vermögen in Parteieigentum zu überführen, um es für die neuen Kameradschaften zu verwenden. Entscheidend war aber das Bestreben der Partei, jeden ideellen Einfluss der bisherigen Altherrenvereine i.S. ihrer jeweiligen Tradition und ihrer der Lehre der Partei *entgegenstehenden Weltanschauung*[107] auf die nunmehr in NS-Kameradschaften zusammengefaßten Studenten zu verhindern [...].[108]"

Zu der entgegenstehenden NS-Weltanschauung gehörten beispielsweise die Prinzipien des Philistervereins, wie[109]:

---

103 *Wasmuth*, in: RVI, § 1 VermG, Rn. 166.

104 OLG München, RzW 1949/50, S. 301; WK Frankfurt, RzW 1949/50, S. 138; RK Offenburg, RzW 1949/50, S. 127; *Harmening / Hartenstein / Osthoff*, BrREG, Art. 2, Anm. III 3.

105 WK München, RzW 1949/50, S. 74; a.A. OLG Frankfurt, RzW 1949/50, S. 8 (9).

106 ORG Nürnberg, RzW 1959, S. 12 f.

107 Hervorhebung durch den Verfasser.

108 ORG Nürnberg, RzW 1959, S. 12.

109 ORG Nürnberg, RzW 1959, S. 12.

„[...] Der Berechtigte ist eine juristische Person (e.V.) und erklärt mit dem liberalen Grundsatz, den Mitgliedern in religiöser, wissenschaftlicher und politischer Beziehung völlige Selbständigkeit zu gewähren, eine Weltanschauung als für die Mitglieder gemeinverbindlich, nämlich die der gegenseitigen Toleranz und des liberalen Individualismus. Der NatSoz. wollte und konnte in seinem Totalitätsstreben auf die Dauer nicht dulden, daß Liberalismus und Individualismus durch selbständige Verbände vertreten wurden, die einen Einfluß auf die Studentenschaft beanspruchten.[...].“

Der Altherrenverein wurde vom ORG gemäß Art. 1, 2 REG als anspruchsberechtigt anerkannt, da der NS-Staat Einflüsse der „Alten Herren“ auf die Studenten vermeiden wollte. Die „Alten Herren“ sollten keine Werte wie Toleranz oder „liberalen Individualismus“ mehr an die Studenten vermitteln können, sondern „NS-Werte“. Das ORG formuliert bezüglich der NS-Verfolgung weiter[110]:

„[...] Durch sein Nichteingehen auf die Zumutung der Parteistellen, sein Haus aufzugeben und endgültig auf eine Kameradschaft zu übertragen, hat der Berechtigte i.S. seiner überkommenen Weltanschauung der Partei Widerstand geleistet und dies durch den Verkauf an einen anderen als an eine Parteidienststelle auch nach außen dokumentiert [...].“

Die Verbindung bekam das Haus nach dem Rückerstattungsrecht wegen eines NS-Zwangsverkaufes zurück, wobei es unerheblich war, dass der damalige Käufer nicht den NS-Druck selbst ausgeübt hatte. Aus „weltanschaulichen NS-Gründen“ wurden Organisationen / Vereine[111], wie Freimaurerlogen[112] und teilweise auch die Hausvereine der studentischen Altherrenvereine[113] nach § 1 Abs. 6 VermG, Art. 1 REG, 1 BrREG, 1 REAOBln[114] verfolgt, wenn sie sich nicht verfolgungsneutral mit NS-Organisationen verschmelzen und sich dadurch verfolgungsneutral gleichschalten ließen, oder nicht auf ihre NS-feindlichen Satzungsideale, wie Liberalismus und Toleranz etc. verzichteten, oder beispielsweise keine jüdischen Mitglieder ausschlossen. Eine NS-Verfolgung aus weltanschaulichen Gründen lag z.B. gegenüber Freimaurerlo-

110 ORG Nürnberg, RzW 1959, S. 13.

111 *Goetze*, a.a.O., S. 134.

112 OLG Düsseldorf, RzW 1951, S. 357; WK Osnabrück, RzW 1951, S. 145; BoR Herford, RzW 1954, S. 235; ORG Herford, RzW 1957, S. 103.

113 *Dietsche*, in: Kimme / u.a., Offene Vermögensfragen, § 1 VermG, Rn. 317; *Schwarz*, in: Schwarz, Wiedergutmachung, Band 1, S. 131; vgl. auch ORG Herford, RzW 1957, S. 39 f.; ORG Nürnberg, RzW 1959, S. 12. Vgl. hierzu auch *Gräf / u.a.*, Schriftenreihe des BARoV, Heft 6, S. 13 f.

114 *Fricke / Märker*, Enteignetes Vermögen in der Ex-DDR, Rn. 571. Zur NS-Weltanschauung vgl. oben.

gen grundsätzlich vor[115], da diese aus der Gesellschaft vom NS-Regime ausgeschaltet werden sollten, um die Satzungsziele wie Liberalismus und Toleranz aus dem NS-Reich zu eliminieren.

Die Gerichte haben bei den Freimaurern öfters mit der gleichen Begründung eine NS-Verfolgung aus politischen bzw. aus weltanschaulichen Gründen angenommen, ohne eine Differenzierung zwischen den beiden Verfolgungsgründen anzunehmen. Für die Praxis hat dies keine Rolle gespielt, da die Annahme eines Verfolgungsgrundes für die Anspruchsberechtigung reichte. Richtig ist, dass die Freimaurer aus beiden Gründen verfolgt wurden.

III. Ergebnis

Freimaurer wurden nach der Rechtsprechung zum VermG aus weltanschaulichen Gründen verfolgt.

C) Dritte Anspruchsvoraussetzung: Vermögensverlust

Unter einer NS-Entziehung werden nach § 1 Abs. 6 VermG, wie im Alliierten Rückerstattungsrecht, alle hoheitlichen, gesetzlichen, vertraglichen oder unerlaubten Handlungen, die zu vermögensrechtlichen Rechtsänderungen während der NS-Zeit bei den NS-Verfolgten führten, verstanden, ohne dass es dafür in der Regel eine Entschädigung gegeben hat.[116] Bei den Freimaurerlogen spielten der Zwangsverkauf und die Enteignung im Sinne des VermG eine Rolle, so dass auf diese beiden Entziehungsarten näher eingegangen wird. § 1 Abs. 6 VermG knüpft an die Auslegungen[117] und an die Rechtsprechung des Rückerstattungsrechts[118] an, so dass auf diese ebenfalls Bezug genommen wird.[119]

---

115 *Gießler*, in: Schwarz, Wiedergutmachung, Band 4, S. 25; *Brettholle / Köhler-Apel*, in: Rädler / Raupach / Bezzenberger, § 1 VermG, Rn. 119; *Neuhaus*, in: Fieberg / Reichenbach / u.a., a.a.O., § 1 VermG, Rn. 141; vgl. auch schon oben die Ausführungen zum Alliierten Recht.

116 Vgl. den Überblick über die Entziehungstatbestände bei Schmidt, in: Schwarz, Band 2, Wiedergutmachung, S. 126 ff.; *Dietsche*, in: Kimme / u.a., offene Vermögensfragen, § 1 VermG, Rn. 318.

117 *Wasmuth*, in: RVI, § 1 VermG, Rn. 149.

118 Vgl. hierzu schon die Ausführungen und den Abdruck der Vermutungsvorschriften im oberen Teil der Arbeit. Vgl. auch *Neuhaus*, in: Fieberg / Reichenbach / u.a., a.a.O., § 1 VermG, Rn. 132 und Rn. 144; *Dietsche*, in: Kimme / u.a., offene Vermögensfragen, § 1 VermG, Rn. 323. Zur Verfassungsmäßigkeit der Bezugnahme vgl. BVerfG, Be-

I. Vermögensverlust durch Zwangsverkauf

Auch während der NS-Zeit wurden Immobilien verkauft, ohne dass es sich hierbei automatisch um einen Zwangsverkauf im Sinne des § 1 Abs. 6 VermG gehandelt haben musste. Der Verkauf einer Immobilie konnte vielfältige Gründe haben, wie z.B. der Krieg, oder dass Nachlässe verkauft wurden, dass Hypotheken nicht mehr bedient werden konnten, dass einfach Geschäfte gemacht wurden etc., ohne das es einen Verfolgungshintergrund gegeben haben musste. Ein Vermögensverlust durch Zwangsverkauf während der NS-Zeit lag erst vor, wenn das Rechtsgeschäft gemäß § 1 Abs. 6 VermG mittels „NS-Drohung" oder „NS-Verfolgungszwangs" durch das NS-Regime mit veranlasst wurde, also z.B. eine NS-Verfolgung im Sinne einer politischen oder weltanschaulichen Verfolgung vorlag.[120] Die Vermögensverluste durch Zwangsverkäufe spielten bei den Freimaurerlogen[121] während der NS-Zeit eine Rolle. Die im Alliierten Recht geltende Beweiserleichterung zugunsten von NS-Verfolgten für die Annahme von NS-Zwangsverkäufen nach Art. 3 und Art. 4 REAOBln wurde auch auf das VermG übertragen, § 1 Abs. 6 Satz 2 VermG. Dies geschah durch das 2. VermRÄndG vom 22. Juli 1992.[122] Von Seiten der Eigentümer wurde nach der Wiedervereinigung teilweise kritisiert, dass die Beweiserleichterung im VermG zugunsten der NS-Opfer nicht notwendig sei und gegen die Verfassung der Bundesrepublik verstoße, was nicht zutrifft. Die Entscheidungen des BVerwG[123] und des BVerfG[124] hierzu bestätigten gerade, dass die Vorschrift des § 1 Abs. 6 Satz 2 VermG verfassungskonform ist. Das BVerwG weist in seiner Entscheidung aus dem Jahre 1994 darauf hin, dass für den Gesetzgeber keine Besonderheiten erkennbar waren, im Beitrittsgebiet abweichende Regelungen zu den Rückerstattungsgesetzen zu erlassen. Vielmehr seien die unterschiedlichen Vermögensinteressen der NS-Geschädigten und der „redlichen" Erwerber nach §§ 4, 5 VermG während

---

schluss vom 3.03.1995- 1BvR 236/95=VIZ 1995, S. 343= ZOV 1995, S. 192; BVerwG, Beschluss vom 8.12.1994, 7 B 180.94= ZIP 1995, S. 163= VIZ 1995, S. 163.

119 *Goetze*, a.a.O., S. 136, Rn. 7; *Schwarz*, in: Schwarz, Wiedergutmachung, Band 1, S. 145.

120 *Kubuschok / Weißstein*, Art. 2 BrREG, Anm. 14.

121 Vgl. z.B. NS-Zwangsverkauf einer Loge an die ev.-luth. Kirche, Bescheid des ARoV Pasewalk vom 7.06.1995, Az.: 13028 28029 90/unveröffentlicht; Bescheid des ARoV Landkreis Dahme-Spreewald, Außenstelle Lübben, Az.: 12031 001687 93/unveröffentlicht. Die Immobilie der Freimaurer stand auf der Logenstraße.

122 BGBl I, S. 1257.

123 BVerwG, VIZ 1995, S. 163= ZIP 1995, S. 163.

124 BVerfG, ZOV 1995, S. 192 =VIZ 1995, S. 343.

der SED-Zeit im Sinne des Art. 14 GG mit der Möglichkeit der Widerlegung im zulässigen Rahmen berücksichtigt worden. Das BVerfG[125] führt zu der Vermutungsregel in § 1 Abs. 6 Satz 2 VermG aus:

> „Der Gesetzgeber durfte dem früheren Eigentümer mit Vermutungsregeln helfen, die Voraussetzungen eines verfolgungsbedingten Vermögensverlustes nachzuweisen. [...] Wollte der Gesetzgeber ernstlich eine Wiedergutmachung durch Rückgabe entzogener Vermögenswerte, musste er mit derartigen Vermutungsregeln arbeiten, sollte die beabsichtigte Wiedergutmachung nicht überhaupt leer laufen."

Der verfolgungsbedingte Vermögensverlust wird seither zugunsten der NS-Opfer vermutet, wenn eine NS-Verfolgung festgestellt wurde und diese Vermutung nicht widerlegt wird. Das VermG verweist auf Art. 3 REAOBln, weshalb die Norm kurz dargestellt werden soll[126]:

> „Art. 3 Vermutung ungerechtfertigter Entziehung.
>
> (1) Zugunsten des Berechtigten wird vermutet, dass die folgenden in der maßgebenden Zeit abgeschlossenen Rechtsgeschäfte ungerechtfertigte Entziehungen im Sinne des Art. 2 sind:
>
> a) Veräußerung oder Aufgabe der Vermögensgegenstände durch jemanden, der unmittelbar Verfolgungsmaßnahmen im Sinne des Art. 1 ausgesetzt war;
>
> b) Veräußerung oder Aufgabe der Vermögensgegenstände durch jemanden, der zu einem Personenkreis gehörte, die in seiner Gesamtheit die deutsche Regierung oder die NSDAP durch ihre Maßnahmen aus den Gründen des Art. 1 vom kulturellen und wirtschaftlichen Leben Deutschlands auszuschließen beabsichtigte.
>
> (2) Wenn keine anderen Tatsachen eine ungerechtfertigte Entziehung im Sinne des Art. 2 beweisen oder für eine solche Entziehung sprechen, so kann bei einer Veräußerung nach Abs. 1a) die Vermutung durch den Beweis widerlegt werden, dass der Veräußerer einen angemessenen Kaufpreis erhalten hat und dass er über ihn frei verfügen konnte; angemessen ist ein Geldbetrag, den ein Kauflustiger zu zahlen und ein Verkaufslustiger anzunehmen bereit wäre, wobei bei Geschäftsunternehmen der Firmenwert berücksichtigt wird, den ein solches Unternehmen in den Händen einer Person hatte, die keinen Verfolgungsmaßnahmen im Sinne des Art. 1 unterworfen war.
>
> (3) Bei Veräußerungen im Rahmen des Abs. 1b) dieses Artikels, welche in der Zeit vom 15. September 1935 bis zum 8. Mai 1945 vorgenommen worden sind, kann die sich aus Abs. 1 ergebende Vermutung nur durch zur Genüge der Wiedergutmachungskammer erbrachte Beweise (Art. 57) widerlegt werden, dass außer den in Abs. 2 bezeichneten Voraussetzungen

---

125 BVerfG, ZOV 1995, S. 192 =VIZ 1995, S. 343.

126 Vermutungsregel des II. Abschnitts der Anordnung BK/O (49) 180 der Alliierten Kommandantur Berlin vom 26.07.1949. Abgedruckt u.a. bei *Neuhaus*, in: Fieberg / Reichenbach / u.a., Kommentar zum VermG.

a) das Rechtsgeschäft seinem wesentlichen Inhalt nach auch ohne die Herrschaft des Nationalsozialismus abgeschlossen worden wäre oder

b) der Erwerber in besonderer Weise und mit wesentlichem Erfolg den Schutz der Vermögensinteressen des Berechtigten oder seines Rechtsvorgängers wahrgenommen hat, z.B. durch Mitwirkung bei einer Vermögensübertragung ins Ausland."

Gemäß Art. 3 REAOBln musste der den Vermögensverlust Erleidende entweder unmittelbar selbst einer NS-Verfolgungsmaßnahme im Sinne des Art. 1 REAOBln ausgesetzt gewesen sein (sog. Individualverfolgung gemäß Art. 3 Abs. 1a REAOBln) oder einem Personenkreis angehört haben, der in seiner Gesamtheit aus den Gründen des Art. 1 REAOBln vom kulturellen und wirtschaftlichen Leben des NS-Reiches ausgeschlossen werden sollte (sog. Kollektivverfolgung, gemäß Art. 3 Abs. 1b REAOBln). Freimaurerlogen wurden deshalb im Rahmen der Wiedergutmachung grundsätzlich als Individualverfolgte und teilweise sogar als „Kollektivverfolgte" während des NS-Regimes in der Rechtsprechung anerkannt[127], wodurch die Beweiserleichterung gemäß Art. 3 Abs. 1 b REAOBln, also die Annahme einer ungerechtfertigten NS-Vermögensentziehung[128], gegeben war.

Im Gegensatz zu den Freimaurerlogen mit ihren Mutterlogen und Tochterlogen sprach gegen die generelle Annahme einer NS-„Kollektivverfolgung" der Gewerkschaften oder der studentischen Dachverbände z.B., dass die Gewerkschaften oder die Altherrenvereine grundsätzlich nicht einheitlich per Gesetz verboten wurden. Zusätzlich waren diese Vereinigungen gemäß ihren Satzungen innerhalb ihrer jeweiligen Verbände in ihren politischen Einstellungen nicht homogen gegen das NS-Regime eingestellt.[129] Soweit Organisationen z.B. mit NS-Organisationen fusionierten, wurde dies oft nach dem VermG als verfolgungsneutrale Gleichschaltung bewertet, da die Organisationen dies erst nach Absprachen mit ihren Mitgliedern „freiwillig" taten. Auch konnten vereinzelt Studentenverbindungen / Altherrenvereine oder Gewerkschaften im Gegensatz zu den Freimaurerlogen noch bis zum Ende des NS-Reiches existieren. Es war für die Annahme einer kollektiven NS-Verfolgung unerheblich, wenn einzelne Mitglieder der NS-Partei nahe standen; es kam vielmehr ent-

127 OLG Düsseldorf, RzW 1951, S. 357; WK Osnabrück, RzW 1951, S. 145; OLG Köln, RzW 1952, S. 239; ORG Herford, RzW 1954, S. 235; OLG Hamm, RzW 1956, S. 236; ORG Herford, RzW 1957, S. 103.

128 Bezüglich von Studentenverbindungen, OLG Karlsruhe, RzW 1955, S. 80.

129 BVerwGE vom 20.06.1958, VII C 111/57-, in BVerwGE 7, 125 (133); VG Gera vom 13.05.1997, 3K 87/95, S. 11= abgedruckt, in: Brandt / Kittke, RGV, B III 65, S. 200 ff.; OLG Karlsruhe, RzW 1954, S. 80.

scheidend darauf an, ob der Verband nach seiner verfassungsmäßigen Zweckbestimmung bzw. seiner tatsächlichen Betätigung vom NS-Regime als Gegner eingestuft wurde.[130] Die Rechtsprechung bejahte beispielsweise eine „Kollektivverfolgung" einiger konfessioneller christlicher Studentenverbindungen und Altherrenverbände[131], so dass für diese auch die Beweiserleichterung gilt.[132] Diese Vereinigungen widersprachen mit dem „Gleichheitsprinzip" ihrer Verbindungsmitglieder nämlich der NS-Weltanschauung und Politik. Ähnliches galt für einige Corps.[133] Wenn eine aktive Verbindung zu dem verfolgten Personenkreis gehörte, so ist dazu auch der dazugehörige Altherrenverein zu rechnen.[134] Gemäß Art. 3 REAOBln wurde insofern bei den Freimaurerlogen grundsätzlich vermutet, dass der Vermögensverlust auch verfolgungsbedingt eingetreten war[135], falls dies nicht widerlegt wurde.

Sofern eine NS-Verfolgung gegenüber einer bestimmten Organisation vorlag, greift bei einem Verkauf der Immobilie während der NS-Zeit die Beweiserleichterung im Sinne des Art. 3 REAOBln i.V.m. dem VermG ein, wodurch gesetzlich vermutet wird, dass der Verkauf des Logenhauses ein Zwangsverkauf darstellte den der damalige Erwerber nach dem VermG nur noch durch entkräftende Beweise widerlegen kann.[136] Die Widerlegungsmöglichkeit eröffnete sich in den Fällen einer individuellen NS-Verfolgung in der Zeit vom 30. Januar 1933 bis zum 8. Mai 1945 und in den Fällen einer NS-Kollektivverfolgung[137] in der Zeit vom 30. Januar 1933 bis zum 14. September

130 ORG Nürnberg, RzW 1959, S. 13.

131 WK Stuttgart, RzW 1951, S. 314; CoRA, RzW 1952, S. 325; ORG Nürnberg, RzW 1958, S. 389 f.; OLG Köln, RzW 1953, S. 141; OLG Düsseldorf, RzW 1953, S. 244; a.A. WK Würzburg, RzW 1950, S. 205 f.; OLG München, RzW 1950, S. 206 f.; OLG Karlsruhe, RzW 1955, S. 80.

132 ORG Herford, RzW 1957, S. 39 (40).

133 In der folgenden Entscheidung wurde sowohl eine politische als auch eine weltanschauliche Verfolgung angenommen, ORG Nürnberg, RzW 1959, S. 12.

134 OLG Celle, RzW 1951, S. 77.

135 Im REG, dem BrREG und der REAOBln wurde dies ähnlich geregelt. Zu einzelnen Unterschieden in der französischen Zone vgl. auch *Schwarz*, in: Schwarz, Wiedergutmachung, Band 1, S. 146 und S. 301 f.

136 Gemäß Art. 4 REAOBln gibt es auch eine Regelung für unentgeltliche Rechtsgeschäfte, auf die sich der Verweis in § 1 Abs. 6 VermG Satz 2 ebenfalls bezieht. Diese Vermutungsregel spielt aber grundsätzlich weder bei den Freimaurerlogen noch bei den Studentenverbindungen eine Rolle. Aus diesem Grunde soll auf diese nicht näher eingegangen werden. Vgl. zu Art. 4 REAOBln: *Schwarz*, in: Schwarz, Wiedergutmachung, Band 1, S. 167 f.; *Wasmuth*, in: RVI, § 1 VermG, Rn. 214 ff.

137 Hierunter fallen auch die Freimaurerlogen, vgl. nur LG Osnabrück, RzW 1951, S. 145; *Wasmuth*, in: RVI, § 1 VermG, Rn. 210.

1935.[138] Der damalige Erwerber, der den Zwangsverkauf widerlegen will, muss nachweisen, dass er damals einen angemessenen Kaufpreis bezahlt hat.[139] Der Gesetzgeber hat eine Legaldefinition bezüglich des angemessenen Kaufpreises in § 3 Abs. 2 REAOBln normiert.[140] In den Fällen einer Kollektivverfolgung in der Zeit vom 15. September 1935 bis zum 8. Mai 1945 musste nachgewiesen werden, dass auch ohne NS-Herrschaft das Rechtsgeschäft zustande gekommen wäre[141], oder der Erwerber die Vermögensinteressen des Verkäufers im Auge hatte.[142]

II. Vermögensverlust durch Enteignung

Unter einer NS-Enteignung im Sinne von § 1 Abs. 6 VermG wird, wie in den Rückerstattungsgesetzen, die hoheitliche Entziehung eines Vermögenswertes gegenüber einem NS-Opfer ohne Entschädigung verstanden. Dies konnte gegenüber dem NS-Verfolgten beispielsweise durch ein Gesetz, eine Verordnung oder einen Verwaltungsakt geschehen.[143] Freimaurer haben oftmals ihre Logenhäuser und ihre Liegenschaften durch Enteignung mittels des „Göring-Erlasses“ bzw. per Freimaurerverbot und durch anschließende Vermögenseinziehung an den Staat verloren.

III. Vermögensverlust auf andere Weise

NS-Entziehungen, die nicht infolge von „NS-Zwangsverkäufen“ oder „NS-Enteignungen“ zu einem Vermögensverlust bei den Freimaurerlogen führten, konnten noch durch einen verfolgungsbedingten Vermögensverlust „auf andere Weise“ im Sinne des § 1 Abs. 6 VermG herbeigeführt worden sein. Hierzu zählen beispielsweise unerlaubte NS-Handlungen, NS-Plünderungen

---

138 Weiter ORG Berlin 1954, RzW 1954, S. 302; *Schmidt / Block*, VIZ 1994, S. 104 ff.; a.A. *Riegers*, VIZ 1995, S. 433 ff; vgl. auch VG Leipzig, VIZ 1994, S. 304 ff.

139 Vgl. hierzu auch BVerwG, VIZ 1999, S. 336; BGH, RzW 1961, S. 21; Schwarz, in: Schwarz, Wiedergutmachung, Band 1, S. 160.

140 Angemessen im Sinne des § 1 Abs. 6 VermG i.V.m. Art. 3 Abs. 2 REAOBln sind grundsätzlich Preise, wie es sie zu Beginn der NS-Herrschaft noch als Folge der Weltwirtschaftskrise bis 1935 gab. Vgl. z.B. BVerwGE, VIZ 1999, S. 334 (337); BVerwGE, VIZ 1999, S. 203 ff.; *Harmening / Hartenstein / Osthoff / Falk*, BrREG, Art. 3 Anm. IV 1; *Körner*, ZOV 2000, S. 224 ff.; WK München vom 27.07.1949, RzW 1949, 5 Nr. 96; a.A. z.B. OLG Celle, RzW 1954, 101, Nr. 10.

141 Vgl. beispielsweise, *Dietsche*, in: Kimme / u.a., Offene Vermögensfragen, § 1 VermG, Rn. 341 ff.

142 CoRA, RzW 1951, S. 281; *Schwarz*, in: Schwarz, Wiedergutmachung, Band 1, S. 163.

143 *Brettholle / Köhler-Apel*, in: Rädler / Raupach / Bezzenberger, § 1 VermG, Rn. 126.

und NS-Beschlagnahmungen gegenüber Freimaurerlogen. Freimaurerlogen verloren hierdurch in der Regel ihre Kunst- und Einrichtungsgegenstände, die in der Regel nach festen Sätzen oder pauschal durch Vergleichsverhandlungen entschädigt wurden, da die Gegenstände in der Regel nicht mehr zurück gegeben werden konnten.

10. Kapitel: Zwei Wiedergutmachungsbeispiele nach dem Vermögensgesetz

A) Wiedergutmachung von NS-Unrecht zugunsten der neu gegründeten Funktionsnachfolgerinnen „Zu den drei Schwertern und Asträa zur grünenden Raute" und zum „goldenen Apfel im Orient"

I. Kurze Einführung zu den Dresdner Freimaurerlogen

Die zwei während der NS-Zeit aufgelösten Dresdner Freimaurerlogen „Zu den drei Schwertern und Asträa zur grünenden Raute" bzw. „Zum goldenen Apfel" wurden 1738 bzw. 1776 gegründetet. Beide Freimaurerlogen waren eingetragene Genossenschaften (e.G.).[1] Ihre Freimaurervilla stand bis zum 27. März 1936 zu je 50 % im Eigentum der beiden Genossenschaften. Die beiden Dresdner Logen boten in ihrer Stadtvilla an der Ostraallee bis 1935 vielen anderen Dresdener Logen eine Wirkungsmöglichkeit.[2] Die Liegenschaft lag fast gegenüber dem Kronentor des Zwingers und nur wenige Gehminuten von der historischen Altstadt Dresdens entfernt. Nachdem das NS-Regime 1933 die Reichstagswahlen gewonnen hatte und der Druck auf die Tochterlogen stetig zunahm, haben sich die beiden Tochterlogen am 14. September 1933 opportunistisch in Orden umbenannt. Die Freimaurerloge „Zum goldenen Apfel" nannte sich in „Deutsch-Christlicher-Orden, Sachsen" um. Die Genossenschaft „Zu den drei Schwertern und Asträa zur grünenden Raute" benannte sich aus demselben Grund am 25. Oktober 1933 in: „Deutsch-Christlicher Orden" um. Wie damals üblich wurden die Umbenennungen von Seiten des NS-Regimes nicht anerkannt und die Freimaurerlogen weiter bedrängt. Den beiden Dresdner Freimaurerlogen wurde im Juli 1935 von der Gestapo „nahe gelegt", ihre Logen aufzulösen[3], da noch im August 1935 ein gesetzliches Freimaurerverbot erlassen werde. Daraufhin lösten sich die Freimaurerlogen

1 Zu der Geschichte dieser Freimaurerlogen, vgl. z.B. *Lennhoff*, a.a.O., S. 733 ff.; *Runkel*, Geschichte der Freimaurer, S. 397 ff.

2 Zu der Geschichte dieser Freimaurerlogen, vgl. z.B. *Lennhoff*, a.a.O., S. 733 ff.; *Runkel*, Geschichte der Freimaurer, S. 397 ff.

3 Vgl. auch *Neuberger*, Freimaurerei und Nationalsozialismus, S. 318.

auf. Das Logenvillenhaus wurde beim ersten Luftangriff auf Dresden 1945 zerstört. 1946 wurde Freimaurerlogen in Dresden ausdrücklich weiterhin verboten, sich zu treffen.[4] Während der DDR-Zeit wurde das Land Sachsen im Jahr 1952 aufgelöst, und das Grundstück wurde, wie damals allgemein üblich, in „Volkseigentum" übertragen. Nunmehr wurde Eigentümerin der Volkseigene Betrieb (VEB), „Kommunale Wohnungsverwaltung der Stadt Dresden". Nach der Wiedervereinigung wurde die Liegenschaft am 7. Juni 1994 auf den Freistaat Sachsen übertragen.[5]

II. Wiedergutmachungsverfahren

1. Verfolgungsbedingter Vermögensverlust während der NS-Zeit

Die beiden Dresdner Freimaurerlogen lösten sich noch vor Inkraftsetzung des gesetzlichen Verbots unter Gestapo-Beaufsichtigung am 8. August 1935 auf. Die Freimaurerimmobilie sowie das Mobiliar der Logen wurden durch die Gestapo Sachsen im August 1935 beschlagnahmt und Liquidatoren bestimmt.[6] Aus der Abschrift der Geheimen Staatspolizei vom 5. Oktober 1935 ergibt sich auf Seite 1 f. eine „Vereinbarung" zwischen den Altpreußischen Großlogen und dem NS-Regime über die weitere Liquidation der Freimaurerlogen:[7]

> „2. „Den anwesenden Liquidatoren wird fernerhin eröffnet, dass das Geheime Staatspolizeiamt Berlin mit den Liquidatoren der Altpreussischen Grosslogen hinsichtlich des Mobiliars und hinsichtlich der Verwendung der Grundstücke der Logen folgende Vereinbarung getroffen hat:
>
> a) Das in den Logen befindliche Mobiliar soll nach den mit den Liquidatoren vereinbarten Richtlinien tunlich bis zur Deckung der Schulden verkauft werden. Der dann verbleibende Restbestand soll entweder der Bewegung oder karitativen Verbänden zur Verfügung gestellt werden.
>
> b) Betr. Verwendung der Logenhäuser. Sollte soviel Barvermögen vorhanden sein, dass die Hypothekengläubiger befriedigt werden könnten, so haben sich die Liquidatoren bereit erklärt, die Gebäude der NSV, der Reichswehr oder kommunalen Körperschaften schenkungsweise gegen ein geringes Entgelt zu überlassen. [...]."

Am 4. Oktober 1935 wurde das Dresdner Logenhaus durch Beamte des Polizeipräsidiums versiegelt und das Vermögen eingezogen und liquidiert. Im

---

4 *Lennhoff*, a.a.O., S. 224.

5 Vermögenszuordnungsgesetz (VZOG) in der Fassung der Bekanntmachung vom 29.03. 1994, BGBl. I, S. 709.

6 Der Kaufpreis ist nicht mehr bekannt. Vgl. Abschrift der Gestapo Sachsen vom 5.10.1935, Az.: II 3 A Dr.k./K/unveröffentlicht.

7 Vgl. Abschrift der Gestapo Sachsen vom 5.10.1935, Az.: II 3 A Dr.k./K/unveröffentlicht.

Jahr 1936 wurde die Freimaurerimmobilie an das Land Sachsen gegen ein geringes Entgelt verkauft bzw. geschenkt. Der vom NS-Regime abverlangte Vermögensentzug hatte seine Grundlage in einer entsprechenden Verfügung des Reichs- und Preußischen Ministers des Inneren vom 6. September 1935[8], der Eigentumsübertragungen anordnete. Der Freistaat Sachsen wurde am 27. März 1936 ins Grundbuch als Eigentümer eingetragen. Dass die Freimaurerlogen während der NS-Zeit im Sinne des VermG verfolgt wurden und insofern ihre Vermögenswerte verloren, ist unstreitig. Weiter sprach nach § 1 Abs. 6 VermG i.V.m. Art. 3 Abs. 1a, b REAOBln eine bestehende Vermutung dafür, dass ein verfolgungsbedingter Vermögensverlust vorlag.[9] Aus diesen Gründen wurde anerkannt, dass die NS-Einflussnahme kausal für den „Verkauf" des Logenhauses war. Insofern liegt ein Vermögensverlust in Form eines „Zwangsverkaufes" der beiden ehemaligen Tochterlogen gemäß § 1 Abs. 6 VermG vor. Problematisch war allerdings die Anspruchsberechtigung für die beiden neu gegründeten Freimaurerlogen. Die Satzungen der aufgelösten Dresdner Freimaurerlogen sahen während der NS-Zeit mit ihren Auflösungen kein unmittelbares Anfallsrecht an ihre ursprüngliche Großloge von Sachsen vor.

2. Mögliche Anspruchssteller nach dem Vermögensgesetz

a) Keine Reaktivierung der Dresdner Freimaurerlogen

Eine Reaktivierung der beiden ehemaligen Dresdner Freimaurerlogen kam nach so vielen vergangenen Jahrzehnten nicht mehr in Betracht, da es bereits aus biologischen Gründen keine ehemaligen Freimaurermitglieder mehr gab. Insofern existieren die beiden Logen heute nicht mehr.[10] Aus diesem Grunde konnten die ehemaligen Eigentümerinnen auch keine Ansprüche mehr stellen. Es gibt keine reaktivierten Freimaurerlogen.

b) Großlogen als Rechtsnachfolgerinnen

Da die Satzungen der aufgelösten und erloschenen Dresdner Freimaurerlogen während der NS-Zeit mit ihren Auflösungen kein unmittelbares Anfallsrecht an eine bestimmte noch existierende Mutterloge vorsah, kommt eine Rechtsnachfolge einer Mutterloge für diese erloschenen Logen nicht in Betracht, §§ 2 Abs. 1, 3 Abs. 1, 1 Abs. 6 VermG.

---

8 RGBl. 14.07.1933, I, S. 479.

9 Vgl. zum NS-Zwangsverkauf: BVerwG, VIZ 1999, S. 334 ff.

10 Vgl. auch BVerwG, NJW 1997, S. 474.

c) Großlogen als Funktionsnachfolgerinnen

Ferner kam noch ein Vermögensrecht einer Mutterloge im Sinne des § 2 Abs. 1 Satz 5 VermG in Betracht, wenn eine Mutterloge als Funktionsnachfolgerin der beiden erloschenen Tochterlogen anerkannt würde. Die AfuAMvD-Mutterloge versuchte anfangs noch, die Liegenschaft auf diese Weise zu erhalten. Die Mutterloge hatte die Freimaurerlogen aber nicht neu gegründet. Die Vermögensämter lehnten eine Anerkennung der Mutterloge als Funktionsnachfolgerinnen der erloschenen Logen ab. Die GNML „3WK" verfolgte ihren vermeintlichen Rückgabeanspruch auf das Logengrundstück in Dresden noch bis zur zurückweisenden Entscheidung des Landesamts zur Regelung offener Vermögensfragen (LARoV) Dresden vom 22. November 1994.[11] Das LARoV Dresden stellte 1994 zur vermeintlichen Anspruchsberechtigung der GNML 3WK fest, dass bereits nach dem eigenen Vortrag der Mutterloge die begehrte Liegenschaft schon vor der NS-Zeit nicht in ihrem Eigentum oder im Eigentum einer ihrer Tochterlogen stand, so dass mangels Vermögensverlust kein Anspruch für die reaktivierte Großloge besteht. Eine Funktionsnachfolge wurde ebenfalls nicht angenommen. Gegen diesen Bescheid ging die GNML „3 WK" nicht mehr vor. Insofern verblieben nur noch die beiden neu gegründeten Tochterlogen als Anspruchsstellerinnen nach den VermG übrig.

d) Neu gegründete Freimaurerlogen als mögliche Funktionsnachfolgerinnen

Strittig blieb in diesem Rückerstattungsverfahren die Anerkennung einer Rechtsnachfolge in Form der Funktionsnachfolge nach dem VermG. Nach der Wiedervereinigung haben sich zwei neu gegründete Tochterlogen mit alten Namen der zunächst nicht mehr existierenden Tochterlogen gegründet, „Zu den drei Schwertern und Asträa zur grünenden Raute" e.V. sowie der Tochterloge „Zum Goldenen Apfel im Orient", Dresden e.V.[12] Die beiden neu gegründeten Tochterlogen gehören der AfuAMvD-Mutterloge an.[13] Die

11 Die Vereinigte Großloge von Deutschland stellte unabhängig von den neu gegründeten Freimaurerlogen am 5. Oktober 1990 zusätzlich für die drei einzelnen deutschen Großlogen, einen Wiedergutmachungsantrag bei der Stadtverwaltung Dresden, ARoV bezüglich des Logengrundstückes Ostra-Allee 15 in Dresden, wobei sie diesen Antrag mangels Erfolgsaussicht nicht weiter verfolgte.

12 Das Logenhaus wurde 1945 bei dem Bombenangriff auf Dresden zerstört und wurde danach abgetragen, vgl. auch *Hannusch*, Dresdner Nachrichten, 17. Juli 1998.

13 Vgl. hierzu die obigen Ausführungen zur Funktionsnachfolge. Beispielsweise haben noch eine Meißener Loge, eine Loge aus Halle und eine Leipziger Loge auf diese Weise ihre Liegenschaft zurückbekommen. Vgl. den Bescheid des ARoV Meißen vom

beiden Vorstände der neu gegründeten Tochterlogen machten als Funktionsnachfolgerinnen der beiden ehemaligen Dresdner Freimaurerlogen Wiedergutmachungsansprüche am 3. November 1990 gegenüber dem ARoV Dresden[14] geltend. Als die beiden neuen Tochterlogen genügend Mitglieder hatten ließen sie sich im Vereinsregister unter den identischen ursprünglichen Namen der Tochterlogen im Vereinsregister Dresden eintragen.

e) Zwischenergebnis

Die neu gegründeten Tochterlogen kommen als mögliche Funktionsnachfolgerinnen nach § 2 Abs. 1 Satz 5 VermG in Betracht.

f) Anerkennung der Funktionsnachfolge gegenüber den neu gegründeten Tochterlogen

Die Anerkennung der neu gegründeten Tochterlogen als Funktionsnachfolgerinnen wurde allerdings vom ARoV Dresden 1993 noch zurückgewiesen. Es sollten nach Auffassung des Vermögensamtes nur reaktivierte Vereine, also identische Freimaurerlogen anspruchsberechtigt sein, aber keine Funktionsnachfolgerinnen, da diese vom VermG nicht umfasst sein sollten. Insofern wurden auch gar nicht die einzelnen Anspruchsvoraussetzungen der Funktionsnachfolge der neu gegründeten Freimaurerlogen überprüft. Hierbei half es den neu gegründeten Logen auch nicht, dass sie vor Erlass des endgültigen Bescheids gegenüber dem ARoV versuchten, über eine Analogie zum alliierten Rückerstattungsrecht eine „Zwecknachfolge" = „Funktionsnachfolge" zu den aufgelösten Freimaurerlogen während der NS-Zeit nachzuweisen. Nach Ansicht des ARoV war der Wortlaut „Rechtsnachfolge" nach § 2 Abs. 1 VermG nicht „weit" auslegen, da er ausschließlich von einer Rechtsnachfolge sprach, weshalb die „Zwecknachfolge" im VermG nicht existiere. Das ARoV Dresden war der Ansicht, dass die neu gegründeten Freimaurerlogen mit den nicht mehr existierenden Tochterlogen nichts zu tun hatten und erkannten eine Funktionsnachfolge nicht an.[15] Das ARoV schrieb 1993 wörtlich:[16]

> „Damit soll gesichert werden, dass eine Rückerstattung nur an die vom Vermögensverlust tatsächlich Betroffenen erfolgt. Die nunmehr neu gegründeten Frei-

---

3.05.1995, Az.: 14040 004648 91/unveröffentlicht; Bescheid des ARoV Leipzig vom 3.08.1995, Az.: 27.13 Og/Ta/unveröffentlicht; Bescheid des LARoV Halle vom 28.11.1995, Az.: W 5969/unveröffentlicht.

14 Bescheid des ARoV Dresden vom 3.02.1993, Az.: 25.2.3./unveröffentlicht.

15 Bescheid des ARoV Dresden vom 3.02.1993, Az.: Seite 3/unveröffentlicht.

16 Bescheid des ARoV Dresden vom 3.02.1993, Az.: Seite 3/unveröffentlicht.

maurerlogen haben jedoch im Unterschied zur Anwendung des BEG, als die zeitliche Nähe zwischen dem Vermögensverlust und der Rückerstattung noch gegeben war, mit den tatsächlich Betroffenen nur noch den Namen gemein."

Die Klarstellung des Gesetzgebers, dass auch die Funktionsnachfolge von der Rechtsnachfolge umfasst ist, erfolgte am 21. September 1994 durch § 2 Abs. 1 Satz 4 VermG a.F. Der Restitutionsantrag der neuen Logen wurde vom ARoV Dresden vor der gesetzlichen Klarstellung am 3. Februar 1993 mangels nachgewiesener Rechtsnachfolge zurückgewiesen. Aber auch das Landesamt zur Regelung offener Vermögensfragen Dresden lehnte noch die Berechtigung der neu gegründeten Logen am 22. November 1994 in Form der Funktionsnachfolge ab.[17] Dabei legte das Amt fälschlicherweise Sinn und Wortlaut des VermG noch in seiner bis zum 30. September 1994 geltenden Fassung dahingehend aus, dass die Funktionsnachfolge *nicht* vom VermG umfasst sei. Dies war sehr erstaunlich, da schon zu diesem Zeitpunkt die gesetzgeberische Klarstellung zur Funktionsnachfolge am 21. September 1994 beschlossen war und die Funktionsnachfolge seit dem 1. Oktober 1994 in Kraft war. Durch die Änderung des § 2 Abs. 1 VermG wurde 1994 in dem gleichen Absatz ein Satz 4 mit der ausdrücklichen Normierung der Funktionsnachfolge hinzugefügt, die der „Zwecknachfolge" des alliierten Rückerstattungsrecht entsprach. Dies geschah durch § 3 des SachenRÄndG vom 21. September 1994. Im Dezember 1994 reichten die Vorstände der neu gegründeten Freimaurervereine aufgrund der nicht berücksichtigten Funktionsnachfolge durch die Vermögensämter Dresden Klage beim VG Dresden ein.

Die vierte Kammer des VG Dresden[18] stellte im mündlichen Termin am 28. Mai 1997 zwar nicht mehr die Funktionsnachfolge an sich, aber doch die Anerkennung der Funktionsnachfolge der neu gegründeten Freimaurerlogen nach dem VermG in Frage. Die Kammer äußerte, dass sich theoretisch auch andere neue Freimaurervereine oder Großlogen auf eine Funktionsnachfolge berufen könnten, so dass eine „Konkurrenzsituation" bezüglich der begehrten Vermögenswerte entstehen könnte und insofern von Seiten des Gerichts überprüft werden müsste, wer den Anspruch unzweifelhaft hat. Dieser vermeintlichen Konkurrenzlage wurde von den Vorständen der Freimaurerlogen im Termin entgegengehalten, dass auch die Mutterloge AFuAMvD die Berechtigung der neu gegründeten Tochterlogen anerkenne und unterstützte. Auch gebe es gar keine andere neue Tochterloge mehr, die denselben Namen

17 Bescheid des LARoV Dresden vom 22.11.1994, Az.: W 1-1224/93/unveröffentlicht.

18 VG Dresden, Urteil vom 20.08.1997, ausgefertigt am 5.12.1997, Az.: 4K 2893/94/ unveröffentlicht.

tragen dürfte, § 12 BGB. Im mündlichen Verhandlungstermin[19] vor dem VG Dresden wurde 1997 vom Vorstand der Freimaurer zusätzlich noch die Gründung einer Freimaurerstiftung[20] durch die Klägerinnen in Dresden versichert, so dass gegenüber dem Gericht glaubhaft gemacht wurde, dass, sofern es zu einer Wiedergutmachung käme, ein Teil der Ertragsfrüchte wohltätigen Zwecken in Dresden zugute kämen. Die 4. Kammer des VG Dresdens überprüfte im Freimaurerurteil, ob die beiden Freimaurer-Neugründungen als Funktionsnachfolgerinnen der nicht mehr existierenden Dresdner Freimaurerlogen nach dem VermG anzuerkennen seien. Die neu gegründeten Freimaurerlogen müssten den aufgelösten Freimaurerlogen entsprechen und ihre Funktion oder Aufgaben oder deren satzungsgemäßen Zwecke übernommen haben, § 2 Abs. 1 Satz 5 VermG. Nicht notwendig sei nach dem VermG eine absolute Identität der Satzungen[21], was die 4. Kammer des VG Dresden in den Entscheidungsgründen betonte.[22]

(1) Vergleich der Satzungen – Freimaurerloge „Zu den drei Schwertern" e.V. zu Dresden zu der ehemaligen Freimaurer Genossenschaft

Die Namen der beiden Freimaurerlogen entsprechen sich im Wesentlichen, so dass die Voraussetzungen für die Annahme der Funktionsnachfolge nach dem VermG vorliegen. Die ursprüngliche Freimaurerloge war eine eingetragene Genossenschaft und nach der Wiedervereinigung war die neu gegründete Freimaurerloge ein eingetragener Verein nach den Vorschriften des BGB. Dies ist aber für die rechtliche Annahme einer Funktionsnachfolge nach dem VermG unerheblich, da durch die unterschiedlichen Rechtsformen kein relevanter inhaltlicher Unterschied der beiden Freimaurerlogen entstand. Hierauf hat auch das VG Dresden hingewiesen.

---

19 Im Zuge der ersten Recherchereisen für diese Arbeit konnte der Verfasser 1997 die Stiftungssatzung der Weltkugel-Stiftung der GNML 3WK aus Berlin beim Besuch in Dresden im April 1997 dem Meister vom Stuhl in Dresden der neuen Dresdener Loge übergeben, der tatsächlich den Stiftungsgedanken aufnahm und dem VG Dresden im Mai 1997 vortrug.

20 Vgl. hierzu auch allgemein: *Liermann*, Handbuch des Stiftungsrechts; *Kroeschell*, Rechtsgeschichte Deutschlands im 20. Jahrhundert, S. 123. Vgl. allgemein zu Stiftungen z.B. *Reuter*, in: MüKo, Vor. § 80 BGB, Rn. 1 ff.

21 Vgl. hierzu die Satzung des Deutsch Christlichen Ordens Sachsen, Ordensgruppe „Zu den drei Schwertern" und das Statut der Freimaurerloge „Zu den drei Schwertern und Asträa zur grünenden Raute". Beide Dokumente sind gedruckt aber unveröffentlicht und befinden sich in der Bayreuther Freimaurerbibliothek.

22 VG Dresden, Urteil vom 20.08.1997, Az.: 4 K 2893/94/unveröffentlicht.

Beide Freimaurerlogen hatten bzw. haben nur männliche Mitglieder und sind dem Humanitätsgedanken verpflichtet, so dass dies auch in ihren Satzungen zum Ausdruck kommt, einmal in § 2 der Satzung vom 5. November 1881 und einmal in der Satzung nach der Wiedervereinigung in § 3. In beiden Satzungen kommt zum Ausdruck, dass sich die Freimaurermitglieder vervollkommnen sollen. Auch hier ähneln sich die Satzungen. Es sind keine gravierenden Unterschiede in den Satzungen erkennbar.

(2) Zwischenergebnis

Aus dem Satzungsvergleich[23] der Freimaurersatzungen zwischen der ehemaligen Dresdner Freimaurer Genossenschaft und dem neu gegründeten Verein ergibt sich in ihren wesentlichen Teilen die inhaltliche Vergleichbarkeit der Satzungen der Klägerin mit der alten nicht mehr existierenden Freimaurerloge.

(3) Vergleich der Satzungen-Freimaurerloge „Zum goldenen Apfel, Dresden" e.V. im Vergleich zu der ehemaligen Freimaurer Genossenschaft

Auch diese beiden Freimaurerlogen tragen bis auf die Körperschaft den gleichen Namen und entsprechen sich auch ansonsten im Wesentlichen, so dass auf die Satzungsvergleiche nur kurz eingegangen werden braucht. In der Satzung der ehemaligen Freimaurerloge „Zum goldenen Apfel" galt der satzungsrechtliche Zweck der Vereinigung[24], dass sich die Freimaurerbrüder der Humanität verpflichteten und sich vervollkommen sollen, § 2 der Freimaurersatzung. Beispielsweise gab es auch bereits damals einige mildtätige Freimaurerstiftungen und eine Armenkasse, die die gelebte Humanität nach außen erkennbar machte, vgl. auch §§ 19, 21 der damaligen Satzung. Nach §§ 3 und 4 Abs. 1 der neuen Freimaurersatzung ergibt sich das Streben nach Vervollkommung der Mitglieder und der Humanitätsgedanke sowie die Verpflichtung Gutes zu tun, wie auch Notleidenden zu helfen. Hieraus deutet sich eine Ähnlichkeit des Zwecks der Funktionsvorgängerin mit der Funktionsnachfolgerin im Sinne des VermG an.

---

23 Vgl. hierzu die Satzung der Deputationsloge „Zu den drei Schwertern e.V. aus dem Jahre 1991. Diese ist ebenfalls unveröffentlicht und befindet sich u.a. bei der Dresdner Loge.

24 Gesetzbuch der Loge zum „Goldenen Apfel" von 1909, A., Satzungen.

(4) Ergebnis zur Funktionsnachfolge

Die vierte Kammer des VG Dresden kommt richtigerweise in ihrem Urteil zu dem Ergebnis, dass die Ansprüche der Klägerinnen gemäß §§ 1 Abs. 6, 2 Abs. 1 Satz 5 VermG auf Rückerstattung gegeben sind. Die Vereinszwecke der neuen Freimaurerlogen sind im Vergleich zu den erloschenen Freimaurerlogen ähnlich geblieben. Die einzelnen kleinen sprachlichen Abweichungen in den Satzungen stellen keine gravierenden Unterschiede dar, so dass die gesetzlichen Voraussetzungen einer Funktionsnachfolge erfüllt sind.[25] Sonstige Ausschlussgründe, wie eine andere berechtigte Anspruchstellerin lagen nicht vor. Insofern liegt eine Funktionsnachfolge der beiden neu gegründeten Freimaurerlogen vor die den Rückgabeanspruch nach §§ 1 Abs. 6 i.V.m. § 2 Abs. 1 Satz 5, § 3 VermG begründen. Die Kammer des VG Dresden sprach nach dem mündlichen Termin vom 28. Mai 1997 und nach einer Überleitung ins schriftliche Verfahren am 20. August 1997[26] richtigerweise den Klägerinnen, den neu gegründeten Freimaurerlogen das Logengrundstück als Funktionsnachfolgerinnen nach §§ 1 Abs. 6, 2 Abs. 1 Satz 5, 3 VermG zu.[27] Am 6. Oktober 1997 wurde die Dresdner Freimaurerstiftung, nach dem Urteilsausspruch aber noch vor Rechtskraft des Urteils und der Rückführung des „Logengrundstückes“ an die neu gegründeten Dresdner Tochterlogen, gegründet.[28] Das Urteil des VG Dresden wurde am 5. Dezember 1997 ausgefertigt. Eine Revision gegen das Urteil hat das VG Dresden[29] nicht zugelassen. Der Freistaat Sachsen legte gleichwohl Revision gegen das Urteil des VG Dresden vom 20. August 1997 ein, §§ 132 Abs. 1, 135 VwGO, und gegen die Nichtzulassung der Revision Beschwerde. Begründet wurde die Revision mit der formellen Rüge, dass zur mündlichen Verhandlung das VG Dresden es 1997 versäumt hatte, den Freistaat Sachsen als Eigentümer der Liegenschaft nach §§ 63, 65 VwGO ordnungsgemäß beizuladen. Der Freistaat Sachsen

---

25 VG Dresden, Urteil vom 20.08.1997, Az.; 4 K 2893/94/unveröffentlicht.

26 Mit einem Schreiben vom 6.07.1995 bestätigte die Landesgroßloge von Sachsen e.V. in Dresden, dass die Johannisfreimaurerloge „Zum goldenen Apfel e.V. sowie die Johannis Freimaurerloge „Zu den drei Schwertern und Ästräa zur grünenden Raute e.V. anerkannte Mitglieder der Landes-Großloge von Sachsen e.V. in Dresden sind. Dieses Schreiben wurde nicht veröffentlicht und befindet sich im Besitz des Verfassers.

27 Urteil des VG Dresden, Az.: 4 K 2893/94, S. 3/unveröffnetlicht.

28 Stiftungsgeschäft vom 6.10.1997, Notarielle Urkunde-Nr. 2408/1997-des Notars van de Loo, Dresden L/unveröffentlicht, genehmigt wurde die Stiftung vom Regierungspräsidenten Dr. Weidelemer, Dresden am 28.04.1999.

29 Vgl. die Entscheidung des Dresdner VG vom 20.08.1997, Az.: 4K 2893/94/unveröffentlicht.

wurde durch das Sächsische Staatsministerium der Finanzen bzw. vom Staatlichen Liegenschaftsamt in Dresden vertreten. Das VG Dresden lud aber stattdessen das Städtische Liegenschaftsamt Dresden bei. Auf Intervention des Freistaates Sachsen musste das VG Dresden deshalb das Urteil neu ausfertigen und den Rechtskraftvermerk wieder aufheben.

3. Außergerichtlicher Vergleich

Der Freistaat Sachsen beantragte das Ruhen des Verfahrens nach §§ 173 VwGO i.V.m. 251 ZPO, um eine gütliche Lösung zwischen den Parteien herbeizuführen. Die Beschwerde und die Revision wurde vom Freistaat Sachsen am 8. Juni 1998 vor dem BVerwG zurückgenommen, als der Freimaurervorstand und die Klägerinnen mit dem Freistaat Sachsen vertraglich nach dem Rechtsgedanken eine Einigung nach § 31 Abs. 5 VermG außergerichtlich erzielte. Die Freimaurer verpflichteten sich, einen „finanziellen Ausgleich" für die Rücknahme der Beschwerde des Freistaates Sachsen zu leisten.

§ 31 Abs. 5 VermG lautet:

> „Die Behörde hat in jedem Stadium das Verfahren auf eine gütliche Einigung zwischen dem Berechtigten und dem Verfügungsberechtigten hinzuwirken. Sie setzt das Verfahren aus, soweit ihr mitgeteilt wird, dass eine gütliche Einigung angestrebt wird. Kommt es zu einer Einigung, die den Anspruch des Berechtigten ganz oder teilweise erledigt, so erlässt die Behörde einem der Einigung entsprechenden Bescheid; § 33 Abs. 5 findet Anwendung. Die Einigung kann sich auf Gegenstände erstrecken, über die nicht im Verfahren nach diesem Abschnitt zu entscheiden ist. Absatz 2 bleibt unberührt. Der Bescheid wird sofort bestandskräftig, wenn nicht der Widerruf innerhalb einer in dem Bescheid zu bestimmenden Frist, die höchstens einen Monat betragen darf, vorbehalten wird."

Die Logenstiftung und die Klägerinnen verpflichteten sich in dem Vergleich u.a. zu folgendem:

> „Weiterhin verpflichtet sich die Stiftung, aus den in den Folgejahren für die Erfüllung des Stiftungszwecks vorgesehenen Mitteln mit einem Betrag jährlich DM 50.000 für die Dauer von 8 Jahren – also bis zum Gesamtbetrag von DM 400.000 – im Rahmen der Zweckbestimmung des § 2 der Satzung der Stiftung Personen oder Projekte einschließlich Bau- und Erhaltungsmaßnahmen an Einrichtungen der Bildung und der Kultur, z.B. an Schlössern und Gärten, die vom Freistaat Sachsen benannt werden, durch Zuwendung von Stiftungsmitteln in dieser Höhe zu fördern."

Das Beschwerdeverfahren wurde nach Abschluss des Vergleichs vom Freistaat Sachsen mit Schriftsatz vom 8. Juni 1998 beim BVerwG zurückgenommen, wodurch eine Entscheidung des BVerwG über die Beschwerde der

Nichtzulassung der Revision obsolet wurde. Das BVerwG hat durch Beschluss vom 16. Juni 1998 das Verfahren eingestellt, §§ 141 Satz 1, 125 Abs. 1 Satz 1, 92 Abs. 3 Satz 1 VwGO.[30] Das Urteil des Verwaltungsgerichtes Dresden wurde dadurch am 16. Juni 1998 rechtskräftig. Der finanzielle Ausgleich, den die Klägerinnen bzw. die Dresdner Freimaurerstiftung zu bezahlen hat, wird gemäß dem abgeschlossenen Vergleich fällig, wenn die damals noch zu übertragende Freimaurerliegenschaft zu einer wirtschaftlichen Nutzung gelangt.[31] Die Freimaurerstiftung wurde nach Genehmigung durch den Regierungspräsidenten Dresden am 28. April 1999 rechtswirksam, so dass im Anschluss hieran die ehemalige Freimaurerliegenschaft in die neu gegründete Freimaurerstiftung übertragen wurde.[32] Dadurch konnte das Grundstück 1999 zugunsten der Freimaurerstiftung aufgelassen und zugunsten der Stiftung im Grundbuch eingetragen werden. Das Verfahren wurde insoweit nach etwa neun Jahren abgeschlossen werden. Die beiden Dresdner Tochterlogen (Johannislogen) haben, soweit bekannt, als einzige (einzelne) Logen in den neuen Ländern ihre Liegenschaft nach der Rückgabe in eine mildtätige und rechtsfähige Stiftung[33] eingebracht, §§ 80-88 BGB. Mit der Freimaurerstiftung haben die Dresdner Freimaurer an alte Traditionen angeknüpft, die vor der NS-Zeit bei diesen beiden Logen in Dresden üblich waren.[34] Zusätzlich erhielt die

---

30 Beschluss des BVerwGE vom 16.06.1998, Az.: 7 B 149/98/unveröffentlicht.

31 Vergleich zwischen dem Freistaat Sachsen und der Schwerter- und Apfellogen zu Dresden.

32 Vorsorglich wurde im Vergleich von 1998 zwischen den neu gegründeten Logen mit dem Freistaat Sachsen aber in § 3 geregelt: *Die Vertragsparteien sind sich darüber einig, dass mit den in § 2 vereinbarten Zuwendungen alle Ansprüche des Freistaates Sachsen im Zusammenhang mit dem Verwaltungsverfahren über die Rückgabe des Grundstücks Ostraallee 15, Dresden, insbesondere auf Rückzahlung etwaiger aus dem Zwangsverkauf von 1935 erzielter Erlöse abgegolten sind.*

33 Gemäß § 2 Abs. 1 der Satzung der Stiftung werden die Stiftungserträge, die nach Errichtung und Vermietung des nicht benötigten Teils des Logenhauses erzielt werden zur Förderung von Bildung und Erziehung, Kultur, Wissenschaft und Forschung sowie freimaurerischer Arbeit im Sinne der Völkerverständigung in Sachsen verwandt.

34 In der Friedrichstadt gründeten verschiedene Dresdner Freimaurerlogen am 1.12.1772 eine Tagesschule für Waisenkinder. Hieraus entwickelte sich die Lehr-und Erziehungsanstalt, das Freimaurer Institut zu Dresden-Friedrichsstadt. 1899 wurde ein Neubau in Dresden-Striesen an der Eisenacher Straße bezogen. Bis 1945 wurde dort unterrichtet, ab 1935 musste jedoch diese Unterrichtsanstalt in „Scharnhorst-Schule" umbenannt werden. Nach 1945 nahmen die Gebäude die Städtische Landesbibliothek auf. Seit 1955 wurde daraus die Wirkungsstätte des Kreuzgymnasiums und des Kreuzchores. Das Gebäude wird auch noch heute Freimaurer Institut genannt. Bezüglich der Schule wurde von den Freimaurern kein Restitutionsantrag gestellt, wie der Verfasser durch ein Gespräch mit Dresdner Freimaurern erfuhr. Lediglich der Freundeskreis der ehemaligen Schüler des Freimaurer-Instituts hatte mit Schreiben vom 2.10.1990 einen Re-

Dresdner Freimaurerstiftung für die beiden anerkannten Funktionsnachfolgerinnen nach erfolgreichen Abschluss des langjährigen Verfahrens nach weiteren fünf Jahren im Jahr 2004 einen (ersten) Pauschalentschädigungsbetrag für die während der NS-Zeit entzogenen Vermögenswerte der früheren Tochterlogen, wie etwa für entzogene Gemälde, Einrichtungsgegenstände, Bücher, Ritualgegenstände, Medaillen und Schaumünzen nach dem NS-EntschG.[35] Über die Summe wurden zuvor Vergleichsgespräche mit der OFD Berlin geführt und ein Vergleich abgeschlossen.[36] Mit Bescheid vom 27. Mai 2004 wurde auf diese Weise ein erster Entschädigungsbetrag in Höhe von € 61.843,46 nebst Zinsen nach §§ 4, 2 Sätze 9 und 10 NS-Verf.-EntschG i.V.m. Art. 2 Nr. 1 Entschädigungsrechtsänderungsgesetz zugunsten der Freimaurerlogenstiftung festgesetzt und ausgezahlt. Seit 2007 vergibt die Freimaurerstiftung Dresden aus dem Ertrag ihres Grundstückes Künstlerpreise und finanziert z.B. Brunnen in Dresden und Radebeul mit. Wegen der schwierigen wirtschaftlichen Lage und der Bauauflagen hat es die Freimaurerstiftung bis 2011 noch nicht geschafft einen verbindlichen Investor zu finden, der die alte Freimaurerliegenschaft erwirbt. Es gab lediglich entgeltliche Zwischenvereinbarungen sich das Grundstück zeitweilig als Investment zu sichern.

4. Ergebnis

Den beiden neu gegründeten Tochterlogen ist es als zwei von wenigen Neugründungen gelungen, als Funktionsnachfolgerinnen anerkannt zu werden und auf diese Weise die entzogene Liegenschaft zurück zu erlangen. Seit Ende 2009 haben die beiden Dresdener Logen und ihre Stiftung ein neues Villendomizil in der Hainstraße 2 gegenüber dem Dresdner Neustädter Bahnhof mit Jugendstilausmalungen erworben und bezogen, wodurch sie nach über 73 Jahren in der Landeshauptstadt Dresden wieder ein eigenes Domizil haben. Am alten Traditionsort wird möglicherweise eines Tages eine Gedenktafel für die ehemaligen Freimaurerlogen angebracht werden, wie dies beispielsweise

---

stitutionsantrag gestellt. Dieser wurde mit Bescheid des ARoV Dresden vom 5.11.1996, Az.: 25-3.1 r/(unveröffentlicht) mangels Berechtigung abgewiesen.

35 Schreiben des BARoV vom 31.08.2004, Az.: (3) V 46 a- VV 5100 SN- 3101/unveröffentlicht

36 Dieses Verfahren lief zunächst bei der OFD-Berlin und endete dort mit einem Teilbescheid vom 26.08.2003, Az.: V 461 – VV 5100, SN-3101 zu der Freimaurerstiftung der Schwerter- und Apfellogen zu Dresden/unveröffentlicht und wurde danach vom BARoV fortgeführt, Bescheid des BARoV vom 27.05.2004, Az.: C3 V46a-VV 5100, SN-3101/unveröffentlicht.

für ein ehemaliges entzogenes Freimaurerhaus am Düsseldorfer Schauspielhaus der Landeshauptstadt Düsseldorf seit 2009 der Fall ist.

B) Rückerstattungsausschluss nach §§ 4, 5 VermG am Beispiel des Stammhauses der GNML „3WK"

I. Das Stammhaus der GNML „3WK"

Am 23. Januar 1911 wurde die GNML „3WK" als Eigentümerin ihrer Immobilie in Ost-Berlin, Prenzlauer Berg im Grundbuch eingetragen. Die Liegenschaft hatte ursprünglich eine Größe von 11.313 qm. Während der NS-Herrschaft löste sich die Mutterloge am 16. Juni 1935 zwangsweise auf. Die Liegenschaft wurde verfolgungsbedingt entzogen und durch den eingesetzten Liquidator verwaltet. Die Immobilie wurde während des Zweiten Weltkrieges zerstört und während des DDR-Regimes abgetragen. Nach Kriegsende unterlag das streitbefangene Logengrundstück zunächst der Sequestation gemäß Befehl Nr. 124 und wurde zu diesem Zeitpunkt treuhänderisch verwaltet, bis es aufgrund der „Verordnung über die Verwertung des Vermögens der verbotenen und aufgelösten Gesellschaften, Klubs und Vereinigungen" vom 30. Dezember 1950[37] vom Magistrat von Groß-Berlin, Abt. Finanzen-Hauptgrundstücksamt am 16. Februar 1951 in Volkseigentum überführt wurde. Zum 1. Januar 1958 wurde das Grundstück auf den Rat des Stadtbezirks Berlin-Mitte, Abt. Volksbildung aufgelassen und eingetragen. Das Grundstück wurde mit anderen Liegenschaften auf eine Größe von 27.513 qm erweitert und seither als öffentliche Schule genutzt. Heute befindet sich auf dem Grundstück eine Gesamtschule. Ein kleiner Teil der Liegenschaft wurde an die GNML „3WK" zurück übertragen. Wie bereits gezeigt wurde, finden die §§ 4 und 5 VermG auch auf die NS-Opfer Anwendung. Der gesetzliche Rückgabeausschlusses nach §§ 4, 5 VermG greift, wenn die Immobilie z.B. während der DDR-Zeit wirtschaftlich aufwendig umgebaut wurde bzw. städtisch genutzt wird, wie durch einen Kindergarten oder einer Schule.

II. Wiedergutmachungsverfahren nach dem VermG

Nach dem Mauerfall am 9. November 1989 und kurz vor der Wiedervereinigung beantragte am 30. September 1990 die Großloge der GNML „3 WK" die Rückerstattung ihrer verfolgungsbedingt entzogenen Liegenschaft beim zuständigen ARoV-Prenzlauer Berg nach dem VermG in Berlin. Die An-

37 VOBl I, 1951, S. 76.

spruchsberechtigung der Mutterloge GNML „3WK“ nach §§ 1 Abs. 6, 2 Abs. 1 VermG wurde vom ARoV Berlin mit Bescheid vom 3. November 1994 feststellt. Im selben Bescheid des ARoV Mitte-Prenzlauer Berg vom 3. November 1994 wurde allerdings der Antrag der Großloge auf Rückerstattung wegen §§ 4, 5 Abs. 1 lit. a VermG zurückgewiesen[38], da die Immobilie zur Zeit der Antragstellung und Entscheidung von einer Gesamtschule, also im öffentlichen Interesse genutzt wurde und die Liegenschaft gebaut und erheblich erweitert wurde. Gleichzeitig wurde in dem Bescheid aber festgestellt, dass die Mutterloge einen Entschädigungsanspruch für die entzogenen Vermögenswerte hat. Dies hat die Mutterloge so aber nicht vollständig hinnehmen wollen.

Gegen den zurückweisenden Bescheid legte die Mutterloge am 6. Dezember 1994 einen *Teilwiderspruch* ein, soweit er auch die Versagung der Rückübertragung einer ca. 3.000 qm großen Teilfläche des ehemaligen Grundstücks Splittergasse betraf, da diese Teilfläche von der Gesamtschule **nicht** genutzt wurde. Mittels Teilrestitution wollte die Loge am historischen Ort ein Logenmutterhaus mit Gedenk- und Begegnungsstätte auf ihrem Stammgrundstück errichten, und die Liegenschaft in die bereits dargestellte Weltkugelstiftung überführen. Von 1990 bis 1994 wurde der „streitige Teilabschnitt“ nach Vortrag der GNML 3WK“ auch nicht mehr zu Schulzwecken genutzt, wobei die Teilfläche in der letzten Zeit für ca. 2,5 Jahre vermietet war[39], so dass die Schule die Teilfläche nicht mehr brauchte. Der Teilabschnitt wurde von der Schule an eine Baufirma vermietet, wodurch die Privilegierung nach §§ 4, 5 VermG ebenfalls nach Ansicht der GNML „3WK“ durch Umwidmung weggefallen war. Es befindet sich dort auch kein Schulgebäude. Ein Teilwiderspruch bleibt nach Vortrag der GNML „3WK“ auch bei Anwendung des § 5 VermG möglich.[40] Hierzu trug sie in rechtlicher Hinsicht insbesondere vor, dass keine

---

38 Bescheid des ARoV Berlin vom 3.11.1994, Az.: ARoV ID 44- Reg. Nr.: 6173/unveröffentlicht; vgl. auch ARoV Landkreis Dahme-Spreewald, Az.: 12031 001687 93/unveröffentlicht. In diesem Fall lag die ehemalige Immobilie der Freimaurer in der Logenstr. Gleichwohl wurde ebenfalls eine Entschädigung ausgesprochen und eine Rückerstattung versagt, da im Haus eine Werkstatt für Behinderte eingerichtet war. Die Freimaurerloge klagte gegen den Bescheid und einige sich außergerichtlich mit der Gegenseite, da die Werkstatt für Behinderte ein anderes Haus bekam, VG Cottbus, Az.: 1 K 164/97/unveröffentlicht. Der gerichtliche Vergleich kam soweit bekannt im September 2000 zustande.

39 Vgl. zur Umwidmung auch Hellmann, in: *Fieberg / Reichenbach / u.a.*, Kommentar zum VermG, § 5 VermG, Rn. 27a.

40 BVerwG, VIZ 2001, S. 367 ff.; BVerwG, VIZ 1996, S. 213; vgl. hierzu auch *Holst / Liedtke*, in: Fieberg / Reichenbach, Kommentar zum VermG, § 4 VermG, Rn. 27 ff.

tatsächliche, sowie auch keine rechtliche Unmöglichkeit nach § 4 Abs. 1 Satz 1 VermG vorliege. Nach einer Neuvermessung des Gesamtgrundstücks könnte ein eigenständig nutzbares Grundstück entstehen. Insoweit wäre eine Teilung auch aus der Natur der Sache im Sinne dieser Norm möglich. Auch sei ein Ausschlussgrund nach § 5 Abs. 1 a VermG *nicht* gegeben, da eine privilegierte Nutzung nach Auffassung der GNML „3WK", also der Mutterloge, nur den status quo schützen könne, aber keine vage in die Zukunft gerichtete und nur behauptete eventuelle Nutzungsabsicht der Schule. Weiter trug die GNML „3WK" vor, dass eine Versagung der Teilrestitution auch im Rahmen des § 5 VermG den verfassungsrechtlichen Verhältnismäßigkeitsgrundsatz verletze. Es liege keine Erforderlichkeit der Versagung der Restitution vor, da die Schule funktionsfähig sei und bliebe.

Am 11. August 1995 wies das zuständige Landesamt zur Regelung offener Vermögensfragen den Widerspruch der Mutterloge allerdings zurück.[41] Die Zurückweisung des Widerspruches erfolgte im Kern mit der Begründung, dass die Schule auch einen zukünftigen Flächenbedarf bezüglich des in Frage stehenden Teilstücks zu Schulzwecken (Sportplätze und Schulgarten) habe und die Gesamtfläche als Schulgrundstück im Grundbuch stehe. Insoweit komme auch *keine* Teilrestitution nach dem VermG in Frage. Gegen den Widerspruchsbescheid reichte der Vorstand der Großloge am 15. September 1995 vor dem VG Berlin Klage ein.[42]

III. Gerichtliches Verfahren und Vergleich

Das gerichtliche Verfahren vor dem VG Berlin wurde nach drei Jahren und einem Verhandlungstermin im Jahr 1998 durch Beschluss ausgesetzt. Das VG Berlin zeigte beiden Parteien zuvor die Unsicherheiten der Rechtslage auf und riet zum Abschluss eines Vergleiches. Die Parteien haben daraufhin einen gütlichen notariellen außergerichtlichen Vergleich am 23. Februar 1999 im Sinne des § 31 Abs. 5 VermG abgeschlossen[43], wodurch das Gerichtsverfahren beendet wurde. Gemäß dem Vergleich wurde ein kleineres Teilstück, nämlich ca. 1.065 qm unmittelbar auf die Weltkugelstiftung der Freimaurerloge der GNML übertragen, so dass die Mutterloge ihr neues altes Stammlogen-

41 Widerspruchsbescheid durch den Widerspruchssauschuss des LARoV Berlin vom 11.08.1995/Az.: LARoV III B/W-144/95/unveröffentlicht.

42 Vgl. Beschluss des VG Berlin vom 25.02.2000, Az.: VG 16 A 263.95/unveröffentlicht. Soweit bekannt haben sich die Parteien vertraglich geeinigt.

43 Notarielle Urkunde Nr. 42 der Urkundenrolle für 1999 des Notars Christian Klein in Berlin.

haus dort errichten konnte. Die Mutterloge hat dort zusätzlich ein Freimaurermuseum zur Erinnerung und Begegnung für alle Menschen errichtet. Der Restwert des ehemaligen Grundstückes der GNML „3WK“ wurde finanziell, wie das ehemalige Inventar der Mutterloge, entschädigt.

IV. Ergebnis

Dies ist ein weiteres Beispiel, wie ein Wiedergutmachungsverfahren im Vergleichswege abgeschlossen werden konnte, ohne dass es letztendlich weiterer gerichtlicher Entscheidungen bedurfte.

4. Teil:

Schlussbetrachtungen

11. Kapitel: Zusammenfassung und Ausblick

Staatliche Verfolgungen und Vermögensentziehungen gibt es in der Rechtsgeschichte immer wieder auf der Welt[1], so dass danach national bzw. völkerrechtlich überlegt werden muss, wie unter den Menschen wieder Frieden gestiftet werden kann und wie möglichst eine gerechte Wiedergutmachungsregelung rechtlich gestaltet werden kann. Die rechtliche Wiedergutmachung von NS-Unrecht durch die Bundesrepublik kann möglicherweise auch anderen Staaten als Vorbild und Inspiration dienen. Möglicherweise kann dies auch eines Tages für Korea oder andere Staaten gelten. Am 3. Oktober 2010 jährt es sich zum 20. Mal, dass Deutschland friedlich wiedervereint wurde und Europa politisch enger zusammengewachsen ist. Die Rückerstattung der Immobilien und Liegenschaften an Freimaurerlogen ist grundsätzlich in der Bundesrepublik abgeschlossen. Die Entschädigungszahlungen werden in den neuen Bundesländern noch einen gewissen Zeitraum andauern. Freimaurerlogen waren auf dem Gebiet der ehemaligen DDR teilweise einer über 50 Jahre ungewollten Abstinenz ausgesetzt. Der Verfasser hat gezeigt, dass bereits der NS-Staat nie eine Differenzierung zwischen den einzelnen Richtungen der Freimaurerlogen **vor** 1933 und während der NS-Zeit machte. Dies erklärt die Tatsache, dass die späteren Wiedergutmachungsämter und Gerichte ebenfalls selten eine solche Differenzierung bezüglich der NS-Verfolgung von Freimaurerlogen bei den Restitutionsansprüchen durchzuführen brauchten. Für die Freimaurerlogen, die durchaus staatstreu sind, war ein „Leben“ während der NS-Zeit undenkbar. Freimaurerlogen wurden verboten, observiert und verfolgt. Freimaurerlogen wurden zwangsweise aufgelöst bzw. gesetzlich verboten und dadurch gezielt aus der Gesellschaft ausgeschaltet, wodurch eine politische und weltanschauliche NS-Verfolgung vorliegt, was von Seiten der Vermögensämter und Gerichte auch nicht in Zweifel gezogen wurde. Bis 1934 versuchten Freimaurer noch vergeblich ihr Vermögen abzusichern und sich im NS-Reich am Leben zu erhalten. Hierzu dienten auch die zahlreichen Versuche der Umbenennungen ihrer Logen und die Einführung des Arierparagraphen, was einige als Anbiedern verstehen. Auch gab es unter Freimaurern, wie

1 Vgl. *Eck*, Die Wiedergutmachung zwischen 1945 und 1989; *Wiegand*, ZRP 1992, S. 284 ff.; *Marcus Tullius Cicero*, „De officiis“, „Vom pflichtgemäßen Handeln“, Zweites Buch, S. 215 ff. Weitere Beispiele zur Wiedergutmachung in der Geschichte finden sich beispielsweise bei *van Bebber*, Wiedergutgemacht?.

Neuberger und Melzer richtig aufzeigen einzelne Mitglieder, die dem NS-Regime freundlich und aufgeschlossen gegenüberstanden, aber auch solche, die sich gegen das NS-System bekannten. Freimaurerlogen wurden nicht, wie zahlreiche Altherrenvereine der Studentenverbindungen oder einzelne Gewerkschaften, in das NS-System „integriert" (sog. verfolgungsneutrale Gleichschaltung), sondern politisch wie weltanschaulich aus dem NS-Staat verfolgungsbedingt ausgeschaltet.

Festzuhalten ist, dass die Mutterlogen der Freimaurerlogen ihre Liegenschaften in der Bundesrepublik überwiegend zurück übertragen bekommen haben, da sie als Verfolgte anerkannt wurden. Sofern eine sog. satzungsrechtliche Anfallklausel der Tochterlogen mit ihren Auflösungen gegenüber den Großlogen in den Vereinssatzungen existierte[2], war in der Rechtspraxis die Rückerstattung an die Mutterlogen relativ sicher. Eine Reaktivierung von Tochterlogen im Beitrittsgebiet kam, da die meisten ehemaligen Mitglieder überwiegend verstorben waren, allerdings nicht mehr in Betracht. Die Anerkennung der Funktionsnachfolge verhalf insbesondere der neu gegründeten Mutterloge AFuAMvD und einzelnen Tochterlogen, entzogene Vermögenswerte „zurück" zu erhalten. Nur teilweise wurden Stiftungen und einzelne Immobilien der Freimaurerlogen nicht zurück übertragen, da keine Rechtsnachfolge nachgewiesen wurde. Der Erfolg für die Freimaurerlogen war im Vergleich zu anderen Organisationen groß. Insgesamt bleibt festzustellen, dass die Freimaurerverfahren sowohl von den rechtlichen Fragestellungen wie von den rechtlichen Lösungen nach 1945 und nach 1990 ähnlich erfolgreich in der Bundesrepublik abgeschlossen wurden und dass die Wiedergutmachung insgesamt gelungen ist.

2 Vgl. hierzu die oberen Ausführungen zu den Großlogen.

Anhang

Literaturverzeichnis

Abendroth, Wolfgang: Die Haftung des Reiches, Preußens, der Mark Brandenburg und der Gebietskörperschaften des öffentlichen Rechts für Verbindlichkeiten, die vor der Kapitulation vom 8.05.1945 entstanden sind, in: NJ 1947, S. 73 ff.

Anker, Axel René: Der Einigungsvertrag, seine Rechtsqualität und die Grenzen seiner Abänderbarkeit, in: DöV 1991, S. 1062 ff.

Appel, Rolf: Aufbruch nach 250 Jahren, Hamburg 1988.

Balz, Manfred: Rechtseinheit – Wirtschaftseinheit: Die Rolle der Treuhandanstalt, in: VIZ 1992, S. 41 ff.

BARoV (Hrsg.): Schriftenreihe des Bundesamtes zur Regelung offener Vermögensfragen.

Heft 6:Behandlung der vermögensrechtlichen Ansprüche der NS-Verfolgten, Berlin 1994.

Heft 7: Behandlung von Vermögenswerten, politisch und rassisch Verfolgter des Nationalsozialismus in der SBZ/DDR, Berlin 1994.

BARoV (Hrsg.): Offene Vermögensfragen. Versuch einer Bilanz, Berlin 2001.

BARoV (Hrsg.): 10 Jahre Bundesamt zur Regelung offener Vermögensfragen, Berlin 2001.

Bebber, Katharina van: Wiedergutgemacht? Die Entschädigung für Opfer der nationalsozialistischen Verfolgung nach dem Bundesergänzungsgesetz durch die Entschädigungsgerichte im OLG-Bezirk Hamm, Berlin 2001.

Becker, Josef (Hrsg.) / Becker, Ruth: Hitlers Machtergreifung 1933, 2. Auflage, München 1992.

Belz, Marian: Die Restitution des Weimarer Gewerkschaftsvermögens nach dem Vermögensgesetz, Baden-Baden 2007.

Bender, Peter, Die „Neue Ostpolitik" und ihre Folgen, 4. Auflage, München 1996.

Benz, Wolfgang (Hrsg.): Die Gründung der Bundesrepublik, 5. Auflage, München 1999.

Benz, Wolfgang (Hrsg.): Potsdam 1945, Besatzungsherrschaft und Neuaufbau im Vier-Zonen-Deutschland, 3. Auflage, München 1994.

Benz, Wolfgang / Graml, Hermann / Weiss, Hermann (Hrsg.): Enzyklopädie des Nationalsozialismus, 5. Auflage, Stuttgart 2007.

Biehler, Gernot: Die Praxis der Rückgabe 1945–1949 enteigneten Vermögens in Sonderfällen, in: VerwArch 1993, S. 514 ff.

Binder, Dieter: Die Freimaurer, 2. Auflage, Freiburg 2008.

Birke, Adolf: Nation ohne Haus, Deutschland 1945–1961, Berlin 1998.

Blessin, Georg: Allgemeine Rechtsgrundsätze des Entschädigungsgesetzes zur Wiedergutmachung nationalsozialistischen Unrechts, in: NJW 1950, S. 573 ff.

BLESSIN, Georg / Wilden, Hans: Kommentar zum Bundesrückerstattungsgesetz und elfte Verordnung über Ausgleichsleistungen nach dem Lastenausgleichsgesetz (BRüG), München 1958 [zit.: Blessin / Wilden, BRüG].

BLESSIN, Georg / Ehring, Hans-Georg, Kommentar zum Bundesentschädigungsgesetz (BEG), 3. Auflage, München 1960 [zit.: Blessin / Wilden, BEG].

BLUMENWITZ, Dieter: Der Vertrag vom 12.09.1990 über die abschließende Regelung in Bezug auf Deutschland, in: NJW 1990, S. 3041 ff.

BOLDT, Hans: Deutsche Verfassungsgeschichte, Band 2: Von 1806 bis zur Gegenwart, München 1990.

BRACHER, Karl Dietrich: Die deutsche Diktatur, 7. Auflage, Berlin 1997.

BRÄGGER, Werner: Die öffentlich-rechtliche Sonderstellung der drei altpreussischen Grosslogen, Kaldenkirchen Rhld. 1931.

BRANDT, Adelhaid / Kittke, Horst-Dieter: Rechtsprechung und Gesetzgebung zur Regelung offener Vermögensfragen, Baden-Baden 2005 [zitiert: Brandt / Kittke, RGV, Band].

BROCKHAUS – Enzyklopädie in 24 Bänden und 1. Ergänzungsband A–Z, 19. Auflage, Mannheim 1986–1996.

BRODESSER, Hermann-Josef: Wiedergutmachung und Kriegsfolgenliquidation: Geschichte – Regelungen – Zahlungen, München 2000.

BROSZAT, Martin: Der Staat Hitlers, 15. Auflage, München 2000.

BUCHHOLZ, Lothar: Verfahrensrechtliches zum MRG 52, in: NJW 1947/48, S. 333 f.

BULLOCK, Alan: Hitler und Stalin, Berlin 1991.

BUNDESMINISTERIUM DER FINANZEN: Entschädigung von NS-Unrecht, Regelungen zur Wiedergutmachung, Berlin 2003.

CICERO, Marcus Tullius / Gunermann, Heinz (Hrsg.): De officiis, Vom pflichtgemäßen Handeln, Stuttgart 1995.

CLEMM, Hermann / Etzbach, Ernst / Faßbender: Hermann / Messerschmidt, Burkhard / Schmidt-Räntsch, Jürgen (Hrsg.): Rechtshandbuch Vermögen und Investitionen in der ehemaligen DDR (RVI), Kommentar in 4 Bänden, 56. EL., München 2010 [zit.: Bearbeiter in: RVI].

CREUZBERGER, Stefan: Die sowjetische Besatzungsmacht und das politische System der SBZ, Weimar u.a., 1996.

DEGENHART, Christoph: Staatsrecht I, 25. Auflage, Heidelberg u.a. 2009.

DEIMEL, Albert-Paul: Die organisatorische Ansiedlung der Ämter zur Regelung offener Vermögensfragen, in: DÖV 1993, S. 60 ff.

DER GROSSE BROCKHAUS in 13 Bänden, 16. Auflage, Wiesbaden 1952–1958.

DEUERLEIN, Ernst, Die Einheit Deutschlands, Frankfurt am Main 1957.

DIEKMANN, Kai / Reuth, Ralf Georg: Helmut Kohl, Ich wollte Deutschlands Einheit, Berlin 1996.

DOEHRING, Karl / Fehn, Bernd J. / Hockerts, Hans Günter: Jahrhundertschuld – Jahrhundertsühne, Reparationen, Wiedergutmachung, Entschädigung für nationalsozialistisches Kriegs- und Verfolgungsunrecht, München 2001.

DÖLLE, Hans / Zweigert, Konrad: Kommentar zum Gesetz Nr. 52 über Sperre und Beaufsichtigung von Vermögen, Stuttgart 1947.

DOSTOJEWSKI, Fjodor: Die Brüder Karamasow, München 1978.

DUDEN. Die deutsche Rechtschreibung: 24. Auflage, Mannheim u.a. 2007.

DÜX, Heinz: Rückerstattung statt Rückübertragung im Sinne des Vermögensgesetzes bei NS-Verfolgung, in: VIZ 1992, S. 257 ff.

EBERLE, Henrik: Das Buch Hitler, Bergisch Gladbach 2005.

ECK, Christina: Die Wiedergutmachung zwischen 1945 und 1989 und die Regelung der Ansprüche von Verfolgten des Nationalsozialismus in § 1 Abs. 6 Vermögensgesetz, München 1996.

EISENHARDT, Ulrich: Gesellschaftsrecht, 14. Auflage, München 2009.

ERDMANN, Karl Dietrich: Das Ende des Reiches und die Neubildung deutscher Staaten, in: Handbuch der Deutschen Geschichte, Band 22 (Hrsg. Alfred Haverkamp), 8. Auflage, München 1993.

ETZEL, Matthias: Die Aufhebung von nationalsozialistischen Gesetzen durch den Alliierten Kontrollrat, Tübingen 1992.

EVANS, Richard J.: Das Dritte Reich – Aufstieg, Band 1, München 2005.

FAUST, Fritz, Das Potsdamer Abkommen und seine völkerrechtliche Bedeutung, 4. Auflage, Frankfurt am Main 1969.

FEILER, ohne Vorname gedruckt Sequestrierung und Warenzeichenrecht, in: NJ 1950, S. 155 ff.

FEST, Joachim: Hitler, Eine Biographie, 3. Auflage, München 2000.

FIEBERG, Gerhard / Reichenbach, Harald / Messerschmidt, Burkhard (Hrsg.): VermG: Kommentar zum Gesetz zur Regelung offener Vermögensfragen, 27. EL, Loseblattsammlung, München 2010 [zit.: Bearbeiter, in: Fieberg Kommentar zum VermG].

FIEBERG, Gerhard / Reichenbach, Harald: RWS-Dokumentation, Entschädigungs- und Ausgleichsleistungsgesetz: EALG, Köln 1995 [zit.: Bearbeiter, RWS-Dok.].

FIEDLER, Wilfried: Die Wiedererlangung der Souveränität Deutschlands und die Einigung Europas, in: JZ 1991, S. 685 ff.

FLOREN, Dieter: Beteiligung im Vermögensrecht, in: VIZ 1997, S. 454 ff.

FOITZIK, Jan: Sowjetische Militäradministration in Deutschland, Berlin 1999.

FREI, Norbert: Der Führerstaat, 6. Auflage, München 1997.

FREI, Norbert / Brunner, José / Goschler, Constantin (Hrsg.): Die Praxis der Wiedergutmachung: Geschichte, Erfahrung und Wirkung in Deutschland und Israel, Göttingen 2009.

FRICKE, Weddig / Märker, Klaus: Enteignetes Vermögen in der Ex-DDR, 2. Auflage, München 2002.

FROTSCHER, Werner / Pieroth, Bodo: Verfassungsgeschichte, 8. Auflage, München 2009.

FROWEIN, Jochen: Der Versuch der Wiedergutmachung der deutschen NS-Verbrechen, in: Der Staat des Grundgesetzes, Festschrift für Peter Badura zum siebzigsten Geburtstag (Hrsg. Michael Brenner, Peter Michael Huber und Markus Möstl), Tübingen 2004.

GAUCK, Joachim: Rechtsstaat und Gerechtigkeit, in: ZRP 1998, S. 379 ff.

GEIGER, Rudolf: Grundgesetz und Völkerrecht, 4. Auflage, München 2009.

GERTNER, Thomas: Die Bodenreform in der SBZ, in: ZOV 1995, S. 330.

GODIN, Reinhard Freiherr von / Godin, Hans Freiherr von: Rückerstattungsgesetze, Rückerstattung feststellbarer Vermögensgegenstände in der amerikanischen und britischen Besatzungszone und in Berlin, 2. Auflage, Berlin 1950.

GOELLER, Tom: Freimaurer, Aufklärung eines Mythos, Berlin u.a., 2006.

GOETZE, Peter: Zur Auslegung der Ordonnance Nr. 120, in: NJW 1949, S. 574 f.

GOETZE, Peter / Gerlach, Wolfgang von: Die Rückerstattung in Westdeutschland und Berlin: Juristisch-wirtschaftlicher Kommentar zu den Rückerstattungsgesetzen der amerikanischen, britischen und französischen Militärregierungen und den alliierten Militärkommandantur in Berlin, Stuttgart 1950.

GORBATSCHOW, Michail: Wie es war, Die deutsche Wiedervereinigung, 4. Auflage, Berlin 1999.

GOSCHLER, Constantin: Schuld und Schulden, Die Politik der Wiedergutmachung für NS-Verfolgte seit 1945, Göttingen 2005.

DERS., Wiedergutmachung: Westdeutschland und die Verfolgten des Nationalsozialismus, 1945 – 1954, in: Quellen und Darstellungen der Zeitgeschichte (Hrsg. vom Institut für Zeitgeschichte), Band 34, München 1992.

GRAF, Hans-Jörg: Rückgabe von Vermögenswerten an Verfolgte des nationalsozialistischen Regimes im Beitrittsgebiet, Berlin 1999

GRÄF, Dieter: Ansprüche der Widerständler vom 20. Juli 1944 gemäß § 1 Abs. 6 VermG, in: OV spezial 15/1992, S. 10 f.

GRITSCHNEDER, Otto: Der Hitler-Prozeß und sein Richter Georg Neithardt, Skandalurteil von 1924 ebnet Hitler den Weg, München 2001.

GROSSER, Dieter / Bierling, Stephan / Neuss, Beate (Hrsg.): Deutsche Geschichte in Quellen und Darstellung, Band 11: Bundesrepublik und DDR 1969–1990, Stuttgart 1996.

GUTMANN, Jürgen: Seit 1775 Freimaurerei in Bonn, Bonn 1993.

HACHENBURG, Max: Das amerikanische und das französische Rückerstattungsgesetz im Widerstreit, in: NJW 1947/48, S. 321 ff.

HAMBLIN, William J. / Seely, David Rolph: Salomos Tempel, Mythos und Geschichte des Tempelberges in Jerusalem, Stuttgart 2007.

HARMENING, Rudolf / Hartenstein, Wilhelm / Osthoff, Hans-Werner: Rückerstattungsgesetz: Kommentar zum Gesetz über die Rückerstattung feststellbarer Vermögensgegenstände (Gesetz Nr. 59 der Militärregierung), Frankfurt am Main 1952.

HATTENHAUER, Hans: Von Weimar zu Hitler, in: Jura 1984, S. 281 ff.

HEEGNER, Fritz: Anmerkung zum BGH-Urteil v. 17.11.1955 – II ZR 172/54 C (OLG Hamm), in: JZ 1956, S. 447 ff.

HEILAND, Vorname nicht abgedruckt. Wiedergutmachungsfonds und Restitution in der französischen Zone, in: NJW 1949, S. 938 f.

HEINEGG, Wolff Heintschel von: Der Beitritt „anderer Teile Deutschlands" zur Bundesrepublik nach Art. 23 S. 2 GG, in: DöV 1990, S. 425 ff.

HEINOLD, Dieter: Vortrag in der Loge „Zum Morgenstern" I. O. Hof am 2. April 2004, „Die Geschichte der Großloge „Zur Sonne", Abrufbar im Internet unter http://www.internetadresse.de/unteradresse.html).

HERBST, Ludolf: Option für den Westen, 2. Auflage, München 1996.

HERBST, Ludolf / Goschler, Constantin: Wiedergutmachung in der Bundesrepublik Deutschland, in Schriftenreihe der Vierteljahreshefte für Zeitgeschichte, Sondernummer, München 1989.

HERDEGEN, Matthias: Europarecht, 12. Auflage, München 2010.

HERDEGEN, Matthias: Völkerrecht, 9. Auflage, München 2010.

HERRE, Franz: George Washington, Präsident an der Wiege einer Weltmacht, Biographie, Stuttgart 1999.

HERZOG, Roman: Nationalsozialismus in: Evangelisches Staatslexikon, Rn. 1340, Stuttgart 2006.

HILDEBRAND, Klaus: Das vergangene Reich, Deutsche Außenpolitik von Bismarck bis Hitler, Berlin 1999.

HILDEBRAND, Klaus: Das Dritte Reich, 6. Auflage, München 2003.

HINTZ, Karl-Heinz: Zur Anwendung des neu gefassten Vermögensgesetzes auf Verfolgte des Nationalsozialismus, in: VIZ 1991, S. 12 ff.

HINTZ, Karl-Heinz: Zur Frage der Anwendung des Vermögensgesetzes auf die Ansprüche der in § 1 VI VermG genannten NS-Verfolgten, in: VIZ 1992, S. 18 f.

HITLER, Adolf: in: Der Schulungsbrief – gegen die Freimaurerei, der NSDAP 1939, VI. Ausgabe, Seite 249.

HOCKERTS, Hans Günter / Kuller, Christiane: Nach der Verfolgung, Wiedergutmachung nationalsozialistischen Unrechts in Deutschland? In: Dachauer Symposien zur Zeitgeschichte, Band 3, Göttingen 2003.

HOCKERTS, Hans Günter: Wiedergutmachung in Deutschland 1945–2000, in: Schriftenreihe der Vierteljahrshefte für Zeitgeschichte, Sonderdruck, Heft 2/2001, S. 167–214.

HOCKERTS, Hans Günter: Grenzen der Wiedergutmachung, Die Entschädigung für NS-Verfolgte in West- und Osteuropa 1945–2000, Göttingen 2006.

HOFER, Walther (Hrsg.): Der Nationalsozialismus, Dokumente 1933–1945, 49. Auflage, Frankfurt am Main 2004.

HOFFMANN, Stefan-Ludwig: „Die Politik der Geselligkeit", Freimaurerlogen in der deutschen Bürgergesellschaft 1840 – 1918, in: Kritische Studien zur Geschichtswissenschaft, Band 141 (Hrsg. Helmut Berding, Jürgen Kocka, Hans-Peter Ullmann, Hans-Ulrich Wehler), Göttingen 2000.

Hoffmeister, Johannes (Hrsg.): Wörterbuch der philosophischen Begriffe, 2. Auflage, Hamburg 1955.

Hölscher, Christoph: NS-Verfolgte im „antifaschistischen Staat", Vereinnahmung und Ausgrenzung in der ostdeutschen Wiedergutmachung (1945–1989), Berlin 2002.

Holstein, Vorname nicht abgedruckt: Die praktische Handhabung des Rückerstattungsgesetzes in der US-Zone, in: MDR 1949, S. 342 ff.

Holtorf, Jürgen: Die Logen der Freimaurer, Hamburg 1991.

Huber, Ernst Rudolf: Quellen zum Staatsrecht der Neuzeit, Band 2: Deutsche Verfassungsdokumente der Gegenwart (1919-1951), Tübingen 1951.

Ipsen, Knut. Völkerrecht, 5. Auflage, München 2004.

Isensee, Josef / Kirchhof, Paul (Hrsg.): Handbuch des Staatsrechts der Bundesrepublik Deutschland

Band I: Historische Grundlagen, 3. Auflage, Heidelberg 2003

Band VIII: Die Einheit Deutschlands, Heidelberg 1995

Band IX: Die Einheit Deutschlands, Heidelberg 1997

[Alle zitiert: Bearbeiter, in: HStR, Band].

Jarass, Hans / Pieroth, Bodo: Kommentar zum Grundgesetz für die Bundesrepublik Deutschland, 10. Auflage, München 2009.

Jauernig, Othmar: Wann ist das Grundgesetz in Kraft getreten? In: JZ 1989, S. 615 ff.

Kahl, Wolfgang: Die Entstehung des Grundgesetzes, in: JuS 1997, S. 1083 ff.

Kammann, Oswald (Hrsg.): GNML „3WK", Bundesblatt, Rückübertragung von Vermögenswerten der erloschenen Logen in den neuen Bundesländern, Sonderdruck, Dokumentation, Große National-Mutterloge „Zu den drei Weltkugeln", Berlin 1998.

Kammann, Oswald (Hrsg.): Weltkugel-Stiftung, Satzung, Berlin 1993.

Kaufmann, Erich: Deutschlands Rechtslage unter der Besatzung, Stuttgart 1948.

Keller, Ludwig / Schuster, Georg (Hrsg.): Die Freimaurerei, Eine Einführung in ihre Anschauungswelt und in ihre Geschichte, 2. Auflage, Leipzig u.a. 1918.

Kershaw, Ian: Hitler 1936–1945, 2. Auflage, Stuttgart 2000.

Kimme, Johannes (Hrsg.): Offene Vermögensfragen, Rechtsprechungssammlung, Loseblattsammlung, Band 1 und 2, Köln 2006 [zit.: Bearbeiter in Kimme u.a., Offene Vermögensfragen].

Kirchner, Hildebert / Butz, Cornelie: Abkürzungsverzeichnis der Rechtssprache, 6. Auflage, Berlin 2008.

Kittke, Horst-Dieter, Zur Regelung offener Vermögensfragen zwischen der Bundesrepublik Deutschland und der Deutschen Demokratischen Republik, in: DtZ 1990, S. 179 ff.

KLEE, Ernst: Das Personenlexikon zum Dritten Reich: Wer war was vor und nach 1945, Frankfurt am Main 2005.

KLEIN, Eckart: An der Schwelle zur Wiedervereinigung Deutschlands, in: NJW 1990, S. 1065 ff.

KLOEPFER, Michael / Kröger, Herbert: Rechtsangleichung nach Art. 8 und 9 des Einigungsvertrages, in: DVBl. 1991, S. 1031 ff.

KNOPP, Guido: Hitler, Eine Bilanz, München 1997.

KOHL, Helmut: Erinnerungen 1982–1990, München 2005.

KONRAD-ADENAUER-STIFTUNG (Hrsg.): Die Ära Kohl 1982–1998, Sankt Augustin 2002.

KOPP, Ferdinand / Schenke, Wolf-Rüdiger: Verwaltungsgerichtsordnung: Kommentar, 16. Auflage, München 2009.

KOPP, Ferdinand / Ramsauer, Ulrich: Kommentar zum Verwaltungsverfahrensgesetz (VwVfG), 11. Auflage, München 2010.

KÖRNER, Gabriele:Der Nachweis des „angemessenen Kaufpreises“ im Rahmen der Widerlegung der sogenannten Entziehungsvermutung des § 1 Abs. 6 VermG i.V.m. Art. 3 Abs. 2 REAO, in: ZOV 2000, S. 224 ff.

KROCKOW, Christian Graf von: Churchill, Eine Biographie des 20. Jahrhunderts, 2. Auflage, Hamburg 1999.

KROESCHELL, Karl: Rechtsgeschichte Deutschlands im 20. Jahrhundert, Göttingen 1992.

KRÖGER, Klaus: Die Entstehung des Grundgesetzes, in: NJW 1989, S. 1318 ff.

KUBUSCHOK, Egon / Weißstein, Rudolf: Rückerstattungsrecht der britischen und amerikanischen Zone, Kommentar zum Militärregierungsgesetz 59, München u.a. 1950.

KÜPPER, Herbert: Kollektive Rechte in der Wiedergutmachung von Systemunrecht, Teil 1 und 2, Frankfurt am Main 2004.

KÜSTER, Otto: Überleitungsvertrag und Wiedergutmachung, in: NJW 1955, S. 1217 f.

LANG, Hubert: Beschlagnahme von Vermögenswerten nach dem Reichsbürgergesetz, in: ZOV 1995, S. 351 f.

LANSNICKER, Frank / Schwirtzek, Thomas, Verfassungswidrigkeit der Stichtagsregelung alter Fassung im Vermögensgesetz? In: VIZ 1994, S. 505 ff.

LAUN, Rudolf: Die Haager Landkriegsordnung, 5. Auflage, Hannover 1950.

LEBER, Wolfgang: Rechts- und Funktionsnachfolge bei eingetragenen Vereinen, in: OV spezial 07/1995, S. 98 ff.

LEHMANN-RICHTER, Arnold: Auf der Suche nach den Grenzen der Wiedergutmachung, Berlin 2007.

LEHMANN-RICHTER, Arnold: Die gerichtliche Beurteilung rückwirkender Gesetzesänderungen, in: Zeitschrift für Rechtsgeschichte, vom 11.12.2002, S. 60, Webadresse: rewi-hu-berlin.de/online/thi/Zitat0202lehmann-richter.

LENNHOFF, Eugen / Posener, Oskar / Binder, Dieter: Internationales Freimaurer Lexikon, 5. Auflage, München 2006.

LEONHARD, Wolfgang: Die Revolution entlässt ihre Kinder, Köln 1955.

LEPSIUS, Oliver: Die gegensatzaufhebende Begriffsbildung: Methodenentwicklungen in der Weimarer Republik und ihr Verhältnis zur Ideologisierung der Rechtswissenschaft im Nationalsozialismus, München 1994.

LIERMANN, Hans: Handbuch des Stiftungsrechts, Tübingen 1963.

LINK, Elisabeth / Minden, Stefan / Roth, Jürgen: Die Berechtigung der Jewish Claims Conference bei Grundstücken, deren jüdischer Alteigentümer noch im Grundbuch eingetragen ist, in: ZOV 1993, S. 323 ff.

LUCKAS, Jürgen: 200 Jahre Freimaurer in Iserlohn 1796–1996, Iserlohn 1996.

LUTTER, Marcus / Gehling, Christian: Wer ist Aktionär einer Lazarus-AG? In: ZIP 1992, S. 1045 ff.

LUYKEN, Henrich: 100 Jahre Freimaurer in Gummersbach, Gummersbach 1989

MAI, Gunther: Der alliierte Kontrollrat in Deutschland 1945–1948, Alliierte Einheit – deutsche Teilung?, in: Quellen und Darstellungen zur Zeitgeschichte, Band 37 (Hrsg. Institut für Zeitgeschichte), München u.a., 1995.

MAURER, Hartmut: Staatsrecht I, 6. Auflage, München 2010.

MAURER, Hartmut: Allgemeines Verwaltungsrecht, 17. Auflage, München 2009.

MELZER, Ralf: Konflikt und Anpassung, Freimaurerei in der Weimarer Republik und im „Dritten Reich", Wien 1999.

MERTENS, Bernd: Rechtsetzung im Nationalsozialismus, Tübingen 2009.

MESSERSCHMIDT, Burkhard: Die Entwicklung des Vermögens- und Investitionsrechts 2000/2001, in: NJW 2001, S. 3014 ff.

MICHALKA, Wolfgang (Hrsg.): Deutsche Geschichte 1933–1945, Dokumente zur Innen- und Außenpolitik, Frankfurt am Main 2002.

MORSEY, Rudolf (Hrsg.): Das „Ermächtigungsgesetz" vom 24. März 1933, Düsseldorf 1992.

MOTSCH, Richard: Einführung in das Entschädigungs- und Ausgleichsleistungsgesetz, in: VIZ 1994, S. 569 ff.

MOTSCH, Richard / Rodenbach, Hermann / u.a.: Kommentar zum Entschädigungs- und Ausgleichsleistungsgesetz (EALG), Berlin 1999 [zit.: Bearbeiter in: Kommentar zum EALG].

MÜNCH, Ingo von: Deutschland: gestern – heute – morgen, in: NJW 1991, S. 865 ff.

MÜNCH, Ingo von: Fünfzig Jahre Grundgesetz, in: Jura 1999, S. 225 ff.

MÜNCH, Ingo von: (Hrsg.): Gesetze des NS-Staates, Dokumente eines Unrechtssystems, 3. Auflage, Hamburg 2004.

MÜNCH, Ingo von (Hrsg.): Die Verträge zur Einheit Deutschlands, 2. Auflage, München 1992.

MÜNCH, Ingo von (Hrsg.): Dokumente des geteilten Deutschland, Quellentexte zur Rechtslage des Deutschen Reiches, der Bundesrepublik Deutschland und der Deutschen Demokratischen Republik, 2. Auflage, Stuttgart 1976.

NAIMARK, Norman: Die Russen in Deutschland, Berlin 1997.

NATHAN, Hans: Die Gesetzgebung der Deutschen Demokratischen Republik, in: NJ 1957, S. 19.

NAWIASKY, Hans: Die Grundgedanken des Grundgesetzes für die Bundesrepublik Deutschland, Systematische Darstellung und kritische Würdigung, Stuttgart u.a. 1950.

NEUBERGER, Helmut: Freimaurerei und Nationalsozialismus, Hamburg 1980.

NEUBERGER, Helmut: Winkelmaß und Hakenkreuz, München 2001.

NIEHUSS, Merith / Lindner, Ulrike (Hrsg.): Besatzungszeit, Bundesrepublik und DDR 1945–1969, in: Deutsche Geschichte in Quellen und Darstellung, Band 10, Stuttgart 1998.

OELLERS, Nina: Die amerikanische Unabhängigkeitserklärung vom 4. Juli 1776, in: JuS 1993, S. 799 ff.

OPPERMANN, Thomas / Classen, Claus / Nettesheim, Martin: Europarecht, 4. Auflage, München 2009.

OSTMANN, Helmut: Politische Willkür westdeutscher Zivilgerichte, in: NJ 1961, S. 173.

PALANDT, Otto (Hrsg.): Kommentar zum Bürgerlichen Gesetzbuch, 69. Auflage, München 2010 [zit.: Bearbeiter in: Palandt].

PETERS, Bruno: Die Geschichte der Freimaurerei im Deutschen Reich 1870–1933, Berlin 1986.

PIEROTH, Bodo / Schlink, Bernhard: Grundrechte, Staatsrecht II, 25. Auflage, Heidelberg u.a., 2009.

PURPS, Thorsten: Verfassungswidrigkeit der Stichtagsregelung neuer Fassung im Vermögensgesetz, in: VIZ 1994, S. 509 ff.

RÄDLER, Albert J. / Raupach, Arndt / Bezzenberger, Tilmann: Vermögen in der ehemaligen DDR, Loseblattsammlung, Herne 2004 [zit.: Bearbeiter in: Rädler / Raupach / Bezzenberger, Vermögen in der ehemaligen DDR].

RAUCH, Georg von: Geschichte der Sowjetunion, 8. Auflage, Stuttgart 1990.

RAUSCHNING, Dietrich: Beendigung der Nachkriegszeit mit dem Vertrag über die abschließende Regelung in Bezug auf Deutschland, in: DVBl. 1990, S. 1275 ff.

RAUSCHNING, Dietrich: Die Wiedervereinigung vor dem Hintergrund der Rechtslage Deutschlands, in: JuS 1991, S. 977 ff.

REINALTER, Helmut: Die Freimaurer, 2. Auflage, München 2001.

RIEGER, Thomas: Entschädigung jüdischer Grundstücksverluste in der NS-Zeit, in: VIZ 1995, S. 433 ff.

RODENBACH, Herrmann-Josef: Die Entwicklung der Gesetzgebung im Bereich der offenen Vermögensfragen, in: VIZ 1999, S. 1 ff.

RODENBACH, Herrmann-Josef: Das Vermögensrechtsbereinigungsgesetz und seine Implikationen, in: NJW 1999, S. 1425 ff.

RODENBACH, Herrmann-Josef: Das Entschädigungs- und Ausgleichsleistungsgesetz vor der Entscheidung des Bundesverfassungsgerichts, in: ZOV 2000, S. 73 ff.

ROTBERG, Hans Eberhard: Die Rückerstattung entzogener Vermögensgegenstände, Tübingen 1949.

RUNKEL, Ferdinand: Geschichte der Freimaurerei, Reprint von 1932, Königswinter 2007.

SACHS, Michael: Die Entstehungsgeschichte des Grundgesetzes, in: Jura 1984, S. 519 ff.

SÄCKER, Franz Jürgen (Hrsg.): Vermögensrecht, Kommentar zu §§ 1 bis 21 Vermögensgesetz, München 1995 [zit.: Bearbeiter in: Säcker, Vermögensrecht].

SÄCKER, Franz Jürgen (Hrsg.): Münchener Kommentar zum Bürgerlichen Gesetzbuch, Band 1, Teilband 1, Allgemeiner Teil, §§ 1 – 240, 5. Auflage, München 2006 [zit.: Bearbeiter in: MüKo].

SANDKUHL, Heide: Enteignungen im Dritten Reich, in: Philosophie und Gesellschaft, Band 7 (Hrsg. Guntran Platter), Bonn 1997.

SAUTER, Eugen / Schweyer, Gerhard / Waldner, Wolfram: Der eingetragene Verein, 19. Auflage, München 2010.

SCHÄUBLE, Wolfgang: Der Vertrag. Wie ich über die deutsche Einheit verhandelte, Stuttgart 1991.

SCHMIDT, Detlef / Block, Ulrich: Vermutung eines verfolgungsbedingten Vermögensverlustes zugunsten von NS-Verfolgten, in: VIZ 1994, S. 104 ff.

SCHMIDT, Karsten: Gesellschaftsrecht, 4. Auflage, Köln 2002.

SCHMIDT, Karsten: Die BGB-Außengesellschaft: rechts- und parteifähig, in: NJW 2001, S. 993 ff.

SCHMOECKEL, Mathias: Auf der Suche nach der verlorenen Ordnung, 2000 Jahre Recht in Europa – Ein Überblick, Köln 2005.

SCHMOECKEL, Mathias: Die Aufhebung von nationalsozialistischen Gesetzen durch den Alliierten Kontrollrat (1945–1948), in: ZRG GA 112 (1995), S. 431 ff.

SCHMOLLER, Gustav von / Maier, Hedwig / Tobler, Achim: Handbuch des Besatzungsrechts, Band 1 und 2, Tübingen 1957.

SCHRÖDER, Dieter (Hrsg.): Das geltende Besatzungsrecht, Baden-Baden 1990.

SCHUSTER, Jochen, Freimaurer und Justiz in Norddeutschland unter dem Nationalsozialismus, Frankfurt am Main 2007.

SCHWARZ, Hans-Peter: Vom Reich zur Bundesrepublik, 2. Auflage, Neuwied u.a., 1980.

SCHWARZ, Hans-Peter: Adenauer, Band 1 und 2, München 1994.

SCHWARZ, Hans-Peter: Das Gesicht des Jahrhunderts, Monster, Retter und Mediokritäten, München 2001.

SCHWARZ, Walter: Rückerstattung und Entschädigung, München 1952.

SCHWARZ, Walter: Zur Einführung: Das Recht der Wiedergutmachung und seine Geschichte, in: JuS 1986, S. 433 ff.

SCHWARZ, Walter: Die Wiedergutmachung nationalsozialistischen Unrechts durch die Bundesrepublik Deutschland

Band 1: Rückerstattung nach den Gesetzen der alliierten Mächte, München 1974

Band 2: Das Bundesrückerstattungsgesetz, München 1981

Band 4: Das Bundesentschädigungsgesetz, München 1981

[Alle zitiert: Bearbeiter in: Schwarz, Wiedergutmachung, Band].

SCHWEITZER, Michael: Staatsrecht III, Staatsrecht, Völkerrecht, Europarecht, 10. Auflage, Heidelberg 2010.

SONTHEIMER, Kurt: Die Adenauer-Ära, 3. Auflage, München 2003.

STAUDINGER, Julius von: Kommentar zum Bürgerlichen Gesetzbuch, 14. Auflage, Berlin 1993 [zit.: Bearbeiter in: Staudinger Kommentar].

STEFFENS, Manfred: Freimaurer in Deutschland, 2. Auflage, Frankfurt 1966.

STEIN, Torsten / Buttlar, Christian von: Völkerrecht, 12. Auflage, Köln 2009.

STEININGER, Rolf: Deutsche Geschichte seit 1945, Band 1, Frankfurt am Main 1996.

STÖBER, Kurt: Handbuch zum Vereinsrecht, 9. Auflage, Köln 2004.

STOECKER, W. (ohne ganzen Vornamen zitiert): Zur Rechtsprechung über die Rückerstattung, in: MDR 1952, S. 204 ff.

THAMER, Hans-Ulrich: Verführung und Gewalt, Deutschland 1933–1945, Berlin 1998.

THONKE, Christian: Hitlers langer Schatten: Der mühevolle Weg zur Entschädigung der NS-Opfer, Köln 2004.

TOLSTOJ, Lev: Krieg und Frieden, 2. Band, Frankfurt am Main 1982.

UECHTRITZ, Michael: Die Neuregelungen für NS-Verfolgte im 2. Vermögensrechtsänderungsgesetz, in: VIZ 1992, S. 377 ff.

VALMY, Marcel: Die Freimaurer: Arbeit am Rauhen Stein, München 1999

VORMBAUM, Thomas: Die Rechtsfähigkeit der Vereine im 19. Jahrhundert, Berlin, New York 1976.

WAGNER, Heiko: Zur weiteren Verbindlichkeit des Einigungsvertrages, in: DtZ 1992, S. 142f.

WALDE, Elmar: Das Ermächtigungsgesetz, in: JuS 1983, S. 170 ff.

WASMUTH, Johannes: Wiedergutmachung für entzogene Vermögenswerte von NS-Verfolgten im Beitrittsgebiet, in: VIZ 1992, S. 81 ff.

WASMUTH, Johannes: Anmerkung zum Beschluss des BVerfG vom 25.03.1992, in: VIZ 1992, S. 276 ff.

WASSERMANN, Rudolf / Märker, Klaus: Rechtstatsächliche Anmerkungen zur Behandlung der offenen Vermögensfragen, in: ZRP 1993, S. 138 ff.

WAUER, Karl-Heinz: Freimaurerei Heute, Ein Leitfaden zum Gebrauch in den fünf neuen Bundesländern, Erkrath 1991.

WEIS, Hubert: Verfassungsrechtliche Fragen im Zusammenhang mit der Herstellung der staatlichen Einheit Deutschlands, in: AöR 1991, S. 1 ff.

WEISS, Ingeborg: Die Entschädigung nach dem NS-Verfolgtenentschädigungsgesetz, in: VIZ 1995, S. 692 ff.

WENNG, Wolfgang: Freimaurerei, eine Philosophie der Menschlichkeit, Münster 1987.

WESEL, Uwe: Wiedergutmachung für NS-Unrecht und Enteignungen auf der Grundlage sowjetischer Besatzungshoheit, in: VIZ 1992, S. 337 ff.

WICHMANN, Klaus / Thomas, Jürgen: Rechtspolitik für die Deutsche Einheit, der Beitrag des Bundesministeriums der Justiz zu Rechtseinheit und Wiedergutmachung, Kapitel 5: Aufbau der Rechtspflege, Köln 2002.

WIEGAND, Bodo: Rechtsphilosophische Anmerkungen zur Behandlung offener Vermögensfragen in der Pflichtenlehre von M. Tullius Cicero im Vermögensgesetz, in: ZRP 1992, S. 284 ff.

WILHELM, Rena: Die Rolle von Partei und Staat bei der Durchführung der Enteignung der Nazi- und Kriegsverbrecher, Potsdam 1980.

WILSON, Daniel: Unterirdische Gänge, Goethe, Freimaurerei und Politik, Göttingen 1999.

WINKLER, Heinrich August: Der lange Weg nach Westen, Band 2: Deutsche Geschichte vom „Dritten Reich“ bis zur Wiedervereinigung, München 2000.

WOGERSIEN, Maik: Die Rückerstattung von ungerechtfertigt entzogenen Vermögensgegenständen, eine Quellenstudie zur Wiedergutmachung nationalsozialistischen Unrechts aufgrund des Gesetzes Nr. 59 der britischen Militärregierung, Gladbeck 2000.

ZIMMERMANN, Volker: NS-Täter vor Gericht, in: Juristische Zeitgeschichte, Band 10, Justizministerium des Landes NRW, Düsseldorf 2001.

ZÖLLER, Richard: Kommentar zur Zivilprozessordnung, 28. Auflage, Köln 2010.

ZUCK, Rüdiger: Das Recht der Verfassungsbeschwerde, 3. Auflage, München 2006.

Juristische Zeitgeschichte

Herausgeber: Prof. Dr. Dr. Thomas Vormbaum, FernUniversität in Hagen

Abteilung 1: Allgemeine Reihe

1 *Thomas Vormbaum (Hrsg.):* Die Sozialdemokratie und die Entstehung des Bürgerlichen Gesetzbuchs. Quellen aus der sozialdemokratischen Partei und Presse (1997)
2 *Heiko Ahlbrecht:* Geschichte der völkerrechtlichen Strafgerichtsbarkeit im 20. Jahrhundert (1999)
3 *Dominik Westerkamp:* Pressefreiheit und Zensur im Sachsen des Vormärz (1999)
4 *Wolfgang Naucke:* Über die Zerbrechlichkeit des rechtsstaatlichen Strafrechts. Gesammelte Aufsätze zur Strafrechtsgeschichte (2000)
5 *Jörg Ernst August Waldow:* Der strafrechtliche Ehrenschutz in der NS-Zeit (2000)
6 *Bernhard Diestelkamp:* Rechtsgeschichte als Zeitgeschichte. Beiträge zur Rechtsgeschichte des 20. Jahrhunderts (2001)
7 *Michael Damnitz:* Bürgerliches Recht zwischen Staat und Kirche. Mitwirkung der Zentrumspartei am Bürgerlichen Gesetzbuch (2001)
8 *Massimo Nobili:* Die freie richterliche Überzeugungsbildung. Reformdiskussion und Gesetzgebung in Italien, Frankreich und Deutschland seit dem Ausgang des 18. Jahrhunderts (2001)
9 *Diemut Majer:* Nationalsozialismus im Lichte der Juristischen Zeitgeschichte (2002)
10 *Bianca Vieregge:* Die Gerichtsbarkeit einer „Elite". Nationalsozialistische Rechtsprechung am Beispiel der SS- und Polizeigerichtsbarkeit (2002)
11 *Norbert Berthold Wagner:* Die deutschen Schutzgebiete (2002)
12 *Miloš Vec:* Die Spur des Täters. Methoden der Identifikation in der Kriminalistik (1879–1933), (2002)
13 *Christian Amann:* Ordentliche Jugendgerichtsbarkeit und Justizalltag im OLG-Bezirk Hamm von 1939 bis 1945 (2003)
14 *Günter Gribbohm:* Das Reichskriegsgericht (2004)
15 *Martin M. Arnold:* Pressefreiheit und Zensur im Baden des Vormärz. Im Spannungsfeld zwischen Bundestreue und Liberalismus (2003)
16 *Ettore Dezza:* Beiträge zur Geschichte des modernen italienischen Strafrechts (2004)
17 *Thomas Vormbaum (Hrsg.):* „Euthanasie" vor Gericht. Die Anklageschrift des Generalstaatsanwalts beim OLG Frankfurt/M. gegen Werner Heyde u. a. vom 22. Mai 1962 (2005)
18 *Kai Cornelius:* Vom spurlosen Verschwindenlassen zur Benachrichtigungspflicht bei Festnahmen (2006)
19 *Kristina Brümmer-Pauly:* Desertion im Recht des Nationalsozialismus (2006)
20 *Hanns-Jürgen Wiegand:* Direktdemokratische Elemente in der deutschen Verfassungsgeschichte (2006)
21 *Hans-Peter Marutschke (Hrsg.):* Beiträge zur modernen japanischen Rechtsgeschichte (2006)

Abteilung 2: Forum Juristische Zeitgeschichte

1 *Franz-Josef Düwell / Thomas Vormbaum (Hrsg.):* Themen juristischer Zeitgeschichte (1) – Schwerpunktthema: Recht und Nationalsozialismus (1998)
2 *Karl-Heinz Keldungs:* Das Sondergericht Duisburg 1943–1945 (1998)
3 *Franz-Josef Düwell / Thomas Vormbaum (Hrsg.):* Themen juristischer Zeitgeschichte (2) – Schwerpunktthema: Recht und Juristen in der Revolution von 1848/49 (1998)
4 *Thomas Vormbaum:* Beiträge zur juristischen Zeitgeschichte (1999)
5 *Franz-Josef Düwell / Thomas Vormbaum:* Themen juristischer Zeitgeschichte (3), (1999)
6 *Thomas Vormbaum (Hrsg.):* Themen juristischer Zeitgeschichte (4), (2000)
7 *Frank Roeser:* Das Sondergericht Essen 1942–1945 (2000)
8 *Heinz Müller-Dietz:* Recht und Nationalsozialismus – Gesammelte Beiträge (2000)
9 *Franz-Josef Düwell (Hrsg.):* Licht und Schatten. Der 9. November in der deutschen Geschichte und Rechtsgeschichte – Symposium der Arnold-Freymuth-Gesellschaft, Hamm (2000)
10 *Bernd-Rüdiger Kern / Klaus-Peter Schroeder (Hrsg.):* Eduard von Simson (1810–1899). „Chorführer der Deutschen" und erster Präsident des Reichsgerichts (2001)
11 *Norbert Haase / Bert Pampel (Hrsg.):* Die Waldheimer „Prozesse" – fünfzig Jahre danach. Dokumentation der Tagung der Stiftung Sächsische Gedenkstätten am 28. und 29. September in Waldheim (2001)
12 *Wolfgang Form (Hrsg.):* Literatur- und Urteilsverzeichnis zum politischen NS-Strafrecht (2001)
13 *Sabine Hain:* Die Individualverfassungsbeschwerde nach Bundesrecht (2002)
14 *Gerhard Pauli / Thomas Vormbaum (Hrsg.):* Justiz und Nationalsozialismus – Kontinuität und Diskontinuität. Fachtagung in der Justizakademie des Landes NRW, Recklinghausen, am 19. und 20. November 2001 (2003)
15 *Mario Da Passano (Hrsg.):* Europäische Strafkolonien im 19. Jahrhundert. Internationaler Kongreß des Dipartimento di Storia der Universität Sassari und des Parco nazionale di Asinara, Porto Torres, 25. Mai 2001 (2006)
16 *Sylvia Kesper-Biermann / Petra Overath (Hrsg.):* Die Internationalisierung von Strafrechtswissenschaft und Kriminalpolitik (1870–1930). Deutschland im Vergleich (2007)
17 *Hermann Weber (Hrsg.):* Literatur, Recht und Musik. Tagung im Nordkolleg Rendsburg vom 16. bis 18. September 2005 (2007)
18 *Hermann Weber (Hrsg.):* Literatur, Recht und (bildende) Kunst. Tagung im Nordkolleg Rendsburg vom 21. bis 23. September 2007 (2008)
19 *Francisco Muñoz Conde / Thomas Vormbaum (Hrsg.):* Transformation von Diktaturen in Demokratien und Aufarbeitung der Vergangenheit (2010)

Abteilung 3: Beiträge zur modernen deutschen Strafgesetzgebung Materialien zu einem historischen Kommentar

1 *Thomas Vormbaum / Jürgen Welp (Hrsg.):* Das Strafgesetzbuch seit 1870. Sammlung der Änderungen und Neubekanntmachungen; Vier Textbände (1999–2002) und drei Supplementbände (2005, 2006)

2 *Christian Müller:* Das Gewohnheitsverbrechergesetz vom 24. November 1933. Kriminalpolitik als Rassenpolitik (1998)
3 *Maria Meyer-Höger:* Der Jugendarrest. Entstehung und Weiterentwicklung einer Sanktion (1998)
4 *Kirsten Gieseler:* Unterlassene Hilfeleistung – § 323c StGB. Reformdiskussion und Gesetzgebung seit 1870. (1999)
5 *Robert Weber:* Die Entwicklung des Nebenstrafrechts 1871–1914 (1999)
6 *Frank Nobis:* Die Strafprozeßgesetzgebung der späten Weimarer Republik (2000)
7 *Karsten Felske:* Kriminelle und terroristische Vereinigungen – §§ 129, 129a StGB (2002)
8 *Ralf Baumgarten:* Zweikampf – §§ 201–210 a.F. StGB (2003)
9 *Felix Prinz:* Diebstahl – §§ 242 ff. StGB (2003)
10 *Werner Schubert / Thomas Vormbaum (Hrsg.):* Entstehung des Strafgesetzbuchs. Kommissionsprotokolle und Entwürfe. Band 1: 1869 (2002); Band 2: 1870 (2004)
11 *Lars Bernhard:* Falsche Verdächtigung (§§ 164, 165 StGB) und Vortäuschen einer Straftat (§ 145d StGB), (2003)
12 *Frank Korn:* Körperverletzungsdelikte – §§ 223 ff., 340 StGB. Reformdiskussion und Gesetzgebung von 1870 bis 1933 (2003)
13 *Christian Gröning:* Körperverletzungsdelikte – §§ 223 ff., 340 StGB. Reformdiskussion und Gesetzgebung seit 1933 (2004)
14 *Sabine Putzke:* Die Strafbarkeit der Abtreibung in der Kaiserzeit und in der Weimarer Zeit. Eine Analyse der Reformdiskussion und der Straftatbestände in den Reformentwürfen (1908–1931), (2003)
15 *Eckard Voßiek:* Strafbare Veröffentlichung amtlicher Schriftstücke (§ 353d Nr. 3 StGB). Gesetzgebung und Rechtsanwendung seit 1851 (2004)
16 *Stefan Lindenberg:* Brandstiftungsdelikte – §§ 306 ff. StGB. Reformdiskussion und Gesetzgebung seit 1870 (2004)
17 *Ninette Barreneche †:* Materialien zu einer Strafrechtsgeschichte der Münchener Räterepublik 1918/1919 (2004)
18 *Carsten Thiel:* Rechtsbeugung – § 339 StGB. Reformdiskussion und Gesetzgebung seit 1870 (2005)
19 *Vera Große-Vehne:* Tötung auf Verlangen (§ 216 StGB), „Euthanasie" und Sterbehilfe. Reformdiskussion und Gesetzgebung seit 1870 (2005)
20 *Thomas Vormbaum / Kathrin Rentrop (Hrsg.):* Reform des Strafgesetzbuchs. Sammlung der Reformentwürfe. Band 1: 1909 bis 1919. Band 2: 1922 bis 1939. Band 3: 1959 bis 1996 (2008)
21 *Dietmar Prechtel:* Urkundendelikte (§§ 267 ff. StGB). Reformdiskussion und Gesetzgebung seit 1870 (2005)
22 *Ilya Hartmann:* Prostitution, Kuppelei, Zuhälterei. Reformdiskussion und Gesetzgebung seit 1870 (2006)
23 *Ralf Seemann:* Strafbare Vereitelung von Gläubigerrechten (§§ 283 ff., 288 StGB). Reformdiskussion und Gesetzgebung seit 1870 (2006)
24 *Andrea Hartmann:* Majestätsbeleidigung (§§ 94 ff. StGB a.F.) und Verunglimpfung des Staatsoberhauptes (§ 90 StGB). Reformdiskussion und Gesetzgebung seit dem 19. Jahrhundert (2006)
25 *Christina Rampf:* Hausfriedensbruch (§ 123 StGB). Reformdiskussion und Gesetzgebung seit 1870 (2006)

26 *Christian Schäfer:* „Widernatürliche Unzucht" (§§ 175, 175a, 175b, 182, a.F. StGB). Reformdiskussion und Gesetzgebung seit 1945 (2006)
27 *Kathrin Rentrop:* Untreue und Unterschlagung (§§ 266 und 246 StGB). Reformdiskussion und Gesetzgebung seit dem 19. Jahrhundert (2007)
28 *Martin Asholt:* Straßenverkehrsstrafrecht. Reformdiskussion und Gesetzgebung seit dem Ausgang des 19. Jahrhunderts (2007)
29 *Katharina Linka:* Mord und Totschlag (§§ 211–213 StGB). Reformdiskussion und Gesetzgebung seit 1870 (2008)
30 *Juliane Sophia Dettmar:* Legalität und Opportunität im Strafprozess. Reformdiskussion und Gesetzgebung von 1877 bis 1933 (2008)
31 *Jürgen Durynek:* Korruptionsdelikte (§§ 331 ff. StGB). Reformdiskussion und Gesetzgebung seit dem 19. Jahrhundert (2008)
32 *Judith Weber:* Das sächsische Strafrecht im 19. Jahrhundert bis zum Reichsstrafgesetzbuch (2009)
33 *Denis Matthies:* Exemplifikationen und Regelbeispiele. Eine Untersuchung zum 100-jährigen Beitrag von Adolf Wach zur „Legislativen Technik" (2009)
34 *Benedikt Rohrßen:* Von der „Anreizung zum Klassenkampf" zur „Volksverhetzung" (§ 130 StGB). Reformdiskussion und Gesetzgebung seit dem 19. Jahrhundert (2009)
35 *Friederike Goltsche:* Der Entwurf eines Allgemeinen Deutschen Strafgesetzbuches von 1922 (Entwurf Radbruch) (2010)
36 *Tarig Elobied:* Die Entwicklung des Strafbefehlsverfahrens von 1846 bis in die Gegenwart (2010)
37 *Christina Müting:* Sexuelle Nötigung; Vergewaltigung (§ 177 StGB) (2010)
38 *Nadeschda Wilkitzki:* Entstehung des Gesetzes über Internationale Rechtshilfe in Strafsachen (IRG) (2010)
39 *André Brambring:* Kindestötung (§ 217 a.F. StGB). Reformdiskussion und Gesetzgebung seit 1870 (2010)
40 *Wilhelm Rettler:* Der strafrechtliche Schutz des sozialistischen Eigentums in der DDR (2010)
41 *Yvonne Hötzel:* Debatten um die Todesstrafe in der Bundesrepublik Deutschland von 1949 bis 1990 (2010)
42 *Dagmar Kolbe:* Strafbarkeit im Vorfeld und im Umfeld der Teilnahme (§§ 88a, 110, 111, 130a und 140 StGB). Reformdiskussion und Gesetzgebung seit dem 19. Jahrhundert (2011)

Abteilung 4: Leben und Werk. Biographien und Werkanalysen

1 *Mario A. Cattaneo:* Karl Grolmans strafrechtlicher Humanismus (1998)
2 *Gerit Thulfaut:* Kriminalpolitik und Strafrechtstheorie bei Edmund Mezger (2000)
3 *Adolf Laufs:* Persönlichkeit und Recht. Gesammelte Aufsätze (2001)
4 *Hanno Durth:* Der Kampf gegen das Unrecht. Gustav Radbruchs Theorie eines Kulturverfassungsrechts (2001)
5 *Volker Tausch:* Max Güde (1902–1984). Generalbundesanwalt und Rechtspolitiker (2002)

6 *Bernd Schmalhausen:* Josef Neuberger (1902–1977). Ein Leben für eine menschliche Justiz (2002)
7 *Wolf Christian von Arnswald:* Savigny als Strafrechtspraktiker. Ministerium für die Gesetzesrevision (1842–1848), (2003)
8 *Thilo Ramm:* Ferdinand Lassalle. Der Revolutionär und das Recht (2004)
9 *Martin D. Klein:* Demokratisches Denken bei Gustav Radbruch (2007)
10 *Francisco Muñoz Conde:* Edmund Mezger – Beiträge zu einem Juristenleben (2007)
11 *Whitney R. Harris:* Tyrannen vor Gericht. Das Verfahren gegen die deutschen Hauptkriegsverbrecher nach dem Zweiten Weltkrieg in Nürnberg 1945–1946 (2008)
12 *Eric Hilgendorf (Hrsg.):* Die deutschsprachige Strafrechtswissenschaft in Selbstdarstellungen (2010)
13 *Tamara Cipolla:* Friedrich Karl von Strombeck. Leben und Werk – Unter besonderer Berücksichtigung des Entwurfes eines Strafgesetzbuches für ein Norddeutsches Staatsgebiet (2010)
14 *Karoline Peters:* J. D. H. Temme und das preußische Strafverfahren in der Mitte des 19. Jahrhunderts (2010)

Abteilung 5: Juristisches Zeitgeschehen Rechtspolitik und Justiz aus zeitgenössischer Perspektive

Mitherausgegeben von Gisela Friedrichsen („Der Spiegel") und RA Prof. Dr. Franz Salditt

1 *Diether Posser:* Anwalt im Kalten Krieg. Ein Stück deutscher Geschichte in politischen Prozessen 1951–1968. 3. Auflage (1999)
2 *Jörg Arnold (Hrsg.):* Strafrechtliche Auseinandersetzung mit Systemvergangenheit am Beispiel der DDR (2000)
3 *Thomas Vormbaum (Hrsg.):* Vichy vor Gericht: Der Papon-Prozeß (2000)
4 *Heiko Ahlbrecht / Kai Ambos (Hrsg.):* Der Fall Pinochet(s). Auslieferung wegen staatsverstärkter Kriminalität? (1999)
5 *Oliver Franz:* Ausgehverbot für Jugendliche („Juvenile Curfew") in den USA. Reformdiskussion und Gesetzgebung seit dem 19. Jahrhundert (2000)
6 *Gabriele Zwiehoff (Hrsg.):* „Großer Lauschangriff". Die Entstehung des Gesetzes zur Änderung des Grundgesetzes vom 26. März 1998 und des Gesetzes zur Änderung der Strafprozeßordnung vom 4. Mai 1998 in der Presseberichterstattung 1997/98 (2000)
7 *Mario A. Cattaneo:* Strafrechtstotalitarismus. Terrorismus und Willkür (2001)
8 *Gisela Friedrichsen / Gerhard Mauz:* Er oder sie? Der Strafprozeß Böttcher/Weimar. Prozeßberichte 1987 bis 1999 (2001)
9 *Heribert Prantl / Thomas Vormbaum (Hrsg.):* Juristisches Zeitgeschehen 2000 in der Süddeutschen Zeitung (2001)
10 *Helmut Kreicker:* Art. 7 EMRK und die Gewalttaten an der deutsch-deutschen Grenze (2002)
11 *Heribert Prantl / Thomas Vormbaum (Hrsg.):* Juristisches Zeitgeschehen 2001 in der Süddeutschen Zeitung (2002)
12 *Henning Floto:* Der Rechtsstatus des Johanniterordens. Eine rechtsgeschicht-

liche und rechtsdogmatische Untersuchung zum Rechtsstatus der Balley Brandenburg des ritterlichen Ordens St. Johannis vom Spital zu Jerusalem (2003)

13 *Heribert Prantl / Thomas Vormbaum (Hrsg.):* Juristisches Zeitgeschehen 2002 in der Süddeutschen Zeitung (2003)

14 *Kai Ambos / Jörg Arnold (Hrsg.):* Der Irak-Krieg und das Völkerrecht (2004)

15 *Heribert Prantl / Thomas Vormbaum (Hrsg.):* Juristisches Zeitgeschehen 2003 in der Süddeutschen Zeitung (2004)

16 *Sascha Rolf Lüder:* Völkerrechtliche Verantwortlichkeit bei Teilnahme an „Peace-keeping"-Missionen der Vereinten Nationen (2004)

17 *Heribert Prantl / Thomas Vormbaum (Hrsg.):* Juristisches Zeitgeschehen 2004 in der Süddeutschen Zeitung (2005)

18 *Christian Haumann:* Die „gewichtende Arbeitsweise" der Finanzverwaltung. Eine Untersuchung über die Aufgabenerfüllung der Finanzverwaltung bei der Festsetzung der Veranlagungssteuern (2008)

19 *Asmerom Ogbamichael:* Das neue deutsche Geldwäscherecht (2011)

Abteilung 6: Recht in der Kunst

Mitherausgegeben von Prof. Dr. Gunter Reiß

1 *Heinz Müller-Dietz:* Recht und Kriminalität im literarischen Widerschein. Gesammelte Aufsätze (1999)

2 *Klaus Lüderssen (Hrsg.):* »Die wahre Liberalität ist Anerkennung«. Goethe und die Juris prudenz (1999)

3 *Bertolt Brecht:* Die Dreigroschenoper (1928) / Dreigroschenroman (1934). Mit Kommentaren von Iring Fetscher und Bodo Plachta (2001)

4 *Annette von Droste-Hülshoff:* Die Judenbuche (1842) / Die Vergeltung (1841). Mit Kommentaren von Heinz Holzhauer und Winfried Woesler (2000)

5 *Theodor Fontane:* Unterm Birnbaum (1885). Mit Kommentaren von Hugo Aust und Klaus Lüderssen (2001)

6 *Heinrich von Kleist:* Michael Kohlhaas (1810). Mit Kommentaren von Wolfgang Naucke und Joachim Linder (2000)

7 *Anja Sya:* Literatur und juristisches Erkenntnisinteresse. Joachim Maass' Roman „Der Fall Gouffé" und sein Verhältnis zu der historischen Vorlage (2001)

8 *Heiner Mückenberger:* Theodor Storm – Dichter und Richter. Eine rechtsgeschichtliche Lebensbeschreibung (2001)

9 *Hermann Weber (Hrsg.):* Annäherung an das Thema „Recht und Literatur". Recht, Literatur und Kunst in der NJW (1), (2002)

10 *Hermann Weber (Hrsg.):* Juristen als Dichter. Recht, Literatur und Kunst in der NJW (2), (2002)

11 *Hermann Weber (Hrsg.):* Prozesse und Rechtsstreitigkeiten um Recht, Literatur und Kunst. Recht, Literatur und Kunst in der NJW (3), (2002)

12 *Klaus Lüderssen:* Produktive Spiegelungen. 2., erweiterte Auflage (2002)

13 *Lion Feuchtwanger:* Erfolg. Drei Jahre Geschichte einer Provinz. Roman (1929). Mit Kommentaren von Theo Rasehorn und Ernst Ribbat (2002)

14 *Jakob Wassermann:* Der Fall Maurizius. Roman (1928). Mit Kommentaren von Thomas Vormbaum und Regina Schäfer (2003)

15 *Hermann Weber (Hrsg.):* Recht, Staat und Politik im Bild der Dichtung. Recht, Literatur und Kunst in der Neuen Juristischen Wochenschrift (4), (2003)
16 *Hermann Weber (Hrsg.):* Reale und fiktive Kriminalfälle als Gegenstand der Literatur. Recht, Literatur und Kunst in der Neuen Juristischen Wochenschrift (5), (2003)
17 *Karl Kraus:* Sittlichkeit und Kriminalität. (1908). Mit Kommentaren von Helmut Arntzen und Heinz Müller-Dietz (2004)
18 *Hermann Weber (Hrsg.):* Dichter als Juristen. Recht, Literatur und Kunst in der Neuen Juristischen Wochenschrift (6), (2004)
19 *Hermann Weber (Hrsg.):* Recht und Juristen im Bild der Literatur. Recht, Literatur und Kunst in der Neuen Juristischen Wochenschrift (7), (2005)
20 *Heinrich von Kleist:* Der zerbrochne Krug. Ein Lustspiel (1811). Mit Kommentaren von Michael Walter und Regina Schäfer (2005)
21 *Francisco Muñoz Conde / Marta Muñoz Aunión:* „Das Urteil von Nürnberg“. Juristischer und filmwissenschaftlicher Kommentar zum Film von Stanley Kramer (1961), (2006)
22 *Fjodor Dostojewski:* Aufzeichnungen aus einem Totenhaus (1860). Mit Kommentaren von Heinz Müller-Dietz und Dunja Brötz (2005)
23 *Thomas Vormbaum (Hrsg.):* Anton Matthias Sprickmann. Dichter und Jurist. Mit Kommentaren von Walter Gödden, Jörg Löffler und Thomas Vormbaum (2006)
24 *Friedrich Schiller:* Verbrecher aus Infamie (1786). Mit Kommentaren von Heinz Müller-Dietz und Martin Huber (2006)
25 *Franz Kafka:* Der Proceß. Roman (1925). Mit Kommentaren von Detlef Kremer und Jörg Tenckhoff (2006)
26 *Heinrich Heine:* Deutschland. Ein Wintermährchen. Geschrieben im Januar 1844. Mit Kommentaren von Winfried Woesler und Thomas Vormbaum (2006)
27 *Thomas Vormbaum (Hrsg.):* Recht, Rechtswissenschaft und Juristen im Werk Heinrich Heines (2006)
28 *Heinz Müller-Dietz:* Recht und Kriminalität in literarischen Spiegelungen (2007)
29 *Alexander Puschkin:* Pique Dame (1834). Mit Kommentaren von Barbara Aufschnaiter/Dunja Brötz und Friedrich-Christian Schroeder (2007)
30 *Georg Büchner:* Danton's Tod. Dramatische Bilder aus Frankreichs Schreckensherrschaft. Mit Kommentaren von Sven Kramer und Bodo Pieroth (2007)
31 *Daniel Halft:* Die Szene wird zum Tribunal! Eine Studie zu den Beziehungen von Recht und Literatur am Beispiel des Schauspiels „Cyankali“ von Friedrich Wolf (2007)
32 *Erich Wulffen:* Kriminalpsychologie und Psychopathologie in Schillers Räubern (1907). Herausgegeben von Jürgen Seul (2007)
33 *Klaus Lüderssen:* Produktive Spiegelungen: Recht in Literatur, Theater und Film. Band II (2007)
34 *Albert Camus:* Der Fall. Roman (1956). Mit Kommentaren von Brigitte Sändig und Sven Grotendiek (2008)
35 *Thomas Vormbaum (Hrsg.):* Pest, Folter und Schandsäule. Der Mailänder

Prozess wegen „Pestschmierereien“ in Rechtskritik und Literatur. Mit Kommentaren von Ezequiel Malarino und Helmut C. Jacobs (2008)

36 *E. T. A. Hoffmann:* Das Fräulein von Scuderi – Erzählung aus dem Zeitalter Ludwigs des Vierzehnten (1819). Mit Kommentaren von Heinz Müller-Dietz und Marion Bönnighausen (2010)

37 *Leonardo Sciascia:* Der Tag der Eule. Mit Kommentaren von Gisela Schlüter und Daniele Negri (2010)

Abteilung 7: Beiträge zur Anwaltsgeschichte

Mitherausgegeben von Gerhard Jungfer, Dr. Tilmann Krach
und Prof. Dr. Hinrich Rüping

1 *Babette Tondorf:* Strafverteidigung in der Frühphase des reformierten Strafprozesses. Das Hochverratsverfahren gegen die badischen Aufständischen Gustav Struve und Karl Blind (1848/49), (2006)

2 *Hinrich Rüping:* Rechtsanwälte im Bezirk Celle während des Nationalsozialismus (2007)

Abteilung 8: Judaica

1 *Hannes Ludyga:* Philipp Auerbach (1906–1952). „Staatskommissar für rassisch, religiös und politisch Verfolgte“ (2005)

2 *Thomas Vormbaum:* Der Judeneid im 19. Jahrhundert, vornehmlich in Preußen. Ein Beitrag zur juristischen Zeitgeschichte (2006)

3 *Hannes Ludyga:* Die Rechtsstellung der Juden in Bayern von 1819 bis 1918. Studie im Spiegel der Verhandlungen der Kammer der Abgeordneten des bayerischen Landtags (2007)

FSC
www.fsc.org
MIX
Papier | Fördert
gute Waldnutzung
FSC® C083411

Kolibri 360 GmbH
Ferdinand-Jühlke-Straße 7
99095 Erfurt, Deutschland
produktsicherheit@kolibri360.de